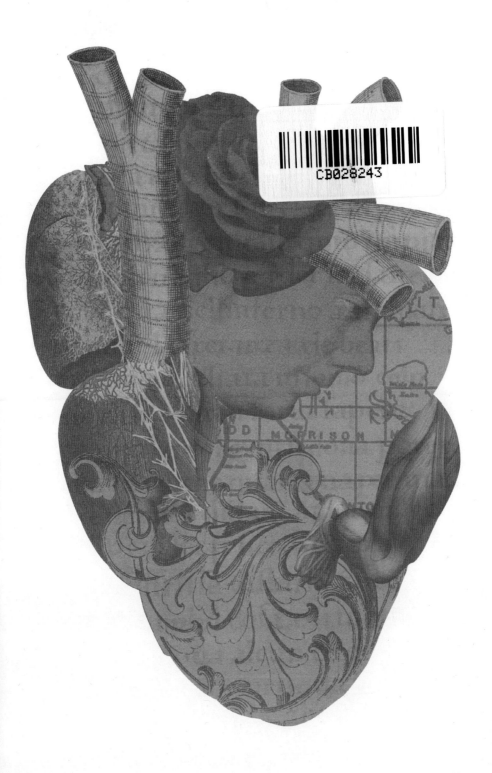

Exames de Empatia

ENSAIOS

LESLIE JAMISON

TRADUÇÃO: ROSAURA EICHENBERG

GLOBOLIVROS

Copyright © 2014, Leslie Jamison
All rights reserved
Copyright da tradução © 2016 Editora Globo s. a.

Todos os direitos reservados. Nenhuma parte desta edição pode ser utilizada ou reproduzida — em qualquer meio ou forma, seja mecânico ou eletrônico, fotocópia, gravação etc. — nem apropriada ou estocada em sistema de banco de dados sem a expressa autorização da editora.

Texto fixado conforme as regras do Acordo Ortográfico da Língua Portuguesa (Decreto Legislativo nº 54, de 1995).

Título original: *The Empathy Exams*

Editora responsável: Estevão Azevedo
Editora assistente: Juliana de Araujo Rodrigues
Preparação: Milena Martins e Huendel Viana
Revisão: Thiago de Oliveira Barbalho
Diagramação: Diego de Souza Lima e Gisele Baptista de Oliveira
Capa: Daniel Justi

1ª edição, 2016

CIP-BRASIL. CATALOGAÇÃO-NA-FONTE
SINDICATO NACIONAL DOS EDITORES DE LIVROS, RJ

J31e
Jamison, Leslie, 1983-
Exames de empatia / Leslie Jamison ; tradução Rosaura
Eichenberg. - 1. ed. - São Paulo : Globo Livros, 2016.
296 p. : il. ; 23 cm.

Tradução de: The Empathy Exams
ISBN 978-85-250-6051-8

1. Autorrealização (Psicologia). 2. Empatia. 3. Compaixão. I. Título.

| 16-30690 | CDD: 158 |
| | CDU: 159.947 |

Direitos de edição em língua portuguesa para o Brasil
adquiridos por Editora Globo s. a.
Av. Nove de Julho, 5229 — 01407-907 — São Paulo — sp
www.globolivros.com.br

Para minha mãe
Joanne Leslie

Homo sum: humani nil a me alienum puto.
Sou humano: nada do que é humano me é alheio.

TERÊNCIO, *O PUNIDOR DE SI MESMO*

Sumário

Exames de empatia 11

A isca do diabo 41

La frontera 77

Morfologia da agressão 93

Viagens da dor (i) 105

    La plata perdida 107

    Sublime, revisado 110

    Nativo do bairro 112

O horizonte imortal 121

Em defesa da sacarina 145

Contagem na névoa 171

Viagens da dor (ii) 193

    Ex-votos 195

    Servicio supercompleto 197

    O coração partido de James Agee 200

Meninos perdidos 205

A grandiosa teoria unificada da dor feminina 233

Obras consultadas 273

Agradecimentos 277

Posfácio: Confissão e comunhão 281

Exames de empatia

O NOME DO MEU TRABALHO é ator médico, o que significa que finjo estar doente. Sou paga por hora. Os estudantes de medicina adivinham minhas doenças. Sou chamada de paciente padronizado, o que significa que atuo com respeito às normas estabelecidas para meus distúrbios. No jargão padronizado, sou apenas PP. Tenho fluência nos sintomas da pré-eclâmpsia, asma e apendicite. Represento a mãe de um bebê com lábios azuis.

A representação médica funciona da seguinte maneira: você ganha um roteiro e um roupão de papel. Ganha 13,50 dólares por hora. Nossos roteiros têm de dez a vinte páginas. Descrevem o que há de errado conosco — não apenas o que dói, mas como expressá-lo. Eles nos dizem o quanto devemos revelar, e quando. Devemos desdobrar as respostas de acordo com um protocolo específico. Os roteiros vão fundo em nossas vidas fictícias: as idades de nossos filhos e as doenças de nossos pais, os nomes das propriedades e firmas de desenho gráfico de nossos maridos, quanto peso perdemos no ano anterior, quanto álcool bebemos a cada semana.

A minha especialidade é Stephanie Phillips, uma jovem de 23 anos que sofre de alguma coisa chamada transtorno de conversão. Ela chora a morte do irmão, e sua dor tem se sublimado em convulsões. Seu distúrbio é novo para mim. Não sabia que era possível ter convulsões por tristeza. Ela tampouco deve saber. Ela não deve pensar que os ataques tenham algo a ver com o que ela perdeu.

STEPHANIE PHILLIPS
Psiquiatria
Materiais de treinamento PP

Resumo do caso: Você é uma paciente de 23 anos que sofre de convulsões sem nenhuma origem neurológica identificável. Você não se lembra de seus ataques, mas fica sabendo que espuma pela boca e grita obscenidades. Em geral você pode sentir o ataque vindo antes que ele chegue. Os ataques começaram há dois anos, pouco depois que seu irmão mais velho se afogou no rio logo ao sul da ponte da Bennington Avenue. Ele estava nadando embriagado depois de uma festa improvisada ao redor dos porta-malas abertos dos carros no estacionamento de um estádio de futebol. Você e ele trabalhavam no mesmo campo de minigolfe. Hoje em dia você não trabalha mais. Hoje em dia você não faz muita coisa. Você tem medo de ter um ataque em público. Nenhum médico tem sido capaz de ajudá-la. O nome de seu irmão era Will.

Histórico de medicação: Você não está tomando medicamentos. Nunca tomou antidepressivos. Jamais imaginou que precisasse deles.

Histórico médico: Sua saúde nunca lhe causou preocupação. Você nunca teve nada pior que um braço quebrado. Will estava ao seu lado quando você o quebrou. Foi ele quem chamou os paramédicos e acalmou-a até eles chegarem.

Nossos exames simulados ocorrem em três grupos de salas construídas para esse fim. Cada sala está equipada com uma mesa de exame e uma câmera de vigilância. Testamos os estudantes dos segundo e terceiro anos de medicina em rodízio de tópicos: pediatria, cirurgia, psiquiatria. Nos dias de exame, cada estudante deve passar por "encontros" — o nome técnico — com três ou quatro atores desempenhando casos diferentes.

Um estudante pode ter de apalpar uma mulher com uma dor abdominal de intensidade 10 numa escala de 1 a 10, depois sentar-se à frente de um jovem advogado delirante e comunicar-lhe que, se ele sente uma massa de vermes se contorcendo no intestino delgado, a sensação provavelmente está vindo de algum outro local. Depois esse estudante de medicina pode chegar à minha sala, parar com um rosto impassível e me dizer que estou prestes a entrar em trabalho de parto prematuro para dar à luz o travesseiro amarrado na minha barriga, ou concordar solenemente com a cabeça enquanto externo minha preocupação com meu bebê de plástico doente: "Ele está tão quieto".

Ao fim do encontro de quinze minutos, o estudante de medicina deixa a sala, e eu preencho uma avaliação de seu desempenho. A primeira parte é uma lista de controle: Que informações cruciais ele/ela conseguiu obter? Que informações ele/ela deixou de contemplar? A segunda parte da avaliação cobre o afeto. O item 31 da lista é geralmente reconhecido como a categoria mais importante: "A empatia expressada por minha situação/problema". Somos instruídos a respeito da importância dessa segunda palavra, *expressada*. Não basta que alguém tenha maneiras compreensivas ou empregue um tom de desvelo. Os estudantes têm de proferir as palavras certas para ganharem crédito por sua compaixão.

A nós PPS é reservado um grupo de salas em que podemos nos preparar e aliviar as tensões. Nos reunimos em grupos: os velhos em roupões azuis amarfanhados, o pessoal dos primeiros socorros com botas elegantes demais para nossos vestidos de papel, adolescentes locais de ponchos e calças de moletom hospitalares. Cada um ajuda o outro a amarrar um travesseiro ao redor da cintura. Passamos de mão em mão bonecos de bebês. O pequeno Bebê Doug com pneumonia, embrulhado num cobertor de algodão barato, é passado de moça a moça como um bastão de revezamento. Nossas fileiras estão cheias de atores do teatro comunitário e alunos universitários de artes cênicas à procura de palcos, garotos do ensino médio que querem dinheiro para comprar bebida, aposentados com tempo livre. Sou uma escritora, isso quer dizer: estou tentando não ficar dura.

Representamos um zoo demográfico: jovens atletas com danos nos ligamentos e executivos alimentando seu vício em cocaína. A vovó DST acabou de trair o marido após um casamento de quarenta anos, e tem um caso de gonorreia para prová-lo. Ela se esconde atrás de sua vergonha como atrás de um véu, e seu estudante de medicina terá de abrir a cortina. Se ele fizer as perguntas corretas, ela terá um acesso de choro simulado lá pela metade do encontro.

O Amigo Bebum é maquiado: um talho no queixo, um olho roxo e contusões borradas com sombra verde ao longo da maçã do rosto. Ele andou metido numa batida de carros de que nem consegue se lembrar. Antes do encontro, o ator espalha bebida alcoólica pelo corpo como se fosse água de colônia. Ele deve deixar que detalhes de seu alcoolismo apareçam bruxuleando, muito "sem planejamento", pedacinhos de um segredo que ele fez o possível para manter guardado.

Nossos roteiros estão cheios de momentos dramáticos: o marido da grávida Lila é um capitão de iate navegando no além-mar da Croácia. A Angela da apendicite tem um tio guitarrista falecido, cujo ônibus da turnê foi atingido por um tornado. Muitos membros de nossas famílias extensas sofreram mortes violentas no meio-oeste: destroçados em acidentes de trator ou silos, atropelados por motoristas bêbados que voltavam para casa vindos de algum supermercado Hy-Vee, abatidos por intempéries ou em festas improvisadas nas traseiras de carros por ocasião da Big Ten[*] (acidente com arma de fogo) — ou, como meu irmão Will, por consequências menos ruidosas de comportamento desregrado.

Entre os encontros, recebemos água, frutas, barras de granola e um estoque interminável de menta. Não devemos aborrecer os estudantes com nosso mau hálito e nossos estômagos barulhentos, os efeitos colaterais de nossos verdadeiros corpos.

Alguns estudantes de medicina ficam nervosos durante nossos encontros. É como um encontro amoroso desajeitado, exceto que metade deles está usando alianças de platina. Quero lhes dizer que sou mais que apenas uma mulher solteira fingindo convulsões para ganhar uns trocados. *Eu faço coisas!* Quero lhes contar. *Provavelmente vou escrever sobre tudo isso num livro algum dia!* Batemos papo sobre a cidadezinha do interior de Iowa, de onde supostamente venho. Cada um entende que o outro está inventando todo esse papo, e concordamos em reagir a nossas invenções mútuas como se fossem revelações genuínas de nossa personalidade. Mantemos a ficção entre nós como uma corda de pular.

Certa vez um estudante esqueceu que fingíamos e começou a fazer perguntas detalhadas sobre minha falsa cidade natal — que, por acaso, é a *ver-*

---

[*] Conferência esportiva colegial e universitária mais tradicional do meio-oeste americano. (N. T.)

dadeira cidade natal dele — e suas perguntas estão além do alcance do meu roteiro, além do que posso responder, porque na realidade não sei muita coisa sobre a pessoa que devo ser, nem sobre o lugar de onde supostamente venho. Ele esqueceu nosso contrato. Eu minto mais, com mais entusiasmo. "Aquele parque em Muscatine!", digo dando uma palmada no meu joelho como um vovô. "Quando criança, eu costumava andar de trenó ali."

Outros estudantes são apenas práticos. Eles vasculham a lista clínica para depressão como se fosse uma lista das coisas que precisam comprar no supermercado: *distúrbios do sono, mudanças de apetite, diminuição da concentração.* Alguns deles ficam irritados quando obedeço meu roteiro e me recuso a fitá-los nos olhos. Devo permanecer abafada e entorpecida. Esses estudantes irritados tomam meus olhos arredios como um desafio. Nunca param de procurar meu olhar. Lutar para me obrigar a fitar seus olhos é o modo como mantêm o poder — forçando-me a reconhecer sua requisitada demonstração de desvelo.

Vou me acostumando com alguns comentários que parecem agressivos na insistência de sua formulação: *Deve ser realmente difícil* (ter um bebê moribundo); *Deve ser realmente difícil* (ter medo de sofrer outro ataque no meio do supermercado); *Deve ser realmente difícil* (ter no útero a prova bacteriana da traição ao marido). Por que não dizer: *Nem dá para imaginar?*

Outros estudantes parecem compreender que a empatia está sempre precariamente empoleirada entre a manifestação de simpatia e a invasão. Nem sequer pressionam o estetoscópio na minha pele sem me perguntar se estou de acordo. Eles precisam de permissão. Eles não querem se atrever. Sua gagueira honra inconscientemente minha privacidade: *Posso... poderia... você se importaria se eu... escutasse seu coração?* Não, eu lhes digo. Não me importo. Não se importar é meu trabalho. Sua humildade é por si só uma espécie de compaixão. A humildade significa que eles fazem perguntas, as perguntas significam que eles recebem respostas, e as respostas significam que eles ganham pontos na lista de controle: um ponto por descobrir que minha mãe toma Wellbutrin, um ponto por me fazer admitir que passei os últimos dois anos me cortando, um ponto por descobrir que meu pai morreu num silo quando eu tinha dois anos — por compreender que um sistema de perdas tem raízes que se espalham radiais e rizomáticas sob todo o território da minha vida.

Nesse sentido, a empatia não é apenas medida pelo item 31 da lista — *empatia expressada pela minha situação/problema* — mas por todo item que avalia quão cabalmente minha experiência foi imaginada. Empatia não é apenas lembrar-se de dizer *deve ser realmente difícil* — é imaginar como trazer a dificuldade à luz para que possa ser percebida. Empatia não é apenas escutar, é fazer as perguntas cujas respostas precisam ser escutadas. Empatia requer investigação tanto quanto imaginação. Empatia requer saber que você não sabe nada. Empatia significa reconhecer um horizonte de contexto que se estende perpetuamente além do que você pode ver: a gonorreia de uma mulher velha está ligada à sua culpa está ligada a seu casamento está ligada a seus filhos está ligada aos dias em que ela era criança. Tudo isso está ligado à sua mãe, por sua vez domesticamente sufocada, e ao casamento intacto de seus pais; talvez tudo tenha raízes que remontam à sua primeira menstruação, como isso a envergonhou e emocionou.

Empatia significa dar-se conta de que não existe trauma com bordas discretas. O trauma sangra. Para fora das feridas e através dos limites. A tristeza se torna uma convulsão. Empatia requer outro tipo de porosidade na resposta. O roteiro da minha Stephanie tem doze páginas. Penso principalmente sobre o que ele não diz.

Empatia vem do grego *empatheia* — *em* (para dentro) e *páthos* (sentimento) — uma penetração, uma espécie de viagem. Sugere que se entre na dor de outra pessoa, assim como se entraria num outro país, através da imigração e da alfândega, cruzando a fronteira por meio de perguntas: *O que cresce na terra em que você vive? Quais são as leis? Que animais pastam por lá?*

Tenho pensado sobre as convulsões de Stephanie Phillips em termos de posse e privacidade — que afastar sua tristeza de uma articulação direta é um modo de guardá-la para si. Sua recusa a olhar nos olhos dos outros, sua falta de vontade de explicar sua vida interior, a maneira como ela fica inconsciente durante suas expressões de dor e mais tarde não se lembra de nada — tudo isso poderia ser um modo de manter sua perda protegida e íntegra, inviolada pela simpatia dos outros.

"O que você grita durante os ataques?", pergunta um estudante.

"Não sei", digo, e quero acrescentar: *mas é realmente o que quero dizer*.

Sei que falar isso seria contra as regras. Estou representando uma moça que mantém sua tristeza tão subterrânea que nem ela própria consegue vê-la. Não posso revelar o segredo assim tão facilmente.

LESLIE JAMISON
Obstetrícia-Ginecologia
Materiais de Treinamento PP

Resumo do caso: Você é uma mulher de 25 anos procurando interromper sua gravidez. Você nunca ficou grávida antes. Está com cinco semanas e meia, mas não teve inchaço nem cólicas. Sentiu algumas oscilações de humor, mas não é capaz de determinar se elas são devidas a estar grávida ou a saber que está grávida. Você não está visivelmente perturbada com sua gravidez. Invisivelmente, não tem certeza.

Histórico de medicação: Você não está tomando medicamentos. É por isso que ficou grávida.

Histórico médico: Você passou por várias cirurgias no passado, mas não as menciona para seu médico porque não parecem relevantes. Você está prestes a passar por outra cirurgia para corrigir sua taquicardia, o batimento excessivo e irregular do coração. Sua mãe fez você prometer que mencionaria essa cirurgia iminente na sua consulta para interrupção da gravidez, embora você não sinta vontade de discuti-la. Ela quer que o médico saiba sobre seu problema de coração, pois isso talvez afete o modo como ele vai interromper a gravidez ou o modo como vai mantê-la sedada durante o procedimento.

Eu poderia lhe contar que fiz um aborto num certo mês de fevereiro ou uma cirurgia de coração naquele março — como se fossem casos separados, roteiros sem relação entre si — mas nenhum desses relatos seria completo sem o outro. Um único mês os uniu; cada um numa manhã em que acordei de estômago vazio e me enfiei numa camisola de papel. Um dependia de um aspirador diminuto, o outro de um cateter que faria uma ablação do tecido de meu coração. *Ablação?*, perguntei aos médicos. Eles explicaram que isso significava queimar.

Um procedimento me fez sangrar e o outro foi quase sem sangue; um foi escolha minha e o outro não; ambos me fizeram sentir — ao mesmo tempo — a incrível fragilidade e capacidade de meu corpo; ambos aconteceram num inverno sombrio; ambos me deixaram prostrada nas mãos de homens, e dependente dos cuidados de um homem que eu estava começando a amar.

Dave e eu nos beijamos pela primeira vez num porão de Maryland às três da madrugada, quando nos dirigíamos para Newport News a fim de pedir votos para Obama em 2008. Estávamos numa organização chamada Unite Here. *Unite Here!* Anos mais tarde, esse pôster se achava pendurado acima de nossa cama. Naquele primeiro outono, caminhamos ao longo das praias de Connecticut juncadas de conchas de mariscos quebradas. Andamos de mãos dadas contra ventos salgados. Passamos o fim de semana num hotel e pusemos tanta espuma de banho na banheira que as bolhas rolaram por todo o chão. Tiramos fotos delas. Tiramos fotos de tudo. Caminhamos por Williamsburg na chuva para ir a um concerto. Éramos escritores apaixonados. Meu chefe costumava nos imaginar enroscados à noite inventariando o coração um do outro. "O que é que você sentiu ao ver aquele pombo ferido na rua?" etc. E é verdade: certa vez falamos sobre a visão de dois coelhinhos aleijados tentando se acasalar num gramado irregular — tão triste, e comovente.

Já andávamos juntos e apaixonados por dois meses quando fiquei grávida. Vi a cruz sobre o bastonete, chamei Dave e erramos pelos pátios da universidade num frio de rachar, falando sobre o que iríamos fazer. Pensei no pequeno feto entrouxado dentro de meu casaco e me perguntei — *honestamente* me perguntei — se já me sentia afeiçoada a ele. Não tinha certeza. Lembro-me de não saber o que dizer. Lembro-me de querer um drinque. Lembro-me de querer que Dave participasse da escolha comigo, mas também de me sentir possessiva quanto ao que estava acontecendo. Eu precisava que ele compreendesse que nunca vivenciaria essa escolha assim como eu iria vivenciá-la. Essa era a faca de dois gumes de como eu me sentia sobre qualquer coisa que machucasse: eu queria que outra pessoa sentisse a dor comigo e também que a dor fosse inteiramente minha.

Agendamos o aborto para uma sexta-feira, e eu me vi enfrentando uma semana de dias comuns até que acontecesse. Compreendi que devia continuar seguindo minha rotina. Certa tarde me escondi na biblioteca e li um livro de memórias de gravidez. A autora descrevia um aperto pulsante de medo e solidão dentro dela — um aperto que carregara a vida inteira, que entorpecera com bebida e sexo — e explicava como a gravidez tinha substituído esse aperto pelo botão diminuto do feto, uma vida em movimento.

Enviei uma mensagem a Dave. Queria lhe contar sobre o aperto de medo, o coração do bebê, a tristeza que senti ao ler sobre uma mulher transformada pela gravidez, quando eu sabia que não seria transformada pela minha — ou ao menos não como ela fora transformada. Não tive resposta por horas. Isso me incomodou. Eu me sentia culpada por não sentir mais a respeito do aborto; estava chateada com Dave por ele estar em outro lugar, por não querer fazer nem a coisa mais diminuta quando eu ia fazer todo o resto.

Senti o peso da expectativa em cada momento — a sensação de que o fim dessa gravidez era algo que *deveria* me entristecer, o medo oculto de que nunca senti tristeza pelo que deveria me deixar triste, o conhecimento de que já passara por vários funerais de olhos secos, o pressentimento de que eu tinha uma vida interior mirrada, só ativada pela necessidade de uma constante afirmação, nada mais. Eu queria que Dave adivinhasse aquilo de que eu precisava no exato momento em que eu precisava. Eu queria que ele imaginasse o quanto poderiam significar pequenos sinais de sua presença.

Naquela noite assamos legumes e comemos à mesa da minha cozinha. Semanas antes, eu tinha coberto essa mesa com frutas cítricas e servido a nossos amigos pílulas, feitas de frutinhas, que adoçavam qualquer coisa: a toranja tinha sabor de bala, a cerveja de chocolate, Shiraz de Manischewitz — tudo, na verdade, tinha um pouco do sabor de Manischewitz. O que significa: aquela cozinha guardava os fantasmas de inúmeros dias mais fáceis para nós do que aquele que estávamos vivendo. Bebemos vinho, e acho — sei — que bebi muito. Me repugnava pensar que estava fazendo algo nocivo para o feto, porque isso significava pensar no feto como passível de dano, o que o tornava mais vivo, o que me fazia sentir mais egoísta, tonta com o Cabernet barato e louca por uma briga.

Perceber a distância de Dave naquele dia me fizera compreender como eu precisava sentir que ele estava envolvido naquela gravidez tanto quanto eu

— uma assimptota impossível. Mas pensei que ele poderia ao menos transpor a distância entre nossos dias e corpos com uma mensagem. Foi o que lhe disse. Na verdade, eu provavelmente estava amuada, esperei que ele perguntasse, e então lhe disse. "Adivinhar seus sentimentos é como enfeitiçar uma cobra com um estetoscópio", outro namorado me dissera certa vez. Querendo dizer o quê? Querendo dizer algumas coisas, acho eu — que a dor me tornava venenosa, que me diagnosticar requeria um tipo especializado de feitiço, que eu alardeava os sentimentos e ao mesmo tempo não revelava suas origens.

Sentada com Dave na minha sala no sótão, minha natureza de cobra estava toda espraiada. "Eu me senti sozinha hoje", falei. "Queria falar com você."

Estaria mentindo se escrevesse que me lembro do que ele disse. Não me lembro. O que revela a triste meia-vida dos argumentos — em geral lembramos melhor o nosso lado. Acho que ele me disse que tinha pensado em mim o dia todo, e eu não poderia confiar nisso? Por que eu precisava de provas?

Interesse expressado pela minha situação/problema. Por que eu precisaria de provas? Apenas precisava.

Ele me disse: "Acho que você está inventando isso".

Isso significando o quê? Minha raiva? Minha raiva dele? A memória se atrapalha.

Eu não sabia o que estava sentindo, disse a ele. Ele não poderia simplesmente confiar que eu sentia alguma coisa e que eu quisera alguma coisa dele? Eu precisava da sua empatia, não só para compreender as emoções que eu descrevia, mas para me ajudar a descobrir quais emoções estavam realmente presentes.

Estávamos embaixo de uma claraboia ao luar. Era fevereiro no outro lado do vidro. Quase o Dia dos Namorados. Eu estava enroscada num futon barato com migalhas nas dobras, uma peça do mobiliário que me fazia sentir que ainda estava na universidade. Esse aborto era coisa de adulto. Eu não me sentia uma adulta dentro dele.

Escutei *inventando isso* como uma acusação de que estava forjando emoções que não tinha, mas acho que ele estava sugerindo que eu traduzira mal emoções que realmente existiam, tinham estado ali por algum tempo — que eu estava ligando sentimentos de carência e insegurança há muito existentes ao evento particular desse aborto; exagerando o que eu sentia como uma manipulação para forçá-lo a se sentir mal. Essa acusação doeu, não porque estivesse totalmente errada, mas porque estava parcialmente certa, e porque foi feita com tanta frieza. Ele estava falando uma verdade sobre mim para se defender, não para fazer com que eu me sentisse melhor.

Mas havia verdade por trás disso. Ele compreendia minha dor como algo real e construído ao mesmo tempo. Entendia que a dor era necessariamente ambas as coisas — que meus sentimentos também eram feitos da maneira como eu os expressava. Quando me disse que eu estava inventando coisas, ele não quis dizer que eu não estava sentindo nada. Quis dizer que sentir algo nunca era simplesmente um estado de submissão, mas sempre, também, um processo de construção. Percebo tudo isso, em retrospecto.

Percebo também que ele poderia ter sido mais gentil comigo. Poderíamos ter sido mais gentis um com o outro.

Fomos para o Planejamento Familiar numa manhã gelada. Vasculhamos uma arca de livros infantis gratuitos enquanto eu esperava que meu nome fosse chamado. Vai saber por que esses livros estavam ali. Talvez para distrair as crianças que ficavam esperando as mães serem atendidas. Mas parecia perversidade naquela sexta-feira de manhã, durante o horário semanal para abortos. Encontramos um livro chamado *Alexandre*, sobre um menino que confessa todas as suas más-criações ao pai atribuindo-as a um cavalo imaginário de listras verdes e vermelhas. *Alexandre foi um cavalo bem ruim hoje.* Tudo o que não conseguimos suportar, penduramos num gancho que vai suportá-lo. O livro pertencia a um sujeito chamado Michael de Branford. Eu me perguntava por que Michael viera ao Planejamento Familiar e por que tinha deixado esse livro ali.

Há coisas que eu gostaria de contar à versão de mim mesma que estava sentada naquela sala de aconselhamento do Planejamento Familiar. Eu lhe diria que ela vai passar por algo enorme e não deveria ter medo de confessar isso, não deveria ter medo de "estar fazendo tempestade em copo d'água". Não deveria ter medo de não sentir o bastante, porque os sentimentos vão continuar a aparecer — outros diferentes — ao longo dos anos. Eu lhe diria que o fato de ser comum não inocula contra a ferida: todas essas mulheres na sala de espera, fazendo a mesma coisa que eu, não tornavam a situação nem um pouco mais fácil.

Eu diria a mim mesma: talvez suas cirurgias anteriores não sejam importantes agora, ou talvez sejam. Seu queixo quebrado e seu nariz quebrado não têm nada a ver com sua gravidez, exceto que naquelas duas vezes você foi violada. Consertar os dois significou ser violada de novo. Consertar seu coração será outro arrombamento, nada roubado a não ser o que for consumido pela queima. Pode ser que toda vez que você se enfia numa camisola de papel, você chame os fantasmas de todas as outras vezes em que se enfiou numa camisola de papel; pode ser que toda vez que cai naquela escuridão anestesiada, essa escuridão seja a mesma em que você caiu antes. Talvez ela tenha estado à sua espera o tempo todo.

Stephanie Phillips
Psiquiatria
Materiais de Treinamento pp (Cont.)

Frase de abertura: "Estou tendo esses ataques e ninguém sabe por quê."

Tom e apresentação física: Você está de jeans e blusão de moletom, de preferência manchado ou amarrotado. Você não é alguém que faça questão de cuidar de sua aparência pessoal. Em algum momento durante o encontro, poderia mencionar que não se dá mais ao trabalho de vestir-se bem porque raramente sai de casa. É essencial que evite o contato visual e mantenha a voz sem emoções durante o encontro.

Uma das partes mais difíceis de representar Stephanie Phillips é acertar sua emoção — *la belle indifférence*, um comportamento definido como o "ar de desinteresse demonstrado por alguns pacientes em relação a seus sintomas físicos". É um sinal comum do transtorno de conversão, uma fachada de indiferença escondendo "sintomas físicos [que] podem diminuir a ansiedade e resultar em ganhos secundários na forma de simpatia e atenção dada pelos outros". *La belle indifférence* — externalizando o conteúdo emocional na expressão física — é um modo de atrair empatia sem solicitá-la. Dessa maneira, os encontros com Stephanie apresentam uma espécie de caso-limite de empatia: o clínico deve esquadrinhar uma tristeza que a paciente não identifica, deve imaginar uma dor que a própria Stephanie não pode experimentar em toda sua plenitude.

Em outros casos, devemos trajar nossa angústia de forma mais aberta — como uma vestimenta terrível, agitada. Na primeira vez em que representei a Angela da apendicite, me pediram para eu dar um jeito de exibir "apenas a dose exata de dor". Começo a gemer numa posição fetal, e aparentemente estou fazendo certo. Os médicos sabem como reagir. "Lamento saber que você está sentindo uma dor lancinante no abdômen", diz um deles. "Deve ser desconfortável."

Uma parte de mim sempre desejou uma dor tão visível — tão irrefutável e fisicamente inescapável — que todo mundo teria de percebê-la. Mas minha tristeza pelo aborto nunca foi uma convulsão. Nunca houve uma cena. Nada de espuma na boca. Fiquei quase aliviada, três dias depois do procedimento, quando comecei a sentir dor. Era pior à noite, com as cólicas. Mas ao menos eu sabia o que estava sentindo. Não teria de imaginar como explicar. Como Stephanie, que não falava sobre sua dor porque os ataques já a expressavam — de modo oblíquo, numa linguagem particular, mas ainda assim —, conferindo-lhe substância e coreografia.

STEPHANIE PHILLIPS
Psiquiatria
Materiais de treinamento PP (Cont.)

Dinâmica do encontro: Você só revela detalhes pessoais se incitada a fazê-lo. Não se considera feliz. Não se considera infeliz. Tem algumas noites tristes por causa de seu irmão. Não fala disso. Não diz que possui uma tartaruga que talvez vá viver mais que você, nem um par de tênis verde do tempo em que fazia bicos no campo de minigolfe. Não diz que tem muitas lembranças de empilhar tacos. Diz que tem outro irmão, se lhe perguntarem, mas não diz que ele não é Will, porque isso é óbvio — mesmo que essa verdade ainda a golpeie às vezes, forte. Você não está certa de que essas coisas tenham importância. São apenas fatos. Fatos como o cuspe seco sobre sua bochecha quando acorda no sofá e não consegue se lembrar de ter mandado sua mãe se foder. *Vá se foder* é o que seu braço também diz, quando dá um solavanco tão forte que poderia se desfazer em pedaços. *Vá se foder vá se foder vá se foder* até que seu maxilar tranque e nada mais saia de sua boca.

Você vive num mundo por baixo das palavras que está proferindo nesta sala branca e limpa, *está ok estou ok me sinto triste eu acho*. Você está cega nesse outro mundo. Está escuro. Seus ataques constituem o modo de se mover através dele — debatendo-se e andando às tontas —, apalpando a textura de que suas paredes são feitas.

Seu corpo não era nada especial antes de se rebelar. Talvez você achasse suas coxas gordas ou talvez não, ainda não; talvez você tivesse grandes amigas que lhe sussurravam segredos durante as noites passadas em suas casas, talvez tivesse muitos namorados ou ainda estivesse esperando pelo primeiro; talvez gostasse de unicórnios quando era jovem ou preferisse cavalos normais. Imagino você em todas as direções possíveis, e depois encubro minhas pistas, e imagino você de novo a partir do zero. Às vezes não consigo suportar o quanto de você não conheço.

Não estava em meus planos passar por uma cirurgia do coração logo depois do aborto. Uma cirurgia do coração não estava absolutamente nos meus planos. Foi uma surpresa que houvesse algo de errado. Meu pulso andara se mostrando elevado no consultório do médico. Me deram um monitor Holter — uma pequena caixa de plástico para usar ao redor do pescoço por 24 horas, ligada por sensores ao meu peito — e esse monitor mostrou aos médicos que meu coração não estava batendo certo. Os médicos diagnosticaram TSV — taquicardia supraventricular — e disseram que, na opinião deles, havia um nodo elétrico extra enviando sinais extras — *bate, bate, bate* — quando não devia.

Eles explicaram como consertar o problema: fariam duas incisões na minha pele, acima das ancas, e enfiariam um cateter até o meu coração. Realizariam a ablação de pedacinhos de tecido até conseguirem remover minha sacana caixinha de batidas.

Meu primeiro cardiologista era uma mulher pequena, que andava rapidamente pelos gabinetes e corredores de seu mundo. Vamos chamá-la de dra. M. Ela falava com uma voz rude, sempre. O problema nunca foi que sua rudeza significasse alguma coisa — jamais que eu a tomasse como algo pessoal —, mas antes que nada significava, que não era de modo algum pessoal.

Minha mãe insistia em que eu telefonasse para a dra. M. e comunicasse que eu faria um aborto. E se houvesse alguma coisa que eu precisasse dizer aos médicos antes que eles fizessem o aborto? Era esse o raciocínio. Adiei o telefonema até não poder mais. A ideia de dizer a uma quase estranha que eu faria um aborto — e pelo telefone, sem que ela me perguntasse — parecia mortificante. Era como se eu estivesse retirando o curativo de uma ferida que ela não pedira para ver.

Quando finalmente a escutei no outro lado da linha, ela soou irritada e impaciente. Sua voz era fria: "E o que você quer saber de mim?".

Me deu um branco. Eu não sabia que meu desejo era que ela dissesse *Lamento saber disso*, até que ela não o disse. Mas é o que eu tinha desejado. Quisera que ela dissesse alguma coisa. Comecei a chorar. Eu me sentia como uma criança. Como uma idiota. Por que estava chorando agora, quando não tinha chorado antes — nem quando descobri que estava grávida, nem quando contei a Dave, nem quando marquei a consulta ou fui falar com o médico?

"Bem?", ela perguntou.

Eu finalmente me lembrei da minha pergunta: o médico do aborto precisava saber alguma coisa sobre minha taquicardia?

"Não", disse ela. Houve uma pausa, e depois: "É só isso?". Sua voz era incrivelmente rude. Eu só conseguia escutar uma coisa nela: *Por que está fazendo um drama?* Só isso. Senti ao mesmo tempo como se eu não estivesse sentindo o bastante e como se estivesse fazendo uma tempestade num copo d'água — que eu talvez estivesse fazendo uma tempestade num copo d'água *porque* não sentia o bastante, que minhas lágrimas com a dra. M. vertiam das outras partes do aborto que não me faziam chorar. Eu tinha uma insegurança que não sabia se expressar; que podia ligar-se a lágrimas ou à ausência delas. *Alexandre foi um cavalo bem ruim hoje*. Quando, claro, o cavalo não era o problema. A dra. M. tornou-se uma vilã porque a minha história não tinha vilões. Era a espécie de dor que surge sem um perpetrador. Tudo estava acontecendo por causa de meu corpo e por causa de uma escolha que eu tinha feito. Precisava de alguma coisa do mundo que não sabia como pedir. Precisava de pessoas — Dave, um médico, qualquer pessoa — que me devolvessem meus sentimentos numa forma que fosse legível. O que é procurar ou fornecer um tipo superlativo de empatia: uma empatia que rearticula mais claramente o que é manifestado.

Um mês mais tarde, a dra. M. inclinou-se sobre a mesa de operação e desculpou-se. "Lamento meu tom ao telefone", disse ela. "Quando você me ligou a respeito de seu aborto. Não compreendi o que estava perguntando." Era um pedido de desculpas cuja lógica eu não compreendia inteiramente. (*Não compreendi o que estava perguntando?*) Era um pedido de desculpas que fora estimulado. Em algum momento minha mãe tinha telefonado para a dra. M. e discutido meu futuro procedimento — e mencionado que eu ficara abalada com a nossa conversa.

Agora eu estava deitada de costas, enfiada numa camisola de hospital. Eu me sentia tonta desde as primeiras etapas da anestesia. Tinha vontade de chorar de novo por tudo, ao lembrar como ficara sem forças ao telefone — sem forças porque precisava tanto dela, uma estranha — e ao sentir como estava sem forças agora, deitada de costas e esperando que uma equipe de médicos removesse o tecido de meu coração. Queria lhe dizer que não aceitava seu pedido de desculpas — não aqui, não enquanto eu estava deitada nua embaixo de uma camisola de papel, não quando estava prestes a ser cortada mais uma vez. Queria lhe negar o direito de sentir-se melhor por ter dito que lamentava suas palavras.

Antes de mais nada, queria que a anestesia me afastasse de tudo o que sentia e de tudo o que meu corpo estava prestes a sentir. Num instante, me afastou.

Sempre luto contra o impulso de pedir pílulas aos estudantes de medicina durante nossos encontros. Parece natural. A mamãe do Bebê Doug não desejaria um Ativan? A Angela da apendicite não iria querer um pouco de Vicodin, ou qualquer coisa que deem para uma dor de grau dez na escala das dores? Stephanie Phillips não ficaria um pouco mais interessada numa nova dieta de Valium? Continuo pensando que comunicarei minha dor com mais eficácia expressando meu desejo pelas coisas que poderiam dissolvê-la. Em outras palavras, se eu fosse Stephanie Phillips, eu estaria interessada no meu Ativan. Mas não estou. E ser um PP não diz respeito a projetar dores; diz respeito a habitá-las. Não posso abandonar o roteiro. Esses encontros não são sobre dissolver a dor, de qualquer maneira, mas antes sobre compreendê-la com mais clareza. A parte curativa é sempre um horizonte hipotético que jamais alcançamos.

Durante meu inverno de cuidados eu me vi constantemente nas mãos de médicos. Começou com aquele primeiro homem sem nome que me proporcionou um aborto na mesma manhã em que proporcionou a vinte outras mulheres seus abortos. *Proporcionou.* Uma palavra engraçada que empregamos, como se fosse um presente. Uma vez terminado o procedimento, fui levada numa cadeira de rodas para um quarto sombrio onde um homem com uma barba branca comprida me deu um copo de suco de laranja. Ele parecia um desenho de Deus feito por uma criança. Lembro-me de ficar magoada por ele só me dar um analgésico depois de eu ter comido um punhado de biscoitos, mas ele era gentil. Sua resistência era um tipo de cuidado. É o que eu sentia. Ele estava cuidando de mim.

O dr. G. foi o médico que operou o meu coração. Ele controlava os catéteres a partir de um computador remoto. Parecia a cabine de voo de uma nave espacial. Ele tinha uma voz viva, braços magricelas e bastos cabelos brancos. Gostei dele. Falava sem rodeios. Entrou no quarto do hospital um dia depois da operação e explicou por que o procedimento não funcionara; eles tinham queimado e queimado, mas não tinham queimado o pedaço certo. Tinham até cortado para passar pela minha parede arterial a fim de continuar olhando. Mas aí pararam. A ablação de mais tecido arriscava desmantelar todo o meu sistema de circuitos.

O dr. G. disse que eu poderia passar de novo pelo procedimento. Poderia autorizá-los a realizar uma ablação mais agressiva. O risco era que eu saísse da cirurgia com um marca-passo. Ele estava muito calmo quando falou disso. Apontou para o meu peito: "Em alguém magro", disse, "é possível ver o contorno da caixa com bastante clareza".

Eu me imaginei acordando de uma anestesia geral para descobrir uma caixa de metal acima de minhas costelas. Lembro que fiquei impressionada pelo médico ter antecipado uma pergunta sobre o marca-passo. Ainda não a descobrira em mim mesma: com que facilidade eu conseguiria esquecer que a caixa estava ali? Lembro que me senti grata pela calma na sua voz, e nem um pouco ofendida. Não a registrei como insensibilidade. Por quê?

Talvez apenas porque ele era um homem. Eu não precisava que ele fosse minha mãe — nem mesmo por um dia —, eu precisava apenas que ele soubesse o que estava fazendo. Mas acho que havia algo mais. Em vez de se identificar com meu pânico — experimentar meu horror diante da perspectiva de um marca-passo —, ele estava me ajudando a compreender que até isto, o incômodo de um coração falso, seria ok. Sua calma não me inspirou abandono, antes fez com que eu me sentisse mais segura. Oferecia segurança em vez de empatia, ou talvez a segurança fosse prova de empatia, na medida em que ele compreendia que era segurança, e não identificação — aquilo de que eu mais precisava.

A empatia é um tipo de cuidado, mas não é o único tipo de cuidado, e nem sempre basta. Quero pensar que seria esse o pensamento do dr. G. Eu precisava olhar para ele e ver o oposto de meu medo, e não o seu eco.

Todas as vezes que me encontrei com a dra. M., ela começou nossas conversas com algumas perguntas superficiais sobre minha vida — *Em que você anda trabalhando nos últimos tempos?* — e quando saía do quarto para deixar que eu me vestisse, eu podia escutar sua voz falando para um gravador no corredor: *Paciente é estudante universitária em Yale com foco em inglês. Paciente está escrevendo uma dissertação sobre o vício. Paciente passou dois anos morando em Iowa. Paciente está trabalhando numa coletânea de ensaios.* E depois, sem falta, no próximo encontro, com a memória refrescada pela escuta da velha fita, ela enumerava algumas perguntas: *Como foram aqueles anos em Iowa? Como está essa coletânea de ensaios?*

Era uma estranha intimidade, quase constrangedora, sentir a mecânica de seu método tão palpável entre nós: *faça o paciente falar, registre os detalhes, repita.* Meu perfil esboçado nas CliffsNotes.* Eu detestava ver os cordões das marionetes; pareciam inconvenientes — e não havia bondade na voz dela, os mecanismos não significavam nada. Fingiam que nós nos conhecíamos em vez de reconhecer que não era esse o caso. É uma tensão intrínseca à relação cirurgião-paciente: é mais invasiva do que qualquer outra coisa, mas nem um pouco íntima.

Agora posso imaginar outro tipo de fita — uma fita mais despida, gaguejante; uma fita que sempre se corrige, que confunde seus passos de dança:

Paciente está aqui ~~para um aborto~~ para ~~uma cirurgia que vai queimar as partes ruins de seu coração~~ receber uma medicação que regularize seu coração porque a cirurgia fracassou. Paciente fica no hospital por ~~uma noite três noites~~ cinco noites até conseguirmos acertar essa medicação. Paciente ~~pergunta se as pessoas podem lhe trazer bebida alcoólica no hospital~~ gosta de comer bolachas de água e sal da central das enfermeiras. Paciente não pode ser liberada enquanto, na corrida sobre a esteira, seu coração não registrar um ritmo limpo. Paciente fez recentemente um aborto, mas não compreendemos por que ela queria que soubéssemos disso. Paciente não ~~acha que~~ sentiu dores a princípio, mas depois sentiu. Paciente ~~deixou de usar proteção e~~ deixou de dar um relato adequado das razões pelas quais não usou proteção. ~~Paciente experimentou muitos sentimentos. Parceiro da paciente tinha a impressão de que ela estava inventando muitos sentimentos.~~ Parceiro da paciente lhe dá amparo. Parceiro da paciente é descoberto na cama de hospital da paciente, várias vezes. Parceiro da paciente é flagrado beijando a paciente. Parceiro da paciente é encantador.

Paciente está ~~com raiva desapontada~~ com raiva porque seu procedimento fracassou. Paciente não quer ser obrigada a tomar medicamentos. Paciente quer saber se ela pode tomar álcool com esse medicamento. Ela quer saber a quantidade. Ela quer saber ~~se duas garrafas de vinho por noite é demais~~ se ela pode tomar alguns

---

* Série de guias de estudo em panfletos ou on-line para estudantes americanos. (N. T.)

copos sem sofrer dano. Paciente não quer passar por outro procedimento, se isso significa correr o risco de um marca-passo. Paciente quer que todos compreendam que essa cirurgia é não é grande coisa; quer que todos compreendam que ela é estúpida por chorar quando todos os outros na ala estão mais doentes que ela; quer que todos compreendam que seu aborto ~~também é sobre~~ não é definitivamente sobre os filhos que seus ex-namorados tiveram depois que ela rompeu com eles. Paciente quer que todos compreendam que ~~não foi uma escolha~~ teria sido mais fácil se tivesse sido uma escolha. Paciente compreende que foi sua escolha beber enquanto estava grávida. Compreende que foi sua escolha ir a um bar com uma pequena caixa de plástico dependurada no pescoço e beber tanto que o gráfico de seu coração ficou todo confuso. Paciente é pacientes, plural, o que significa que ela é múltipla — em geral grata, mas às vezes rude, às vezes cheia de autopiedade. Paciente ~~já compreende~~ está tentando compreender que ela precisa escutar com mais atenção se quiser perceber como todo mundo está cuidando dela.

Três homens esperavam por mim no hospital durante minha cirurgia: meu irmão, meu pai e Dave. Ficaram sentados no saguão travando uma conversa desajeitada, e depois na cafeteria travando uma conversa desajeitada, e depois... não sei ao certo onde se sentaram, para falar a verdade, ou em que ordem, porque eu não estava lá. Mas sei que, enquanto estavam sentados na cafeteria, um médico foi procurá-los e lhes disse que os cirurgiões iam atravessar parte da minha parede arterial — essas foram as palavras que usaram, Dave disse, *atravessar* — e tentar queimar alguns pedaços de tecido no outro lado. Nesse ponto, Dave me contou mais tarde, ele foi até a capela do hospital e rezou para que eu não morresse. Rezou no nicho criado pela porta aberta escorada, porque não queria ser visto.

Não era provável que eu morresse. Dave não sabia disso então. De qualquer maneira, a reza não tem a ver com probabilidade, tem a ver com desejo — amar alguém a ponto de se ajoelhar e pedir que seja salvo. Quando ele chorou naquela capela, não era empatia — era outra coisa. Seu ajoelhar-se não foi um modo de sentir minha dor, mas de pedir que ela acabasse.

Aprendi a dar pontos a Dave pelo grau de empatia que tinha comigo. Eu estava sempre equilibrada acima do item 31 de uma lista de controle invisível.

Eu queria que ele sentisse dor sempre que eu sentia dor, que sentisse tanto quanto eu sentia. Mas é cansativo manter tabelas sobre a intensidade do que alguém está sentindo por você. Isso pode levar você a esquecer que eles também sentem.

Eu costumava pensar que sentir dor nos tornaria mais sensíveis à dor dos outros. Costumava acreditar em alguém sentir-se mal porque um outro não estava bem. Agora não tenho mais certeza de nenhuma das duas coisas. Sei que estar no hospital me tornou egoísta. Passar por cirurgias me fez pensar principalmente sobre se eu teria de passar por outra. Quando coisas ruins aconteciam a outras pessoas, eu as imaginava acontecendo a mim. Não sabia se isso era empatia ou roubo.

Por exemplo: num certo setembro, meu irmão acordou num quarto de hotel na Suécia sem conseguir mover metade do rosto. Os médicos diagnosticaram algo chamado paralisia de Bell. Ninguém de fato compreende por que acontece e o que fazer para mitigar o dano. Os médicos lhe deram um esteroide chamado prednisona, que lhe causava náuseas. Ele vomitava quase todos os dias por volta do crepúsculo. Ele nos enviou uma foto. Parecia solitário e granulado. Seu rosto, desabado. Sua pupila cintilava no flash, brilhante com o gel que tinha de aplicar no olho para impedir que secasse. Não conseguia piscar.

Eu me vi obcecada por sua doença. Tentei imaginar como seria andar pelo mundo com um rosto desconhecido. Pensava sobre como seria acordar de manhã, no intervalo grogue em que se dá um jeito de esquecer as coisas, esquecer toda a vida, e depois passar bruscamente a perceber: *Sim, é assim que as coisas são.* Checar no espelho: ainda estava ali. Tentei imaginar como alguém se sentiria um pouco esmagado, a cada dia, saindo de sonhos para viver outro dia acordado com um rosto que não era bem o seu.

Passei um longo tempo dos dias seguintes — períodos de tempo inúteis, infrutíferos — imaginando como eu me sentiria se o meu rosto também ficasse paralisado. Roubei o trauma de meu irmão e projetei-o em mim mesma como um padrão de luz de lanterna mágica. Estava obcecada, e disse a mim mesma que essa obsessão era empatia. Mas não era, não de todo. Era mais como *im*patia. Eu não estava me exilando noutra vida, mas sim importando seus problemas para a minha.

* * *

Dave não acredita em sentir-se mal só porque outra pessoa não está bem. Essa não é sua noção de amparo. Ele acredita em escutar, fazer perguntas, manter-se longe de pressuposições. Acha que imaginar a dor de outra pessoa com demasiada certeza pode ser tão nocivo quanto deixar de imaginá-la. Ele acredita em humildade. Acredita em reunir forças suficientes para ficar ao lado do outro. Ele ficou comigo no hospital, cinco noites naquelas camas brancas e frias, deitou-se com meus fios do monitor, cabos coloridos que levavam a assinatura elétrica de meu coração para uma caixinha que eu segurava nas mãos. Lembro-me de me deitar emaranhada com ele, do quanto significava para mim... que ele estivesse disposto a se deitar no meio da confusão dos fios, só para ficar ali comigo.

Para ajudar os estudantes de medicina a sentir mais empatia conosco, temos de sentir empatia com eles. Pensar sobre o que os leva a deixar de responder o que lhes é perguntado — nervosismo, melindre ou insensibilidade — e como falar de seus pontos fracos sem feri-los: aquele estudante tão rígido que apertou minha mão como se tivéssemos acabado de fechar um negócio; a outra alegre tão ansiosa por ser minha amiga que nem lavou as mãos.

Certo dia encomendamos um bolo para o aniversário de minha supervisora — camadas brancas secas com ondulações de geleia de morango — e sentamos ao redor de nossa mesa de conferência comendo seu bolo com garfos de plástico enquanto ela não comia nada. Ela nos dizia que tipo de sintaxe devemos usar quando falamos com os estudantes sobre melhorar sua empatia. Devemos usar a estrutura "Quando você... eu senti". *Quando você se esqueceu de lavar as mãos, senti que devia proteger meu corpo. Quando você falou que não havia onze na escala da dor, me senti rejeitada.* O mesmo para as partes boas: *Quando você me perguntou sobre Will, senti que você realmente se preocupava com minha perda.*

Um estudo de 1983 intitulado "A estrutura da empatia" descobriu uma correlação entre a empatia e quatro grandes grupos de características da personalidade: sensibilidade, não conformismo, moderação constante e autoconfiança social. Gosto da palavra *estrutura*. Sugere que a empatia é um edifício que construímos como um lar ou escritório — com arquitetura e projeto, andaimes e eletricidade. O caractere chinês para *escutar* é construído dessa maneira, uma estrutura de muitas partes: os caracteres para orelhas e olhos, a linha horizontal que significa atenção não dividida, o mergulho rápido e as lágrimas do coração.

Alcançar uma pontuação alta no grupo "sensibilidade" do estudo parece ser intuitivo. Significa concordar com afirmações como "Tentei algumas vezes escrever poesia" ou "Tenho visto coisas tão tristes que quase me deram vontade de chorar" e discordar de afirmações como: "Eu realmente não me importo se as pessoas gostam de mim ou não". Essa última parece sugerir que a empatia seria, na sua essência, uma troca, uma tentativa de conseguir o afeto dos outros: *Eu me importo com sua dor* é outra maneira de dizer *Eu me importo se você gosta de mim*. Nos preocupamos para que se preocupem conosco. Nos preocupamos porque somos porosos. Os sentimentos dos outros importam, são *como* a matéria: têm peso, exercem atração gravitacional.

É o último grupo, a autoconfiança social, que eu não compreendo tão bem. Sempre apreciei a empatia como o privilégio particular do invisível, os observadores que são tímidos precisamente *porque* sentem tanto — porque é terrível dizer mesmo uma única palavra quando se é sensível até ao mais ínfimo bruxuleio de nuance na sala. "A relação entre a autoconfiança social e a empatia é a mais difícil de compreender", admite o estudo. Mas sua explicação faz sentido: a confiança social é um pré-requisito, mas não é uma garantia, pode "dar a uma pessoa a coragem de entrar no mundo interpessoal e praticar habilidades empáticas". Devemos "empatizar" com a coragem, essa é a ideia — o que me faz pensar sobre quanto da minha empatia nasce do medo. Tenho medo de que os problemas de outras pessoas aconteçam comigo, ou então tenho medo de que outras pessoas deixem de me amar, se eu não adotar seus problemas como meus.

Jean Decety, um psicólogo da Universidade de Chicago, usa escâneres RMF para medir o que acontece quando o cérebro de alguém reage à dor de outra pessoa. Ele mostra aos sujeitos testados imagens de situações dolorosas (a mão presa numa tesoura, o pé embaixo da porta) e compara esses escâneres com imagens do cérebro quando o corpo está realmente sentindo dor. Decety descobriu que imaginar a dor de outros ativa as mesmas três áreas (córtex pré-frontal, ínsula anterior, córtex cingulado anterior) que são ativadas pela experiência da própria dor. Eu me senti animada por essa correspondência. Mas também me pergunto para que serve.

Durante os meses da paralisia de meu irmão, sempre que acordava de manhã e checava meu rosto à procura de um queixo caído, um olho pendente, um sorriso desmoronado, eu não estava cuidando de ninguém. Não sentia pelo meu irmão tanto quanto sentia por uma versão de mim mesma — um eu que não existia, mas teoricamente partilhava sua desgraça.

Eu me pergunto se minha empatia sempre foi isso, em todos os casos: apenas um acesso de autopiedade projetada em outra pessoa. Acaba sendo apenas solipsismo? Adam Smith confessa na sua *Teoria dos sentimentos morais*: "Quando vemos um golpe dirigido e prestes a cair sobre a perna ou braço de outra pessoa, naturalmente nos encolhemos e recuamos nosso próprio braço ou perna".

Nos preocupamos conosco. Claro que sim. Talvez advenha algum bem disso. Se me imagino intensamente dentro da dor de meu irmão, tenho alguma percepção, talvez, do que ele poderia querer ou precisar, porque penso: *Eu quereria isso. Eu precisaria disso.* Mas também parece um pretexto frágil, transformar suas desgraças numa oportunidade de me entregar a medos diletos de minha própria maquinação.

Eu me pergunto que partes do meu cérebro acendem quando os estudantes de medicina me perguntam: "Como é que você se sente com isso?". Ou que partes de seus cérebros brilham quando digo: "A dor no meu abdômen é grau 10". A minha condição física não é real. Sei disso. Eles sabem disso. Estou simplesmente executando gestos. Eles estão simplesmente executando gestos. Mas os gestos podem ser mais que hábitos. Eles não só exprimem sentimentos; são capazes de gerá-los.

A empatia não é apenas algo que nos acontece — uma chuva de meteoros de sinapses disparando pelo cérebro —, é também uma escolha que fazemos: prestar atenção, dar o máximo de nós mesmos. É feita de empenho, esse primo mais desalinhado do impulso. Às vezes nos preocupamos com o outro porque sabemos que deveríamos, ou porque nos é requisitado, mas isso não torna nossa preocupação oca. O ato de escolher significa simplesmente que nos comprometemos com um conjunto de comportamentos maior que a soma de nossas inclinações individuais: *Vou perceber sua tristeza, mesmo quando estou mergulhada na minha própria*. Dizer *executar os gestos* não é tanto redução, é mais o reconhecimento do esforço — o trabalho, os *gestos*, a dança — de adentrar no estado do coração e mente de outra pessoa.

Essa confissão de esforço se atrita com a noção de que a empatia sempre deve nascer espontânea, que *genuíno* significa a mesma coisa que *involuntário*, que a intencionalidade é inimiga do amor. Mas eu acredito na intenção e acredito no trabalho. Acredito em acordar no meio da noite, fazer as malas e abandonar nossos piores eus por nossos eus melhores.

LESLIE JAMISON
Obstetrícia-Ginecologia
Materiais de Treinamento PP (Cont.)

Frase de abertura: Você não precisa de uma. Todo mundo vem aqui pela mesma razão.

Apresentação física e tom: Usar calças folgadas. Disseram-lhe para usar calças folgadas. Mantenha sua voz firme e articulada. Você está prestes a abrir suas pernas para um médico que nunca saberá seu nome. Você conhece a rotina, mais ou menos. Aja como se soubesse.

Dinâmica do encontro: Responda toda pergunta como se estivesse esclarecendo um pedido de café. Seja gentil e responda vigorosamente com a cabeça. Assegure-se de que seu coração permanece no outro lado da parede branca atrás de você. Se a enfermeira lhe perguntar se você quer realmente se submeter ao procedimento, diga sim sem hesitar. Diga sim sem sombra de dúvida. Não mencione como se sentiu ao ver pela primeira vez a linha rosa sobre o bastonete — aquela repentina alegria expansiva com a possibilidade de um filho, com sua própria capacidade de ter um. Não mencione esse momento único de alegria, porque poderia dar a entender que você não tem certeza absoluta do que está prestes a fazer. Não mencione esse momento único de alegria, porque poderia doer. Vai parecer — mais do que qualquer outra coisa — ser a medida do que você está rejeitando. Mapeia os limites de sua perda voluntária.

Em vez disso, diga à enfermeira que você não estava usando nenhum contraceptivo, mas foi uma tolice, né, e agora vai começar a usar.

Se ela perguntar que formas de contraceptivo você usou no passado, diga preservativos. De repente, todo rapaz com quem você já transou está na sala com você. Ignore a memória daquela primeira vez — toda aquela atrapalhação, e depois a dor — enquanto Rod Stewart cantava "Broken Arrow" no aparelho de som portátil sobre a cômoda. *Quem mais vai lhe trazer uma flecha quebrada? Quem mais vai lhe trazer uma garrafa de chuva?*

Diga que você usou preservativos, mas não pense em todas as vezes que não usou — num cemitério de Iowa, num carro pequeno perto de um rio escuro — e de jeito nenhum diga a razão, que o risco a fazia sentir-se perto daqueles rapazes, que você desafiava a incrível gravidade do que seus corpos podiam fazer juntos.

Se à enfermeira perguntar sobre seu companheiro atual, você deve dizer: *Estamos muito comprometidos,* como se estivesse se defendendo de uma acusação legal. Se estiver ouvindo atentamente, a enfermeira deve escutar o medo aninhado como um ovo dentro da sua certeza.

Se a enfermeira perguntar se você bebe, diga sim a isso também. Claro que você bebe. Fale como se não fosse grande coisa. Os hábitos de seu estilo de vida incluem beber demais. Você bebe desse jeito, mesmo sabendo que há um feto dentro de você. Você bebe para esquecer que há um feto dentro de você; ou talvez para sentir que tudo isso não passa de um filme sobre um feto estar dentro de você.

A enfermeira vai perguntar, por fim: *Como você se sente sobre submeter-se ao procedimento?* Diga-lhe que se sente triste, mas que você sabe que é a escolha certa, porque isso parece a coisa certa a dizer, mesmo que seja uma mentira. Você se sente principalmente entorpecida. Você se sente entorpecida até suas pernas estarem nos estribos. Então sente dor. Qualquer que seja a anestesia que passa pela agulha no seu braço, ela apenas seda você. Dias mais tarde vai sentir seu corpo se contraindo de dor à noite — uma dor profunda, quente, torcida — e só resta a você ficar deitada imóvel e esperar que passe, implorar que o sono venha, beber para que o sono venha, ficar ressentida com Dave por ele estar dormindo ao seu lado. Só resta a você observar seu corpo sangrar como um objeto inescrutável, teimoso — algo ferido e incômodo, e não inteiramente seu. Você abandona seu corpo e só volta depois de um mês. Você volta com raiva.

Você acorda de outra dose de anestesia, e eles lhe dizem que toda a queimação não removeu a parte de seu coração que estava estragada. Você volta a si e descobre que não está só. Não estava só quando seu corpo se contraía de dor durante a noite, e não está só agora. Dave passa todas as noites no hospital. Você quer lhe dizer como seu corpo está nojento: sua pele não lavada e os cabelos gordurosos. Você quer que ele escute, durante horas se necessário, e sinta tudo exatamente como você sente — o par de seus corações num ritmo tão sincronizado que qualquer monitor mostraria; o par de seus corações representando dois coelhinhos aleijados fazendo tudo o que for possível. Não há fim para essa fantasia de proximidade. *Quem mais vai lhe trazer uma flecha quebrada?* Você quer que ele se quebre com você. Você quer que ele sinta dor num útero que ele não tem, você quer que ele admita que não pode sentir dor dessa maneira. Você quer que ele saiba qual é a sensação em cada um de seus terminais nervosos: deitada de bruços sobre lençóis assépticos, levantando sua camisa para mais um residente de cirurgia cardíaca, mais um estranho, deixando que ele ligue seus clipes na linha de ganchos sob seu peito, deixando que ele imprima as batidas de seu coração, mais uma vez, para ver se seu ritmo acalmou.

Tudo remonta a isto: você o quer perto de sua perda. Você quer humildade e presunção, e o que quer que exista entre as duas, você quer isso também. Está cansada de implorar por isso. Está cansada de classificá-lo segundo a habilidade com que ele lhe proporciona isso. Você quer aprender a parar de sentir pena de você mesma. Quer escrever um ensaio sobre a lição. Você joga fora a lista de controle e deixa que ele suba na sua cama de hospital. Deixa que ele separe os fios do coração. Você dorme. Ele dorme. Você acorda, o pulso procurando sentir um outro pulso, e aí está ele de novo.

A isca do diabo

Introdução

Para Paul, começou com uma viagem de pescaria. Para Lenny, foi um viciado com os nós dos dedos cobertos de feridas. Dawn encontrou espinhas agrupadas ao redor de seus óculos de natação. Kendra percebeu pelos encravados. Patricia foi atacada por moscas de areia numa praia da Costa do Golfo. A doença pode começar como bolhas, lesões, coceiras, ou simplesmente uma terrível névoa depositando-se sobre a mente, sobre o mundo.

Para mim, a doença de Morgellons começou como uma novidade: as pessoas diziam que tinham uma doença estranha, e ninguém — ou quase ninguém — acreditava nelas. Mas eram muitas, quase 12 mil, e os números estavam crescendo. A enfermidade se manifestava de muitas maneiras: feridas, coceira, fadiga, dores e algo chamado formigamento, a sensação de insetos rastejando. Mas o sintoma que a definia era sempre o mesmo: estranhas fibras emergindo de dentro da pele.

Em poucas palavras: as pessoas estavam descobrindo uma matéria inidentificável que saía do corpo. Não somente fibras, mas penugem, pintas e cristais. Eles não sabiam o que era essa matéria, nem de onde vinha, nem por que estava ali, mas sabiam — e isso era o que importava, a palavra importante — que era *real*.

O diagnóstico adveio com uma mulher chamada Mary Leitão. Em 2001, ela levou seu filho que mal começava a andar ao médico, porque ele tinha feridas nos lábios que não saravam. Ele se queixava de bichinhos embaixo da pele. O primeiro médico não soube o que dizer a ela, nem o segundo, nem o terceiro. Por fim, começaram a lhe dizer algo que ela não queria ouvir: que ela poderia estar, vicariamente, com a síndrome de Münchausen, porque eles não encontravam nada de errado com seu filho. Leitão apresentou seu próprio diagnóstico; nascia a doença de Morgellons.

Leitão tirou o nome de um tratado escrito por um médico do século XVII chamado Thomas Browne:

> Observei há muito tempo em Languedoc esse Distúrbio Endêmico de Crianças Pequenas, chamado Morgellons, quando lhes aparecem crucialmente Pelos ásperos nas Costas, o que remove os Sintomas Agitados da Doença, e livra-os de Tosses e Convulsões.

Os "pelos ásperos" de Browne foram os primeiros ancestrais das fibras de hoje, os filamentos que formam o âmago dessa doença. As fotos ampliadas on--line os mostram vermelhos, brancos e azuis — como a bandeira — e também pretos e claros. Essas fibras são o tipo de coisa que se descreve em relação a outros tipos de coisas: águas-vivas ou fios, pelos de animal, puxa-puxas ou uma bola de lanugem do suéter da vovó. Algumas são chamadas de "cabeças de ouro" porque têm um bulbo de cor dourada. Outras parecem cobras desenroscando-se da pele, finas como um fio, mas prontas a atacar. Outras ainda parecem simplesmente sinistras, tecnológicas, enredadas. A ampliação dessas fotos dificulta saber o que estamos vendo; até se estamos vendo pele.

Os pacientes começaram a levar esses filamentos, manchas e penugens para seus médicos, guardando-os em caixas de plástico ou caixinhas de fósforos, e os dermatologistas criaram até mesmo uma expressão para isso: "o sintoma da caixa de fósforo", um sinal de que o paciente se tornara tão determinado a provar sua doença que já não podia ser digno de confiança.

Em meados da década de 2000, a Morgellons se tornara uma controvérsia séria. Pacientes autoidentificados começaram a se chamar de *Morgies* e a se organizar contra médicos que lhes davam diagnósticos de algo chamado delírio de parasitose (DP). O CDC* lançou uma investigação em grande escala

---

* *Centers for Disease Control and Prevention* — Centros para Controle e Prevenção de Doenças. (N. T.)

em 2006. Os principais jornais publicaram artigos: "Doença ou delírio?" (*New York Times*); "CDC investiga a bizarra doença de Morgellons" (*Boston Globe*); "A curiosa e controversa doença de Morgellons confundindo pacientes e médicos" (*Los Angeles Times*).

Nesse meio tempo, uma organização defensora de Morgellons, chamada Fundação Charles E. Holman, começou a oferecer uma conferência anual em Austin para pacientes, pesquisadores e provedores de serviços médicos — basicamente, qualquer um que demonstrasse algum interesse. A fundação recebeu seu nome em homenagem a um homem que dedicou a vida a investigar as causas da doença de sua esposa. Sua viúva ainda dirige as conferências. Ela ainda padece da doença. A conferência oferece refúgio — a ela e a outros — de um mundo que geralmente se recusa a aceitar o relato que apresentam para a razão de seu sofrimento. Como um apresentador me escreveu por e-mail:

> Já é bem ruim que as pessoas sofram tão terrivelmente. Mas ser o objeto do que parece ser a maior piada do mundo é um pouco demais para os doentes suportarem. Fico surpreso que mais pessoas com essa terrível enfermidade não cometam suicídio... A história é até mais bizarra do que se pode imaginar. Morgellons é o ataque perfeito de uma doença, cheio de heróis, vilões e pessoas muito complexas tentando fazer o que pensam ser correto.

O CDC finalmente publicou os resultados de seu estudo "Características clínicas, epidemiológicas, histopatológicas e moleculares de uma dermatopatia inexplicável", em janeiro de 2012. O relatório é claramente dividido em movimentos — *Introdução, Métodos, Resultados, Discussão, Agradecimentos* — mas não oferece conclusões fáceis. Seus autores, a chamada Força-Tarefa de uma Dermatopatia Inexplicável, investigaram 115 pacientes, usando amostras de pele, exames de sangue e exames neurocognitivos. Seu relatório oferece pouco consolo aos Morgies que buscam confirmação: "Não fomos capazes de concluir, baseados neste estudo, se essa dermatopatia inexplicável representa uma nova doença... ou o reconhecimento mais amplo de uma doença existente como delírio de infestação parasitária".

Resultado final? Nada consta no relatório.

MÉTODOS

A IGREJA BATISTA WESTOAK, em Slaughter Lane, fica alguns quilômetros ao sul da Austin que eu tinha imaginado, uma cidade cheia de trailers Airstream vendendo rosquinhas doces especiais, lojas de artigos antigos abarrotadas de cabeças de animais e rendas, melancólicas frases de guitarra flutuando em irônicos bares de caubói. Slaughter Lane não tem nada de rendas antigas, rosquinhas de qualidade ou ironia; é só drogarias Walgreens, lanchonetes Denny's, e acaba num estacionamento cortado pela sombra espichada de uma cruz de seis metros.

A própria igreja é um prédio baixo azul rodeado por trailers temporários. Uma bandeira da conferência diz: *A procura por um fio incomum*. Cheguei à conferência logo após o relatório do CDC, num momento em que a comunidade dos Morgellons se reúne mais uma vez — para reagrupar-se, reagir, insistir.

Um grupo de mulheres amáveis, perto da entrada, recebe os recém-chegados. Vestem camisetas que combinam, estampadas com as letras DOP [Department of Pharmacy] riscadas com um traço vermelho. A maioria dos participantes na conferência, vou perceber, passa a impressao saudável e acolhedora de sensatas donas de casa do meio-oeste. Fico sabendo que 70% dos pacientes Morgellons são mulheres — e que as mulheres são especialmente vulneráveis ao desfiguramento isolador e à condescendência que acompanham a doença.

As pessoas encarregadas das boas-vindas conduzem-me ao longo de um elaborado bufê de salgadinhos e docinhos comprados até o santuário da igreja, que está fazendo as vezes da sala de conferência principal. Os oradores estão de pé no púlpito improvisado (um apoio para livros) com seus slides Power-Point projetados numa tela atrás deles. O palco está cheio de equipamento musical. Em cada banco da igreja coberto por um pano, apenas uma caixa de lenços de papel Kleenex. Há uma área de alimentação especial nos fundos: mesas entulhadas de xícaras de café, embalagens de bolinho engorduradas e os esqueletos de cachos de uva. A sala tem uma única janela com vitral — um círculo azul escuro com a catarata leitosa de uma pomba —, mas as cores não deixam passar a luz. A janela é suficientemente pequena para dar a impressão de que a pomba foi apanhada; não está voando, mas presa.

Essa reunião é como um encontro dos Alcoólicos Anônimos ou um culto de quacres: entre um e outro orador, as pessoas de vez em quando caminham até o pódio e começam a partilhar experiências. Ou então falam a partir de suas cadeiras, curvados para conseguir ver melhor os membros uns dos outros. Tiram fotos com seus celulares. Escuto um homem dizer a uma mulher: "Moro num apartamento vazio perto do trabalho; não tenho muito mais". Escuto a resposta dela: "Mas você ainda trabalha?".

Aqui vai mais do que escuto: "Então você apenas correu as ondas sonoras pelos seus pés... você os vê saindo como nacos, literalmente dependurados na sua pele?... você pegou de seu pai?... passou para seu filho?... Meus filhos ainda são jovens... ele tem fibras no cabelo mas nenhuma lesão na pele... uso uma colherinha de sal e uma colherinha de vitamina C... estava tomando Bórax por algum tempo, mas não pude continuar... o RH me disse para não falar sobre isso... seus braços parecem melhores que no ano passado... você parece melhor que no ano passado... mas você se sente melhor que no ano passado?". Ouço alguém falar sobre o que sua pele está "expressando". Escuto alguém dizer: "É um mundo solitário". Sinto-me perto do espectro de anos inteiros perdidos.

Descubro que as pessoas que não deixam de sussurrar durante as palestras são aquelas com quem desejo conversar; que o ponto do café é útil porque é um bom lugar para encontrar pessoas e porque beber café significa que terei de ir muitas vezes ao banheiro, que é um lugar ainda melhor para encontrar pessoas. As pessoas que encontro não parecem desfiguradas à primeira vista. Mas, de perto, revelam todo tipo de cicatrizes, inchaços e crostas. Estão cobertas de registros — fósseis ou ruínas — de coisas abertas e secretoras que existiram no passado.

Conheço Patricia, num terninho azul-violeta, que me conta como ela foi atacada por moscas de areia num certo verão e tudo mudou. Conheço Shirley, que acha que sua família pegou a doença acampando num lugar infestado de carrapatos chamado Rocky Neck. A filha de Shirley toma antibióticos há tanto tempo que tem de mentir ao médico sobre a razão de precisar deles.

Conheço Dawn, uma enfermeira graciosa e articulada de Pittsburgh, cujas pernas mostram as manchas brancas que passei a reconhecer como pele outrora coberta de crosta ou cheia de lesões. O antibiótico deixou um desenho de manchas escuras na panturrilhas, o que certa vez fez com que fosse tomada erroneamente por uma paciente com AIDS. Desde que ela se autodiagnosticou com Morgellons, Dawn mantém seu cargo de enfermeira em tempo integral porque deseja canalizar sua frustração para um trabalho útil.

"Eu estava com tanta raiva dos diagnósticos errados durante tantos anos", diz ela, "diziam que era ansiedade, invenção da minha cabeça, coisa de mulher. Por isso tentei transformar essa raiva em algo positivo. Obtive meu diploma na universidade, publiquei um artigo numa revista de enfermagem."

Eu lhe pergunto sobre a expressão *coisa de mulher*. É como doença do coração, ela explica. Por muito tempo os ataques de coração das mulheres passaram despercebidos, porque eram diagnosticados como sintomas de ansiedade. Compreendo que sua doença faz parte de uma história complicada que remonta à histeria no século XIX. Dawn diz que seus colegas de trabalho — os enfermeiros, não os médicos — têm demonstrado uma notável empatia; e ela sugere que não é mera coincidência que a maioria desses colegas seja de mulheres. Agora eles a procuram sempre que encontram algo estranho ou inesperado numa ferida: cotão, flocos, filamentos. Ela se tornou uma especialista no inexplicável.

Pergunto a Dawn qual é a parte mais difícil da doença. Primeiro ela responde em termos gerais — "Futuro incerto?" —, cadenciando sua resposta numa pergunta, mas logo parte para um receio mais específico: "Medo dos relacionamentos", diz ela, "porque quem vai me aceitar?". Ela continua, sua fala cheia de pausas: "Apenas me sinto muito... qual é a palavra... não atraente, mas muito... com as cicatrizes e tudo mais que tenho por causa disso, que cara vai gostar de mim?".

Eu lhe digo que não vejo uma mulher cheia de cicatrizes quando a enxergo; acho que ela é bela. Ela me agradece por dizer isso, mas dá para perceber que o elogio soou um pouco vazio. Um comentário de uma estranha não pode compensar anos odiando o corpo em que vive.

Com Dawn caio na reação fácil da identificação — *Já senti isso também* — sempre que ela fala sobre seu corpo como algo que lhe fez mal. Seu estado parece a cristalização do que sempre senti sobre mim mesma — algo de errado em meu ser que nunca pude localizar ou nomear, por isso encontrei coisas em que pudesse fixá-lo: meu corpo, minhas coxas, meu rosto. Essa ressonância é parte do que me atrai em Morgellons: oferece um modelo para o que muitas vezes senti, um recipiente ou um batismo para certo tipo de inquietação. Des-conforto.* Embora eu também sinta que toda tentativa de metaforizar a doença seja igualmente um ato de violência — um argumento contra a realidade corporal em que seus pacientes insistem.

Mas minha disposição a transformar Morgellons numa metáfora — como uma manifestação corpórea de alguma tendência humana abstrata — é perigosa. Obscurece a natureza particular e espontânea do sofrimento à minha frente.

Seria fácil demais deixar todos esses rostos se dissolverem numa possibilidade correlata: os Morgies como emblemas ambulantes de como é difícil, para todos nós, viver dentro de nossa própria pele. Sinto que essas vidas poderiam ser esculpidas muito convenientemente para se ajustarem à estrutura — ou estrituras — metafórica do próprio ensaio.

Uma mulher chamada Rita, de Memphis, outra enfermeira, fala comigo sobre médicos — aqueles que não acreditaram nela, aqueles que lhe disseram que ela era azarada ou louca, aquele que por acaso tinha sobrenome igual ao dela, mas que mesmo assim bateu a porta na sua cara. Ela se sentiu especialmente ofendida com esse gesto — o espectro do parentesco, um nome partilhado, imediatamente posto de lado.

Rita me conta que perdeu o emprego e o marido por causa dessa doença. Ela diz que não tem plano de saúde há anos. Afirma que pode literalmente ver sua pele se movendo. Acredito nela? Aceno com a cabeça. Digo a mim mesma que posso concordar com uma declaração de dor sem estar segura de concordar com a declaração de sua causa.

Rita me diz que cuida de uma linha direta Morgellons. As pessoas telefonam se suspeitam que podem estar com a doença, mas pouco sabem a respeito dela. Pergunto o que ela lhes diz. Tranquiliza-as, é o que me diz. Comenta que há muitas pessoas pelo mundo que acreditarão nelas.

---

* No original: dis-ease; jogo com a palavra disease, doença em inglês. (N. T.)

O conselho mais importante que ela dá? *Não recolha espécimes.* Essa é a regra número um, diz ela. Caso contrário, eles vão pensar de cara que você está doido.

Certa vez tive um espécime meu. Era um verme no meu tornozelo, uma larva de mosca-varejeira que eu trouxera da Bolívia. A mosca-varejeira põe seu ovo sobre uma tromba de mosquito, por meio da qual é depositado — via picada — embaixo da pele. Na Amazônia, nada de mais. Em New Haven, é menos familiar. Vi a minha emergir por volta da meia-noite: uma pequena bicheira descorada. Foi quando tomei um táxi para a emergência do hospital. Recordo que falei: "Há um verme aqui dentro", e lembro que todo mundo me olhou, os médicos e as enfermeiras: bondosamente e sem acreditar. Sua dúvida era como a umidade no ar. Eles me perguntaram se eu fizera uso recentemente de alguma droga alteradora de consciência. A desconexão parecia ainda pior que o próprio verme — viver num mundo onde essa coisa *existia,* enquanto outras pessoas viviam num mundo onde ela não existia.

Durante semanas, lá na Bolívia, eu vivera com a suspeita de que tinha algo vivendo embaixo da minha pele. Foi quase um alívio, por fim, vê-lo surgindo de meu tornozelo como um diminuto *snorkel* branco. Eu finalmente sabia que era verdade. É o Problema da Desdemona de Otelo: temer o pior é pior do que *saber* o pior. Desse jeito você começa enfim a querer que o pior possível aconteça — descobrir sua esposa na cama com outro homem, ou observar o verme sair finalmente para a luz. Até que o pior aconteça, ele sempre *poderia* acontecer. E quando realmente acontece? Agora, ao menos, você sabe.

Lembro a intensidade aguda de minha gratidão quando um médico constatou por fim o verme. Desdemona tinha realmente transado com outra pessoa. Foi um alívio. O dr. Imaeda arrancou o verme e me entregou num frasco de vidro. A larva tinha o tamanho de uma apara de unha e cor de neve suja, coberta com dentes pretos diminutos que pareciam cotão. As duas gratificações foram simultâneas: o verme sumiu, e eu tinha razão a respeito dele. Experimentei uns trinta minutos de paz antes de começar a suspeitar que outro verme poderia ter ficado na lesão.

Passei as semanas seguintes obcecada com a ferida aberta no meu tornozelo, onde Imaeda tinha arrancado meu verme à procura de sinais de uma larva restante escondida. Mudei de hospedeira parasita — uma hospedeira real, física, literal — para outro tipo de hospedeira: uma mulher com uma ideia, uma mulher que não se deixava convencer do contrário. Fiz meu namorado armar "o teste da vaselina" comigo toda noite, uma técnica que tínhamos encontrado on-line: colocar uma tampinha cheia de vaselina sobre a ferida para que o verme sufocado, esse hipotético segundo verme, não tivesse outra escolha senão subir para a superfície em busca de ar, assim que a tampinha fosse retirada.

Nenhum verme apareceu, mas não desisti de procurar. Talvez o verme fosse manhoso. Tinha visto o que aconteceu com seu companheiro. Inspecionei a ferida rigorosamente em busca de sinais de ovos ou movimento. Qualquer coisa que encontrava — um pedacinho perdido de Band-Aid, um fragmento lustroso de pele ferida ou crosta — era prova. A ideia do verme — a possibilidade do verme — era muito pior do que ter realmente um verme, porque eu nunca conseguiria puxá-lo para fora. Não havia nenhum *não verme* para ver, apenas um verme que nunca vi.

Na conferência, quando escuto que os pacientes com Morgellons muitas vezes passam horas a fio com microscópios portáteis, inspecionando sua própria pele, penso: *Isso eu compreendo.* Provavelmente passei muitas horas examinando com cuidado a ferida de onde saíra meu verme, suas bordas rotas e possíveis vestígios de vida parasítica. Encontrei pedacinhos perdidos de pele endurecida e fios estranhos — de bandagens ou sabe-se lá o quê — e eu os lia como folhas de chá para discernir o que me fazia sentir tão presa em meu próprio corpo.

Não apresento minha história do parasita como uma fábula decisiva. Os pacientes Morgellons não são necessariamente como a versão de mim mesma que teve um verme, ou como a versão de mim mesma que não o teve. Honestamente não sei o que causa a dor que sentem: o cicio na sua pele, suas lesões ou os filamentos intermináveis que encontram saindo de seus corpos. Sei apenas o que aprendi com minha mosca-varejeira e seu fantasma: foi pior quando eu não tinha o verme do que quando o tinha.

* * *

É fácil esquecer que sir Thomas Browne insiste no valor daqueles "pelos ásperos" a cobrir as costas de seus moleques de Languedoc. Ele sugere que esses crescimentos estranhos eliminam os "Sintomas Agitados da Doença", "livrando" essas crianças de suas aflições. Em outras palavras: os sintomas físicos podem apresentar algum alívio. Eles certamente apresentam sinais tangíveis que se prestam ao diagnóstico; e o diagnóstico pode se prestar ao encerramento do caso.

O diagnóstico de Morgellons substitui uma inquietante falta de categoria por outra: a falta de cura. A Morgellons oferece explicação, recipiente e comunidade. Pode ser muito difícil admitir as satisfações que certas dificuldades fornecem — não a satisfação no sentido de sentir-se bem, de sentir prazer, mas de dar alguma forma ou substância a um descontentamento que do contrário poderia parecer infindável.

O problema acaba parecendo infindável de qualquer maneira, é claro — quer tenha um recipiente, quer não. Rita diz que a Morgellons se apoderou de toda a sua vida; ela divide sua vida em antes e depois.

Kendra é uma das pessoas que ligaram para a linha direta de Rita pensando que talvez estivesse louca. Agora ela está aqui na conferência. Ela se senta nos degraus da igreja e fuma um cigarro. Diz que provavelmente não deveria estar fumando — acena para a igreja, e depois para seu rosto coberto de cicatrizes — mas está fumando mesmo assim. O queixo e as bochechas mostram feridas cobertas com pancake. Mas ela é bonita e jovem, com longos cabelos escuros e uma blusa violeta de gola ampla que lhe dá um ar de quem está indo a algum outro lugar — um dia na piscina, quem sabe — e não de volta a uma igreja batista sombria para falar sobre o que está vivendo embaixo de sua pele.

Ela diz que as apresentações científicas deixaram sua cabeça confusa, mas está louca para participar do programa de amanhã: uma sessão interativa com um microscópio de alta resolução. É para isso que ela veio de tão longe. Ela tem visto coisas — o que pensou ser pelos e agora acha que são fibras —, mas o microscópio verá mais. Ela vai ter a prova. Não há como obtê-la em nenhum outro lugar. Ela não tem plano de saúde e de qualquer maneira os médicos não acreditam nela. Obter segundas opiniões custa cerca de metade do aluguel. Ela está cansada de tentar entender isso sozinha. "Arruinei parte do meu queixo", confessa. Seu queixo passa a impressão de que alguma coisa esfolada e avermelhada foi esfregada com um pó bege.

Kendra insiste em me contar que nunca teve acne na adolescência. Não era uma daquelas com o rosto todo marcado até que de repente passou a ser. Agora ela está entre outros como ela. Está feliz por estar aqui. Ajuda saber que não é a única, diz ela. Caso contrário, poderia começar a pensar que estivesse louca de novo.

Folie à deux é o nome clínico para delírios partilhados. Todos os pacientes de Morgellons conhecem a expressão — é o nome do crime de que são acusados. Mas se está acontecendo *folie à deux* na conferência, acontece mais como *folie à* muitos, *folie en masse*, uma igreja batista inteira cheia de pessoas tendo o mesmo pesadelo.

Pergunto a Kendra se ela já duvidou de si mesma. Talvez tenha medo de algo que não esteja realmente acontecendo?

"É uma possibilidade!", ela balança a cabeça afirmativamente. "Mas ao mesmo tempo, sabe, acho que tenho uma cabeça muito boa em cima dos ombros. Não acho que tenha perdido meu bom senso."

Ela me conta que vir para cá a deixou um pouquinho receosa: em dois anos, ela vai aparecer em algum ER[*] com toda a pele do queixo esfolada? Cuspindo micróbios no chuveiro? Em vinte anos, ela ainda vai ter seus dias consumidos por essa doença — como eles já o são, só que em muito maior grau?

Ela diz que seus sintomas parecem estar progredindo. "Algumas dessas coisas que estou tentando pôr para fora", faz uma pausa, "é como se elas se afastassem de mim."

Odeio a ideia de que Kendra encontraria, nesta conferência, o mapa inevitável de um círculo do inferno para o qual está se dirigindo. Tento pen-

---

[*] *Emergency Room*, série de TV americana que no Brasil foi ao ar sob o título *Plantão Médico*. (N. T.)

sar em pessoas que me disseram estar melhorando, para que eu possa contar a Kendra sobre elas. Não consigo pensar em ninguém. Kendra me conta que sente compaixão por aqueles que têm sintomas ainda piores que os seus.

"Todo mundo que nasce mantém duas cidadanias", escreve Susan Sontag, "no reino dos sãos e no reino dos doentes." A maioria das pessoas vive no primeiro até que são forçadas a fixar residência no segundo. No momento, Kendra está vivendo nos dois. Ainda não está inteiramente engolfada pela doença. Ela me diz que vai se encontrar com um amigo para um sushi no centro de Austin hoje à noite. Ainda pode se sentir fora do contexto dessa doença: alguém que faz coisas comuns, que aguarda ansiosa os acontecimentos de uma vida comum.

Há apenas alguns minutos, Rita me contava que estes são os únicos três dias do ano em que ela não se sente totalmente só. Eu me pergunto se Kendra está seguindo o mesmo caminho — apenas com o atraso de alguns anos — rumo a um período em que vai viver em tempo integral no reino da doença. Ela diz que acha cada vez mais difícil sair de casa. Tem muita vergonha de seu rosto. Eu lhe digo que não acho que seu rosto seja motivo de vergonha. "É mais difícil quando é seu próprio corpo", acrescento desajeitada. "Sei disso."

E *realmente* sei. Conheço alguma coisa a respeito. É sobre o rosto, mas também é sobre mil outras coisas: um sentimento essencial de imperfeição, talvez, ou uma vergonha de estar ocupando espaço, um medo de ser vista assim tão feia ou apenas *vista* — demais, de muito perto.

Aqui é o único lugar em que Kendra quer ser vista. Ela quer ser vista de perto. Ela quer ampliação da foto. Ela quer evidência. Ela quer certeza.

"Não podemos ser todos delirantes", diz ela.

Concordo com a cabeça. Acenar com a cabeça me propicia uma imprecisão salvadora — posso concordar com a emoção sem prometer nada mais. O sinal afirmativo com a cabeça pode conter ao mesmo tempo agnosticismo e simpatia.

"Se isso não estivesse acontecendo comigo", continua Kendra, "se apenas ouvisse outras pessoas quaisquer falarem disso, eu provavelmente pensaria que estavam loucas."

Isso de algum modo me faz simpatizar bastante com ela — que ela tenha a complacência de imaginar o que se passa na mente de pessoas que não imaginarão o que se passa na mente dela.

"Não está apenas acontecendo com você", digo por fim. Ela pensa que quero dizer uma coisa com esta palavra — *acontecendo* — e eu acho que quero dizer outra: não necessariamente fibras embaixo da pele, mas antes um fenômeno de mente ou corpo, talvez ambos em conluio, expressando sei lá o quê neste mundo solitário.

Antes de começar a sessão da tarde, temos um interlúdio musical. Um jovem de jeans e camisa de flanela — um texano sobrinho postiço de alguém — executa uma canção *rockabilly* sobre Morgellons: "Vamos lhes garantir lágrimas e aplausos", ele cantarola, "adote nossa causa"... Ele tartamudeia a letra por alguns minutos, porque parece estar fazendo isso só como um favor para a irmã da madrasta de sua mulher, ou algo assim, mas nem por isso ele deixa de se lançar com bravura em cada canção: "Doutor, doutor, não me dirá o que há de errado comigo/ Há coisas fazendo loucuras em meu corpo, não dá pra ver?"... As canções são parte grito de guerra, parte dança da chuva, parte bordão, parte lamento.

A estrela da sessão da tarde é um médico de Laurieton, conhecido informalmente na conferência como "O Australiano". Sua palestra é uma resposta direta ao relatório do CDC, que ele considera "imundície de chiqueiro" e "um monte de esterco de cavalinho de balanço". Ele surge como uma espécie de valentão australiano que luta com crocodilos, estabelecendo os fundamentos dessa doença — sacando seu jiu-jítsu mal assimilado para contrastar os mocinhos (os médicos que escutam) com os bandidos (os médicos que não escutam). O australiano escuta. Ele é um dos mocinhos.

Ele atira para agradar, para incitar a multidão, e atinge seu objetivo. Ele se oferece à sala como um lutador. Está falando aos marginais da comunidade e oferecendo a esses marginais a letra de um hino do oprimido: *Doutor, doutor, não vai me dizer o que há de errado comigo...* Cunha um novo jargão: DOD. Que significa *Delusions of Doctors* [Delírios de Médicos]. Isso recebe aplausos e algumas vaias lá do fundo. O delírio? De grandeza. O ponto principal? Que talvez os *delírios de parasitose* sejam apenas um sintoma de outro delírio: a húbris de pensar que você conhece os corpos das pessoas melhor do que elas próprias. O australiano manuseia o refrão como uma impertinência: a palavra *delírio* captada e devolvida àqueles que a lançaram em primeiro lugar.

O australiano talvez seja um egomaníaco ou um salvador, provavelmente ambos; mas o que mais importa para mim é o nervo coletivo que ele atinge e o aplauso que recebe, o espectro que convoca — de inúmeras visitas infrutíferas a inúmeros médicos insensíveis. Sente-se uma centena de feridas idênticas pela sala. Não apenas pernas cobertas de pústulas e pele marcada com rastros descorados de cicatrizes, mas também sorrisos afetados e comentários sussurrados, notas rabiscadas às pressas, olhares cortantes vendo uma categoria, um absurdo, onde antes havia uma pessoa. Isso tudo quer dizer: fico menos comovida com a lama atirada e mais comovida com os previamente-atingidos-pela-lama, por aqueles que estão batendo palmas e pela sensação de libertação por baixo de seu aplauso. Aqui na igreja batista de Westoak, os Morgies conseguem ser pessoas mais uma vez.

RESULTADOS

ESTE NÃO É UM ENSAIO SOBRE se a doença de Morgellons é ou não real. A esta altura isso é provavelmente óbvio. É um ensaio sobre que tipos de realidade são considerados pré-requisitos para a compaixão. É sobre esse estranho limbo compassivo: será um erro chamá-lo de empatia, quando se confia no fato do sofrimento, mas não na sua fonte? Como encarno a dor de alguém sem encarnar sua compreensão particular dessa dor? Essa ansiedade está embutida em toda camada deste ensaio; mesmo na sua linguagem — em toda escolha de verbo, em toda palavra qualificativa. As pessoas têm parasitas ou alegam tê-los? Elas *compreendem* ou *acreditam* que os têm? Gostaria de poder inventar um tempo verbal cheio de espaços abertos — um tempo que não fingisse compreender os mecanismos precisos do que menciona; um tempo que pudesse admitir seus próprios limites. Do jeito como são os verbos, não consigo me mover nem um centímetro, tampouco acabar uma frase, sem colidir com alguma crise de imputação ou conotação. Toda torção de sintaxe é uma afirmação de dúvida ou realidade.

A realidade significa algo diferente para cada um aqui. Chamar Morgellons de *real* significa geralmente reconhecer que há uma matéria real e inexplicável saindo da pele humana e que essa manifestação não pode ser explicada. *Real* significa fungos, parasitas, bactérias ou vírus, algum agente que causa lesões e sensações, a produção de "pintas de café" de grão escuro, fragmentos cristalinos, fios, fibras, cordas, o que houver. Num testemunho on-line, uma mulher se refere a seu braço como um jardim de esculturas. O problema é que a realidade desse jardim — em termos de diagnóstico médico, ao menos — depende de os médicos também verem suas esculturas.

Acho que a maioria das pessoas na conferência compreende a doença como um tipo de "nós contra eles" — *nós* querendo dizer os pacientes, alinhados contra o *eles* da própria doença, seus agentes parasitários, ou então o *eles* daqueles médicos que não acreditam na enfermidade.

A noção de que os pacientes Morgellons poderiam estar "inventando" é mais complicada do que parece. Pode significar qualquer coisa desde uma maquinação intencional a uma coceira que saiu de controle. Coçar é poderoso: o impulso que manda alguém coçar ilumina os mesmos caminhos neurais da adição química. Num artigo da *The New Yorker* intitulado "A coceira" — parecendo algo tirado da ficção científica —, Atul Gawande conta a história de uma mulher de Massachusetts com uma coceira crônica no couro cabeludo que acabou coçando bem dentro de seu cérebro, e de um homem que se matou à noite coçando e perfurando sua artéria carótida. Não havia doença discernível por baixo de suas coceiras; nenhum modo de determinar se essas coceiras tinham "começado" na pele ou na mente. Não é claro que as coceiras possam ser até analisadas nesses termos. Coceira que começa na mente tem a mesma sensação da coceira sobre a pele — não é menos real, não é menos inventada — e pode começar com algo tão simples como um pensamento. Pode começar com a leitura de um parágrafo como este. Coçar é um circuito de realimentação que atesta a possibilidade de sintomas que residem num espaço carregado e agitado entre o corpo e a mente.

Passei a compreender que a distinção feita aqui entre "real" e "irreal" não significa apenas físico *versus* mental, mas também implica outro par binário: a diferença entre o sofrimento produzido por uma força fora do eu ou dentro do eu. É por isso que *autoescoriação* é uma expressão tão tabu na conferência, e que os pacientes ficam tão profundamente ofendidos por qualquer acusação de que plantaram fibras em sua própria pele. Essas explicações tornam a pôr a culpa no paciente, e não só sugerem que o dano infligido é menos legítimo, mas também que é menos merecedor de compaixão ou ajuda. Parasitas e bactérias são agentes da alteridade; um arbítrio facilmente reconhecido como um sinistro *eles* ou *a eles*, e — ao deterem esse poder — eles recolocam o eu num estado de vítima.

A insistência num agente externo danoso implica imaginar o eu como uma entidade unificada, uma coleção de componentes físicos, mentais, espirituais, todos servindo ao bem de algum todo Gestalt — o próprio ser. Quando, na realidade, o eu — ao menos, como tenho sentido o meu — é muito mais discordante e autossabotador, nem plenamente integrado, nem consistentemente servindo a seu próprio bem.

Durante uma discussão sobre as possíveis causas bacterianas para a Morgellons, uma mulher levanta a mão para apresentar uma ideia que parece incongruente. "Talvez não haja doenças autoimunes", diz ela, "elas não fazem sentido." Sua ideia: por que um corpo lutaria contra si mesmo? Talvez, ela sugere, o que parece uma doença autoimune seja apenas o corpo antecipando um invasor alheio que ainda não chegou. Isso "faz sentido", muito mais que a autodestruição. Sua lógica está baseada na mesma visão do eu como um todo unido.

É bastante irônico que essa insistência num eu unificado parece atestar inadvertidamente o seu inverso, um sentido do eu levantando-se em revolta. A insistência deixa transparecer uma tentativa de desfazer o sentido dissimulado da traição do corpo, o sentido da doença como motim. A doença deve ser transformada num *outro* para que possa ser apropriadamente combatida.

Como se afigura o combate do eu consigo mesmo? Isto é, quando uma pessoa é dividida em facções guerreiras? Talvez se pareça com as curas que vejo aqui; raspar ou congelar a pele, golpeá-la com ácido, raios laser ou eletricidade, esfregar a coceira ou friccioná-la, tomar coquetéis de remédios antiparasíticos fabricados para animais que têm três vezes o nosso tamanho. Todas essas estratégias me parecem sintomas de um indivíduo dividido em pedaços conflitantes.

O duradouro mito americano do *self-made man* vem ligado a outro artigo de fé — uma insistência, inclusive — de que todo *self-made man* pode sustentar todo e qualquer eu que conseguir criar. Um homem dividido — impedindo ou interrompendo seus próprios mecanismos de sobrevivência — deixa de sustentar esse mito, quebra nossa crença na eficácia absoluta do poder da vontade, e com esses fracassos perde também seu direito à nossa simpatia. Ou assim funciona a lógica. Mas eu me pergunto por que esse eu fraturado não garantiria nossa compaixão tanto quanto o eu sitiado. Ou talvez até mais?

Saio me esquivando da segunda sessão da tarde e caio numa conversa com dois homens já envolvidos em uma tensa troca de palavras perto da bandeja dos biscoitos. Paul é um texano loiro que traja uma calça jeans de tecido duro e um cinto guarnecido de tachas prateadas. Lenny é de Oklahoma, um homem bem penteado com um bigode crespo e um bronzeado escuro. Os dois vestem camisas de flanela enfiadas nas calças.

Paul é um paciente, mas Lenny não. Lenny está aqui porque acha que talvez tenha encontrado a cura. Uma mulher que tem a doença em todos os nós dos dedos foi procurá-lo, e ele a tratou com laser.

Eu lhe peço que volte ao início: ele é dermatologista?

"Oh, não!", diz ele. "Sou eletricista."

Sei lá que tipo de laser ele usou! "Apontei para isso", diz ele; assim como se treinasse uma arma para abater a presa. "Apontei para isso", diz ele, "e o laser o matou."

Ele o matou. Os dícticos são tão vagos. Ninguém sabe realmente o que dói ou o que ajuda. Tanta incerteza é abrigada sob o amplo guarda-chuva da investigação.

Essa mulher teve dois anos de dor, diz Lenny, e nada adiantou até que ele a ajudou. Depois de cerca de vinte minutos de conversa, ele também menciona que ela era viciada em metanfetamina. Ele nos assegura que seu laser a limpou até não restar "sinal" de nenhuma fibra. Lenny fala alguma coisa sobre ovos. "Diziam que você pode olhar por baixo de onde estiveram, eles vão pôr ovos e reaparecer de novo." Ele afirma que não havia ovos quando completou o tratamento.

Paul tem uma expressão estranha no rosto, enquanto Lenny descreve a cura. Não parece gostar do que está ouvindo. "Você não a curou", diz ele finalmente, "é um vírus."

Lenny concorda com a cabeça, mas está claramente surpreso. Não esperava resistência.

"Tenho lidado com isso por oito anos", continua Paul, "e teria amputado minha mão se isso impedisse que se espalhasse para o resto do corpo."

Capta-se o sentido — e não quero dizer que seja um sentido retórico ou dramático, mas antes bem literal — de que ele ainda poderia cortar a mão.

Se achasse que o laser funcionaria, continua Paul, ele o teria usado. "Mas", diz ele, "sei que é mais que isso."

Paul parece pior que qualquer outro que já encontrei. Está doente há oito anos, mas fez sozinho o diagnóstico de Morgellons há apenas um ano. Antes disso, ele tinha seu próprio nome para a doença: a isca de pescar do diabo. Diz que pegou a doença numa excursão de pescaria. Às vezes se refere a ela como um vírus, outras vezes como uma infestação parasitária — mas o sentido de um agente sinistro permanece o mesmo.

A doença de Paul é diferente, porque você pode vê-la. Você pode vê-la um pouquinho em todo mundo: um arquipélago de crostas no couro cabeludo; maquiagem endurecida sobre feridas no queixo; manchas embranquecidas nas panturrilhas bronzeadas. Mas Paul parece avariado de um modo diferente e num grau diferente. Sua orelha direita é o ponto mais óbvio. É um pouco torcida, um pouco enroscada, quase amassada, e tem a textura macia e lustrosa do tecido de cicatriz ao longo de toda a junção entre orelha e maxilar. Percebo que sua orelha lacerada é provavelmente algo que Paul infligiu a si mesmo, tentando pôr algo para fora. *Isca do diabo*. Ele foi levado a reagir, a atacar. Seu rosto é pontilhado de marcas de pústulas vermelhas; a pele, manchada com desenhos leitosos. Ele tem cicatrizes em forma de gotas ao redor dos olhos como se as tivesse chorado.

Paul diz que chegou em casa depois daquela primeira e fatídica excursão de pescaria com as pernas cobertas de marcas de bicho-de-pé. "Dava para sentir o calor saindo de minhas calças", diz ele. Todo o seu corpo estava inflamado.

Pergunto sobre seus sintomas agora. Ele simplesmente sacode a cabeça. "Nunca se sabe o que vem a seguir." Alguns dias, conta, ele apenas fica deitado no sofá e não quer ver o amanhã.

Pergunto se ele recebe apoio de algum conhecido. Recebe, diz ele. É quando me conta sobre sua irmã.

A princípio, ela não foi solidária. Supôs que ele estivesse usando drogas, quando ele lhe contou pela primeira vez seus sintomas. Mas foi ela quem acabou descobrindo a Morgellons numa pesquisa on-line e lhe falou a respeito da doença.

"Assim ela se tornou uma fonte de apoio?", pergunto.

"Bem", diz ele. "Agora ela também tem a doença."

Eles experimentam tratamentos diferentes e comparam as notas: congelamento, inseticidas, desinfetantes para gado, cavalos, cães. Um composto de nitrogênio líquido que ele injetou na orelha. Ultimamente, diz, tem obtido sucesso com cerveja preta. Ele derrama a bebida sobre a cabeça, deixando-a descer pelo rosto, pelos membros.

Ele me conta sobre chegar à Emergência certa noite com sangue espirrando da orelha, gritando porque podia senti-los — *eles* de novo — rasgando-o por dentro. Ele me conta que os médicos disseram que ele estava louco. Não lhe digo nada. Só o que quero é olhar para ele de um modo diferente de como os médicos o olharam naquele dia, fazê-lo sentir de um modo diferente de como eles o fizeram sentir. Um daqueles médicos da Emergência fez um exame físico e percebeu que sua boca estava seca. Paul lhes disse que já sabia disso. Era por estar rouco de lhes gritar em busca de ajuda.

Paul diz que provavelmente passa dez ou doze horas por dia apenas mantendo-*os* à distância, isto é, o que quer que esteja dentro dele. Sua voz está cheia de cautela e medo. *Eles* estão além da ciência ou do significado, o moto-contínuo deles.

Paul não parece muito impressionado com a conferência. Principalmente porque ela não ofereceu um tratamento, diz ele, embora haja indícios de satisfação em seu desapontamento — como se certas suspeitas — sobre futilidade, impossibilidade — tivessem sido confirmadas.

Lenny se intromete de novo a respeito do laser. A expressão de Paul beira o aborrecimento. Talvez a possibilidade de um tratamento fácil reduza sua própria vida exasperada a uma espécie de trabalho gratuito de Sísifo. Um tratamento lhe oferece menos esperança do que descrédito pelo trabalho que já fez — exaurindo toda possível opção, provando que cada uma delas é ineficaz.

Lenny não parece prestar atenção nisso. "Sou sincero", diz ele. "Estou dizendo apenas: 'Foi isso que fizemos, e isso a curou'." Ele está tendo dificuldades em pensar que suas notícias — as notícias de seu laser — pudessem dar outra impressão que não a de serem muito boas.

Eu me sento atrás de Paul durante a apresentação final do dia. Posso perceber que ele não está prestando atenção no orador. Está vendo fotografias no seu computador. São todas dele — seu rosto — na maioria de perfil, o foco na sua orelha. Ele as mostra para a mulher de meia idade sentada a seu lado. Aponta para uma foto de um utensílio metálico que parece uma pinça: um *taser* [arma de eletrochoque]. Alguns momentos mais tarde, escuto-o sussurrar: "Estes são todos ovos".

Ele acaba afastando sua cadeira da mulher e retorna ao que provavelmente já passou dias inspecionando: o espetáculo de seu próprio corpo espalhado pela tela, analisado em mil quadros diminutos de pele cicatrizada e sangrenta. É um arco da passagem do tempo focado no desfiguramento. Mesmo aqui, entre outros que se identificam com a mesma doença, ele recua para a privacidade terrível de seu próprio corpo alquebrado. Traz outros — estranhos, por pouco tempo — para o campo de batalha quieto de seu corpo, mas é sempre apenas ele de novo, levado a recuar, por fim, ao claustro de seus danos, essa solidão quase insondável.

Quando saio da igreja, encontro a luz do sol esperando fora de nossas salas sem janelas. O mundo tem sido paciente. A primavera em Austin são estorninhos nas árvores; um adejar quase invisível de morcegos sob a ponte da Congress Avenue, um bruxulear de asas e um flutuar de guano no crepúsculo azul lavado. Austin são belas mulheres por toda parte, de lenços no pescoço e óculos escuros; fumaça de churrasco elevando-se na luz solar espessa; folhas de carvalho sopradas pelo vento fazendo meneios pelos pátios, enquanto eu como ostras geladas. Austin é atire-uma-pedra-e-você-atinge-um-food-truck, todos com produtos especiais, servindo língua com arroz, tacos de abacate fritos, roscas encimadas por toucinho. O anoitecer contém o metrônomo clicante das botas de caubóis nas calçadas. Pessoas com tatuagens narrativas fumam no calor. Descubro uma gruta dedicada à Virgem Maria com uma garrafa de cerveja vazia e um saco de biscoitos de queijo Cheez-Its enterrado no cascalho.

Caminho entre os jovens e saudáveis e sou mais ou menos um deles. Estou tentando não sentir coceira. Estou tentando não pensar sobre se estou sentindo uma coceira. Estou tentando nem pensar mais na minha pele. Às vezes meu coração bate rápido demais, ou um verme se aloja sob a pele de meu tornozelo, ou bebo demais, ou sou magra demais, mas esses são momentos distantes de um reino que posso em geral reivindicar — o reino de estar *ok*, capaz de desejar e ser desejada, cheia da sensação de que pertenço ao mundo. Mas quando deixo a igreja batista em Slaughter Lane, não tenho como calar as vozes daqueles que já não sentem que pertencem a algum lugar. Passo um dia no reino deles e depois saio quando sinto vontade. Parece uma traição subir à tona para tomar ar.

Duvidar de Morgellons não me impediu de sentir medo de pegar a doença. Eu me escudei antes da conferência: "Se voltar de Austin pensando que tenho Morgellons", disse a meus amigos, "vocês têm que me dizer que não tenho Morgellons". Agora que estou aqui, lavo as mãos várias vezes. Estou consciente dos corpos das outras pessoas.

Por fim começa a acontecer, como eu sabia que iria acontecer. Depois de uma ducha, noto pequenos filamentos azuis enroscados como vermes diminutos pela minha clavícula. Descubro o que parece ser espinhos minúsculos, pequenos cálamos, enfiados na fissura de uma linha da sorte na minha palma. Tenho estes momentos fugazes de perceber alguma coisa, sentir pânico. Tenho medo de me submeter à inspeção do microscópio público, porque fico nervosa com a possibilidade de algo ser encontrado e eu não ter capacidade de me livrar disso.

Tudo isso na verdade me deixa num estado de estranha excitação. Talvez alguma parte minha *deseje* encontrar alguma coisa. Eu poderia ser minha própria prova. Ou então poderia escrever uma história em primeira pessoa sobre o delírio. Poderia conectar com a doença por meio de filamentos próprios, reais ou imaginados, embaixo de minha pele.

Se você olha bem de perto, é claro que a pele é sempre estranha, a de qualquer pessoa — cheia de inchaços estranhos, pelos danificados, sardas fortes, manchas bizarras coradas e ásperas. As fibras azuis são provavelmente apenas fios perdidos de uma toalha, ou da minha manga, os espinhos não são espinhos, mas apenas tinta de caneta borrada na superfície de minha pele. Mas é nesses momentos de medo, estranhamente, que chego muito perto de sentir a Morgellons assim como seus pacientes sentem a doença: seus sintomas físicos e sinistros, sua tática totalmente invasiva. Estar dentro da sua perspectiva só me faz querer proteção contra o que eles têm. Eu me pergunto se estas são as únicas opções disponíveis a meus órgãos de compaixão estropiados: ou me sinto repleta de desconfiança, ou então estou lavando as mãos no banheiro.

Não sou a única pessoa na conferência a pensar em contágio. Uma mulher se levanta para dizer que ela precisa saber os fatos sobre como a Morgellons é realmente transmitida. Ela conta ao público que a família e os amigos se recusam a visitar o seu apartamento. Ela precisa de provas de que eles não vão pegar a doença no seu sofá. É difícil não especular. Sua família poderia estar com medo de pegar a doença, mas eles poderiam estar ainda mais receosos de que não haja nada a pegar; talvez estejam mantendo distância da obsessão que ela sente. Escuto tanta tristeza no que ela diz — *Digam-me que não é contagioso, para que todos voltem* — e tanta esperança numa resposta que poderia melhorar as coisas; que poderia torná-la menos solitária.

Kendra me conta que tem medo de passar a doença para os amigos sempre que sai para jantar com eles. Eu a imagino no sushi do centro da cidade, manuseando os pauzinhos com cuidado, mantendo seu wasabi sob quarentena rigorosa para que essa *coisa* nela — essa coisa que age, mesmo sem ter sido categorizada — não entre em mais ninguém. Seu medo sublinha uma tensão calada, embutida na premissa da própria conferência: a noção de que todas essas pessoas com uma doença possivelmente contagiosa pudessem se reunir no mesmo espaço confinado.

O espectro de um contágio possui na verdade uma curiosa função dupla. Por um lado, como acontece com Kendra, há o sentir-se envergonhado de si mesmo como um objeto potencialmente infeccioso; mas, por outro lado, a possibilidade de espalhar essa doença também sugere que ela é real — que poderia ser confirmada pela sua manifestação em outros.

Um dos recantos estranhos do labirinto on-line de Morgellons — uma rede complicada de salas de bate-papo, testemunhos pessoais e fotografias de alta ampliação — é o site Pets of Morgellons. Percebo rapidamente que não é uma piada, nem um álbum de fotos para levantar o ânimo. Não são apenas "animais de estimação de [pessoas que têm] Morgellons, mas "animais de estimação [que também têm] Morgellons". Num comentário típico, uma gata chamada Ika se apresenta, a si mesma e à sua doença:

> Recebi meu nome [por causa] do petisco japonês de lula seca... Normalmente esbanjo energia caótica, mas nos últimos tempos tenho andado bastante letárgica e com MUITA coceira. Minha melhor amiga/a mamãe acha que me passou sua doença de pele, e ela se sente muito TRISTE. Acho que ela está até mais triste por ter passado a doença para mim do que pelo fato de que a doença cobre todo o seu rosto.

A lista continua, uma litania de animais doentes: um cachorro de pelo branco macio chamado Jazzy ostenta patas sarnentas; dois sabujos mordem pulgas invisíveis; um Lhasa Apso junta-se à sua mãe em sessões numa sauna infravermelha. Um texto é uma elegia para um Akita chamado Sinbad:

> Parece que peguei a doença ao mesmo tempo que minha bela dona. Depois de muitas idas ao veterinário, eles tiveram de me sacrificar. Sei que foi para meu próprio bem, mas sinto muitas saudades deles. Ainda posso ver o rosto de meu dono, bem perto do meu, quando o médico me fez adormecer... Conseguia farejar seu hálito e sentir a dor em seus olhos, enquanto as lágrimas rolavam pelo seu rosto. Mas tá ok. Estou bem agora. A coceira enlouquecedora acabou por fim. Estou finalmente em paz.

O final pinta uma resolução envolvendo *páthos*. Lemos *Estou finalmente em paz* e imaginamos outro que provavelmente não está: o dono que chorou quando fez seu cachorro adormecer. Quem sabe o que aconteceu a Sinbad? Talvez ele realmente precisasse ser sacrificado; talvez estivesse velho ou com alguma outra doença. Talvez não estivesse absolutamente doente. Mas ele tornou-se parte de uma narrativa de doença — como lesões, divórcios ou as próprias fibras. É uma prova irrefutável de que houve sofrimento, de que alguma coisa foi perdida.

O segundo dia da conferência começa com um documentário de TV japonês sobre Morgellons. No Japão, eles a chamam de "doença eruptiva do algodão", sugerindo um truque teatral — um grande *passe de mágica*! — mais do que o enroscar-se silencioso e sinistro de fibras microscópicas. O programa foi traduzido com negligência. Vemos uma mulher de pé junto a seu balcão na cozinha, misturando um antiparasitário para gado chamado Ivermectin num copo d'água. O locutor japonês parece preocupado e o tradutor inglês complementa: ela sabe que esse antiparasitário não é para consumo humano, mas está tomando mesmo assim. Está desesperada. Vemos um mapa da América com manchas de casos conhecidos irrompendo como lesões sobre o país, um Destino Manifesto torcido: a doença reivindica uma comunidade, reivindica um parentesco entre os doentes. Assim como fibras se ligam a uma ferida aberta — sua superfície molhada agindo como uma espécie de cola —, também a noção de doença funciona como um adesivo, reunindo tudo o que não conseguimos compreender, tudo o que machuca, tudo o que vai ficar grudado. *Transmissão pela internet*, dizem alguns céticos sobre a Morgellons — salas de bate-papo como flautistas de Hamelin, atraindo todos os que se aproximam.

É verdade que a Morgellons só nasceu oficialmente em 2001. Cresceu junto com a internet. Sua comunidade on-line tornou-se uma autoridade por sua própria conta. As pessoas aqui não concordam necessariamente com os detalhes particulares de sua doença em comum — bactérias, fungos, parasitas —, mas concordam a respeito de um sentimento de inevitabilidade: a qualquer lugar que você se dirige, a doença o segue; o que quer que você faça, ela resiste.

Uma mulher chamada Sandra puxa seu celular para me mostrar a foto de algo que ela expeliu tossindo. Parece um pequeno camarão albino. Ela acha que é uma larva. Fotografou-a por meio de uma lupa de joalheiro. Ela quer um microscópio, mas ainda não tem um. Depositou a larva sobre um livro para dar um senso de escala. Tento dar uma boa olhada na foto; estou curiosa sobre o que ela estava lendo. Minha mente procura as horas quietas — como essa mulher preenche sua vida para além da doença da infestação, enquanto esse *para além* continua a se tornar menor.

Sandra tem uma teoria sobre as fibras — não que as fibras *sejam* um organismo, mas que organismos dentro dela estão reunindo essas fibras para fazer seus casulos. Isso explica por que tantas fibras revelam ser tipos comuns de fios, pelos de cachorro ou fibras de algodão. Seu perigo é de intenção, não de espécie: criaturas fazendo um ninho em seu corpo, usando os materiais comuns de sua vida para construir um lar dentro da sua pessoa.

Depois de eu ter examinado por muito tempo a coisa parecida com camarão, Sandra mostra um vídeo dela na banheira. "Esses são muito mais que fibras", ela promete. Apenas seus pés estão visíveis projetando-se pela superfície da água. A qualidade da foto é granulada, mas parece que a banheira está cheia de larvas se contorcendo. É difícil ter certeza sobre suas formas — tudo indistinto e um pouco lamacento —, mas é exatamente isso o que parecem. Ela diz que alguns anos atrás saíam centenas de sua pele. Agora está um pouco melhor. Quando ela toma banho, saem apenas dois ou três desses vermes.

Estou realmente perplexa. Não sei se o que estou vendo são vermes, nem de onde vêm, nem o que poderiam ser se *não* fossem vermes, nem se eu quero ou não que sejam vermes, nem o que terei para acreditar a respeito dessa mulher se não forem vermes, ou sobre o mundo, corpos humanos ou esta doença se o *forem*. Mas sei que vejo um punhado de pequenas sombras se contorcendo, e por enquanto estou feliz por não ser médica, nem cientista, nem basicamente uma pessoa que sabe alguma coisa sobre alguma coisa, porque essa incerteza me permite acreditar em Sandra sem precisar confirmá-la. Posso sentir com ela — ao menos por um momento — a possibilidade desses vermes, esse horror. Ela sentiu isso sozinha por muito tempo.

Vejo Kendra observando o celular de Sandra. Ela está se perguntando se é isso o que lhe reserva o futuro. Eu lhe digo que a doença de todo mundo acaba sendo um pouco diferente. Mas o que sei? Talvez seu futuro também pareça ser assim.

Kendra me conta sobre o sushi da noite passada. Estava bom. Ela se divertiu. Na verdade, ela acabou comprando uma pintura do restaurante. Não deveria ter comprado, diz ela. Não tem dinheiro para isso. Mas ela a viu dependurada na parede e não resistiu. Ela me mostra uma imagem no celular: exuberantes pinceladas trançadas de tinta a óleo surgem espiraladas dos cantos de um quadrado da cor de pergaminho. As tranças exibem tons de joias, intensamente saturados: púrpura real entretecido com lavanda e turquesa.

Penso, mas não digo: *fibras*.

"Você sabe", diz ela, em voz mais baixa. "O quadro me lembra um pouco aquelas coisas."

Eu me sinto afundar. É aquele momento num filme de epidemia, quando a doença se espalha além de sua quarentena. Mesmo quando Kendra deixa este reino dos doentes, encontra a doença esperando pacientemente por ela no outro lado. Paga trezentos dólares de que não dispõe apenas para poder levar para casa o retrato da doença. Qualquer consolo que senti com sua saída para comer sushi não existe mais. Como disse, a doença reúne tudo a que acaba aderindo. Mesmo arte em paredes de restaurantes começa a se parecer com o que está errado com você, com o que você tem *certeza* de estar errado com você, mesmo que não possa vê-lo — não consegue vê-lo, mas o enxerga por toda parte.

Durante o programa da manhã, os organizadores da conferência distribuem um folheto de piadas — "Você talvez seja um morgie se", seguido por uma lista de tiradas engraçadas: "você se coçar mais do que o cachorro", "você foi dispensado por mais médicos que patrões", "um banho de ácido e uma depilação total do corpo parecerem uma noite de sexta-feira divertida". Algumas piadas suscitam a divisão entre o eu corrente e o eu antes da doença: "regressão à vida passada significa lembrar-se de qualquer tempo antes da Morgellons". Outras suscitam a divisão entre o eu e os outros: "no jantar sua família usa óleo e vinagre nas saladas, enquanto você os despeja sobre o cabelo e o corpo". Algumas das piadas nem consigo compreender: "Você não pode usar nada no seu computador que requeira uma porta USB porque NÃO HÁ COMO desconectar-se de seu QX-3 Digital Blue".

Procuro QX-3 Digital Blue: é um microscópio. O site afirma que você pode usá-lo para "satisfazer sua curiosidade básica pelo mundo ao seu redor", o que me faz pensar no computador de Paul — seu próprio corpo fotografado muitas e muitas vezes — como seu mundo se tornou pequeno.

Não vejo nenhum QX-3 na conferência, mas os organizadores estão lançando uma loteria para dar alguns microscópios menos caros: um punhado de miniscópios, como pequenas ameixas pretas, e seu primo maior, o EyeClops, olho biônico, um brinquedo de criança. Na Amazon, encontro o EyeClops sendo anunciado em termos de alquimia. "Do Ordinário para o Extraordinário", gaba a descrição, "minúsculos cristais de sal são transformados em blocos de gelo; pelos e tapetes se tornam macarrão gigantesco; e pequenos insetos se metamorfoseiam em criaturas assustadoras". Essa propaganda transforma a alquimia da Morgellons num truque mágico: examinadas de perto, nossas partes mais comuns — até a superfície e esfoladuras de nossa pele — tornam-se selvagens e aterrorizadoras.

Meu nome é automaticamente inscrito na loteria, junto com todos os outros participantes da conferência, e acabo ganhando um miniscópio. Envergonhada, sou conduzida até o palco. Para que preciso de um microscópio? Estou aqui para escrever sobre como outras pessoas precisam de microscópios. Recebo uma caixa um pouco menor que um cubo mágico. Imagino como a cena vai se desenrolar hoje à noite: examinando minha pele na privacidade mofada de meu quarto de hotel, ficando cara a cara com o fio da navalha entre o ceticismo e o medo por meio da pequena engenhoca na minha palma.

Ao pé do meu folheto de piadas, o título — *Você talvez seja um morgie se* — recebe uma última oração complementar: "você riu alto e 'entendeu' essas piadas". Lembro-me daquele primeiro e-mail — *o tema da maior piada do mundo* — e compreendo por que essas piadas talvez importem tanto — não simplesmente porque elas repercutem, mas porque reivindicam a própria atividade da zombaria. Aqui os morgies são os criadores de piadas, não os seus alvos. Toda piada recicla o corpo traidor numa tirada bem-arrumada.

Assim obtemos nossa página de piadas, e eu entendo algumas delas, mas não todas, Sandra arranja uma audiência para seu slideshow no celular, eu ganho um miniscópio que nem queria, e Kendra arruma uma pintura — e, no final, ela também consegue a consulta de microscópio que estava esperando.

Mais tarde, eu lhe pergunto como foi. Ela me diz que foi confirmado: Rita encontrou fios ao redor de seus olhos. Mas ela dá de ombros enquanto fala — como se a descoberta fosse apenas um anticlímax, sem oferecer nem um pouco da resolução ou solidez que prometia.

"Estou me destruindo", Kendra me diz, "quanto mais tento me livrar deles."

Concordo. Aceno positivamente com a cabeça.

"Quanto mais tento me livrar deles", continua ela, "mais aparecem... como se quisessem me mostrar que não posso me livrar deles assim tão facilmente."

Discussão

Acabei dando meu miniscópio.

Eu o dei a Sandra. Dei porque ela estava cansada de sua lupa de joalheiro, porque estava triste por não ter ganhado um miniscópio e porque eu me sentia constrangida por ganhar um, quando nem estava procurando fibras, para começo de conversa.

"Tão generoso de sua parte", disse para mim, quando lhe dei o aparelho — e claro que eu esperava que ela dissesse isso. Eu queria fazer boas ações para todo mundo devido a uma sensação de culpa antecipada, por não poder conceituar essa doença assim como a conceituavam aqueles que dela padeciam. Por essa razão, disse: "Olhe, fique com meu miniscópio", na esperança de que isso talvez compensasse todo o resto.

Tão generoso. Mas talvez não o fosse. Talvez fosse exatamente o oposto. Talvez eu estivesse apenas roubando horas de sua vida e substituindo-as por horas passadas com o olho na vigia daquele microscópico, fitando o que ela não seria capaz de curar.

Uma confissão: deixei a conferência cedo. Na verdade, constrangedoramente, fui me *sentar perto da piscina suja do hotel*, porque me sentia exaurida de emoções e merecedora de uma trégua. Tostei a pele nua ao sol do Texas e observei uma mulher da conferência vir para fora e acomodar com cuidado o seu corpo, totalmente vestido, numa cadeira reclinada à sombra.

Agradecimentos

Deixei o reino dos doentes. Dawn, Kendra, Paul e Rita permanecem. Agora pego a luz do sol, e eles não. Eles se alimentam de vermífugo para cavalos, e eu não. Mas ainda sinto a dor de uma proximidade sinistra. Eles não têm um medo que não seja também meu, um terror de si mesmos que eu não tenha conhecido. Continuo a lhes dizer: *Não dá para imaginar*, e de vez em quando, em voz mais baixa: *dá*.

Quando é que a empatia na verdade reforça a dor que deseja consolar? Dar às pessoas um espaço para falar sobre sua doença — sondá-la, contemplá-la, partilhá-la — ajuda a lida com seu desenrolar, ou simplesmente aprofunda o domínio da enfermidade? Um encontro como esse oferece alívio ou simplesmente confirma o claustro e a prerrogativa do sofrimento? Talvez apenas expanda a dor até ela se tornar ainda pior, até requerer mais consolo do que antes. A conferência parece confirmar, naqueles que estão presentes, a sensação de que somente aqui conseguirão aquilo de que precisam. Aguça o isolamento que deseja corrigir.

Só posso ser eu mesmo quando estou aqui, é algo que escutei mais de uma vez. Mas sempre que saía das salas sombrias da igreja batista de Westoak, eu me via desejando que seus cidadãos também pudessem ser eles mesmos em algum outro lugar, pudessem ser eles mesmos em qualquer lugar — à pródiga luz do sol de Austin, beliscando aperitivos ou curvados sobre roscas doces artesanais ao redor de uma mesa de piquenique numa noite quente. Quero que eles compreendam a si mesmos como constituídos e esboçados mais além das margens da doença. Penso em como Paul sempre faz suas compras de supermercado meia hora antes de o estabelecimento fechar para não encontrar nenhum conhecido; penso no homem careca sentado atrás de mim no segundo dia, cujo nome nunca fiquei sabendo, que não faz quase mais nada além de ir e vir entre um apartamento vazio e um emprego sem nome; penso numa bela mulher que se pergunta como é que qualquer homem ainda poderia amá-la, assim toda cheia de cicatrizes.

Kendra fica aterrorizada pelas mesmas evidências que lhe oferecem legitimação. Ela tem provas de possuir fibras na sua pele, mas nenhuma esperança de arrancá-las, apenas uma visão do que seria ser consumida inteiramente por essa doença: mil fotos sangrentas no seu computador, uma sopa de larvas no seu celular atestando a passagem dos dias na sua vida.

O que disse Kendra? *Algumas dessas coisas que estou tentando arrancar, é como se elas se distanciassem de mim.* Isso não se refere a todos nós? Às vezes estamos todos tentando purgar alguma coisa. E o que estamos tentando purgar resiste à nossa purga. A *isca do diabo* — esta doença propicia um sentimento constante de ser enganado, a promessa de resolução oscilando só um pouco além de nosso alcance. Esses demônios pertencem a todos nós: uma obsessão pelas nossas fronteiras e formas visíveis, um medo de invasão ou contaminação, uma compreensão de nós próprios como perpetuamente mal compreendidos.

Mas essa busca de significado não obscurece a própria doença? É outro tipo de isca, outra mosca amarrada-e-pintada: a noção de que, se compreendemos algo bastante bem, podemos mandá-lo embora.

72 *Leslie Jamison*

Todo mundo que conheci na conferência foi gentil. Eles ofereciam sua cordialidade a mim e uns aos outros. Eu era uma visitante no terreno que eles conheciam, mas fui cidadã em certos momentos — uma cidadã sujeita a essa perturbação corporal — e sei que o serei de novo. Dividia meu tempo entre uma e outra Austin; dividia meu tempo entre salas sombrias e céus abertos.

Um dos oradores citou Thomas Huxley, o biólogo do século XIX:

> Permaneça diante do fato como uma criança pequena, esteja preparado para abrir mão de toda noção preconcebida, siga humildemente para todo e qualquer lugar e para todo e qualquer abismo a que a Natureza o conduzir, do contrário não aprenderá nada.

Quero permanecer diante de todos os que ouvi — escutar suas vozes em meu gravador como uma criança, como um agnóstico, como um pluralista. Quero ser a enfermeira compassiva, e não o médico cético. Quero o abismo, e não o veredicto. Quero acreditar em todo mundo. Quero que todo mundo esteja certo. Mas compaixão não é o mesmo que crença. Essa não é uma lição que eu queira aprender.

Foi só no século XVII que as palavras *pena* e *piedade* foram plenamente distinguidas. Compaixão foi compreendida como uma espécie de dever, uma obrigação em relação a um compromisso humano básico — e o que sinto por esse distúrbio é uma espécie de piedade. Sinto a obrigação de prestar homenagem ou ao menos conceder alguma reverência à compreensão coletiva desses pacientes sobre o que lhes causa dor. Talvez seja um tipo de infecção solidária por si mesma: esta necessidade de aprovar, dizer sim com a cabeça, apoiar; concordar.

Paul disse: "Não contaria a ninguém meus sintomas malucos". Mas ele me contou. Sempre se deparou com descrença. Ele dizia que isso era "típico". Agora estou assombrada por essa palavra. Para Paul, a vida se tornou um padrão, e a moral desse padrão é: *Você foi destinado a isto*. A descrença dos outros é inevitável, e assim também a solidão; ambas são uma parte tão significativa dessa doença quanto qualquer fibra, qualquer mancha, cristal ou parasita.

Fui a Austin porque queria ser uma ouvinte diferente de todos aqueles que esses pacientes tinham conhecido: médicos piscando a seus residentes, amigos mordendo os lábios, céticos sorrindo numa perplexidade presunçosa. Mas querer ser diferente não faz que o sejamos. Paul me contou seus sintomas malucos, e não acreditei nele. Ou ao menos não acreditei nele como ele queria. Não acreditei que havia parasitas pondo milhares de ovos embaixo de sua pele, mas acreditei que ele sentia dor como se os parasitas e os ovos existissem. O que era típico. Eu era típica. Ao escrever este ensaio, como fazer alguma coisa que ele não compreenda como traição? Quero dizer: *Escutei você*. Dizer: *Não dou veredictos*. Mas não posso lhe dizer essas coisas. Assim, em vez disso, digo apenas: acho que ele pode se curar. Espero que se cure.

La frontera

San Ysidro

Estou na fronteira mais movimentada do mundo. Passo rapidamente porque estou indo na direção certa, o que quer dizer na direção errada. Estou indo para onde ninguém quer ficar. No lado oposto da Highway 5, uma linha cintilante de engarrafamento aponta para o norte, na direção dos Estados Unidos da América.

Neste outro lado, as pistas de tráfego são corredores de supermercado. Você pode comprar pipoca, biscoitos, pirulitos, cigarros. Quer café? Pode comprar de um menino que mal chega à altura da janela de seu carro. Quer jornal em espanhol? Ótimo. Em inglês? Talvez. Quer uma toalha com estampa de animal? Há centenas.

Estou indo a uma reunião literária realizada em Tijuana e Mexicali que tem sido anunciada em cartazes como um *encuentro*. Entendi que isso significa algo entre "festival" e "conferência", mas quando penso em *encuentro* escuto a palavra que designa "história" (*cuento*) sugerida pela palavra que designa "encontro" (*encontrar*) — uma interseção que insinua o que vai acontecer nesta convulsão de libertinagem e mesas-redondas: histórias serão moeda corrente, pessoas ficarão confusas, pessoas darão autógrafos em livros, pessoas farão negócios editoriais, pessoas falarão mal de Mexicali e desejarão estar em Oaxaca. Pessoas farão sexo. Nada vai acontecer na hora marcada. Biscoitos serão servidos com café em copos de isopor pela manhã. Cocaína será servida nos compartimentos dos banheiros à noite.

É 2010. Ouço dizer que Tijuana se tornou muito melhor nos últimos dois anos, o que a mídia americana também começou recentemente a afirmar.

Mas variações e flutuações são inevitavelmente desconsideradas nas conversas em que nós, bem ao norte, comentamos o quanto tudo piorou "lá embaixo". Claro que *lá embaixo* não é um lugar, mas milhares de lugares, e a verdade é que as coisas melhoraram em Tijuana, pioraram muito em Tamaulipas e simplesmente continuaram horríveis em Ciudad Juárez, onde a vida é tão violenta que fica difícil compreender as gradações entre ruim e pior.

Alguém me conta sobre a vida em Tijuana durante os piores meses — não tanto sobre viver com a ameaça constante de violência, mas sobre *falar* a respeito de viver com a ameaça constante de violência. É impossível falar, diz ela, quando se está no meio da confusão.

Assim era a vida em Tijuana alguns anos atrás: mesmo quando se reuniam para jantar, em algum lugar privado, as pessoas não se detinham no que suas vidas tinham se tornado — medo de sair para beber alguma coisa, medo de sair para trabalhar, medo de pegar um ônibus, comprar um maço de cigarros ou cruzar a merda da rua. Agora podem falar. Falar é mais fácil quando o pior foi afastado para além do alcance do ouvido — para além do ponto de alguém ser induzido, por delírios de segurança, a revidar de forma vingativa.

TIJUANA

A AVENIDA REVOLUCIÓN ESTÁ FORRADA com as cascas ocas do turismo barato. Há bares vazios como relíquias de uma civilização desaparecida, derrubada pelos seus próprios excessos hedonistas: pistas de dança silenciosas emolduradas por paredes cobertas de sapé e decoração de selva artificial, sacadas cheias de archotes e bandeiras agitadas anunciando *happy hours* de tequila das quais ninguém vai participar. As casas noturnas parecem lares de hipoteca executada. Os turistas foram enxotados pelo medo. Alguns ainda devem vir, suponho, mas não vejo nenhum deles nas ruas. O Centro Cultural Tijuana tem um teto em forma de domo, surpreendentemente encantador, provido de quadrados de vidro que filtram a luz solar em cores preciosas: fúcsia, tangerina, menta-escura. Mas as únicas pessoas que vejo lá dentro são homens vendendo passagens de ônibus para outros lugares.

Todo mundo está apregoando mercadorias ao longo das ruas, mas ninguém está comprando. Se quisesse, eu poderia comprar todo tipo de coisas: um burro com listras de zebra, cartões-postais exibindo dez pares de seios e a ponta vermelha de uma lata de cerveja Tecate, um sapo pequeno esculpido por um velho *diante de meus próprios olhos* e com um cigarro real entre seus lábios de madeira. Eu podia comprar uma camiseta com o rosto estoico de Pancho Villa ou a inevitável face de Che, uma camiseta com uma piada sobre cerveja, outra camiseta com uma piada sobre cerveja, uma camiseta com uma piada sobre tequila, uma camiseta com uma piada sobre misturar cerveja e tequila, ou uma camiseta que chega ao cerne do que representa todo esse bebericar (traduzida do espanhol, diz: "Transei no Primeiro Encontro"). Bastante convenientemente, no lado oposto a todas essas bodegas kitsch, há um hotel que anuncia quartos a 99 pesos por hora. Não vejo ninguém entrando ou saindo.

Durante todo o tempo estou pensando na Tijuana de dois anos atrás, a que nunca falava. Ao longo de toda a fronteira, outras cidades ainda estão no auge desse não falar. As pessoas que dizem ser Ciudad Juárez a cidade mais perigosa do mundo não são as que moram lá.

Fico pensando que se caminhar pelas ruas em que alguém sentiu medo, em que uma cidade inteira sentiu medo, eu talvez venha a compreender o medo um pouco melhor. Essa é a grandiosa ficção do turismo, a de que transportar nossos corpos para algum ponto traz esse lugar para mais perto de nós, ou nós para mais perto dele. É uma dose rápida de empatia. Nós a tomamos como uma dose de tequila ou uma fungada de cocaína na chave da casa de um estranho. Queremos a embriaguez da presença para dissolver o fato da diferença. Às vezes a cidade transa no primeiro encontro, e às vezes não. Mas sempre, *sempre*, acordamos de manhã para descobrir que absolutamente não a conhecíamos.

Acordo de manhã e como *huevos com jamón* num lugar chamado Tijuana Tilly's. Poderia ter pedido um waffle, mas não pedi. Poderia ter comido *pan francés* com chantilly, mas não comi. Estou me tornando autêntica. Faço

La frontera *81*

a refeição com uma assessora de imprensa chamada Paola e um romancista chamado Adán. Ambos pedem waffles. Paola me diz que não dá para acreditar que o DF (Cidade do México) seja muito possivelmente o lugar mais seguro do México nos dias de hoje. Não é a cena a que está acostumada. Adán me conta que Mexicali, onde vamos encontrar os outros escritores para a conferência, também é relativamente segura. *Relativamente* é uma palavra importante por aqui.

Em todo caso, Mexicali fica a duas horas na direção leste. Estourou primeiro durante a Proibição, exatamente como Tijuana, mas em outros aspectos as duas cidades não são muito semelhantes. O espanhol de Adán é rápido e não tenho certeza de captar o sentido do que está dizendo — ou ao menos o sentido correto — porque ele parece estar falando de uma cidade subterrânea cheia de chineses. Quando se torna claro o que diz, vejo que meu espanhol não estava longe. Durante a década de 1920, os operários chineses eram mais numerosos que os mexicanos em Mexicali numa proporção de oito para um, e uma rede de túneis subterrâneos conectava seus antros de ópio e bordéis àqueles americanos ávidos e sujeitos a proibições que viviam logo além da fronteira.

Tijuana torna-se indistinta. Assim que a deixo, fico louca para falar sobre ela — assim como sentimos uma vontade maluca de falar sobre um sonho quando acordamos, com medo de que vá se dissolver se não fixarmos os detalhes em seus lugares, se não esboçarmos um caminho entre os absurdos. Assim que a deixo, penso: o que *era* essa cidade? Um corredor não iluminado ao lado de um escritório com janelas quebradas (meu albergue) e um prato de carne de porco desfiada, cozida com laranjas (meu jantar). Uma banda composta de jovens chamada La Sonrisa Vertical (O Sorriso Vertical) e uma banda composta de velhos, não sei como se chamava, que pediam repetidamente mais Charles Shaw Shiraz e faziam o diabo com suas guitarras. Eles tinham dois ovos empoleirados no seu amplificador, talvez crus, talvez cozidos, não fazendo nenhum sentido, mas pertencendo certamente ao lugar onde estavam.

Mexicali

Se a estrada para entrar em Tijuana é atravancada por fuzis, carros e homens de uniforme, a pompa do pânico americano, a rodovia para sair de Tijuana é fantasmagórica e assolada pela poeira, saindo sinuosa dos *barrios* periféricos para os morros lúgubres de um deserto da fronteira. Além dos limites da cidade, barracos se equilibram em declives lamacentos salpicados com pedaços de muros e cercas. Muitos têm sido revestidos ou cobertos com outdoors. Parecem presentes embrulhados. Seus lados mostram tubos gigantescos de pasta de dente e sorrisos humanos de propaganda. Por fim, as favelas dão lugar a uma infame rodovia conhecida como Rumorosa, uma roleta-russa que se contorce e mergulha pelas curvas fechadas e os declives com deslizamento de pedras das montanhas vermelhas descoradas.

Num ponto de observação a meio caminho de Mexicali, onde a estrada cai denteada à nossa esquerda, emergimos ao redor de uma curva para ver os destroços parcialmente enegrecidos de um semirreboque. A cabine está a centímetros da beira do penhasco. Um homem se enrosca em posição fetal no chão, sangrando na testa. Não parece morto. Não há ambulância à vista, mas um padre está de pé ao lado do corpo do homem, bloqueando-o do sol do meio-dia e murmurando uma oração, fazendo sinal para os carros que passam: *Diminuam a marcha, diminuam a marcha*. Deve estar fazendo 32 graus em outubro, e esse homem usa vestimentas negras que absorvem todo o calor. Sua cruz brilha prateada. A grade do caminhão brilha prateada atrás dele.

Não se trata apenas de que a violência *acontece* aqui — intencional, casual, acidental, incidental —, trata-se de que a expectativa e as consequências da violência estão sempre comprimindo você de todos os lados: homens com metralhadoras na avenida Revolución, cães rosnando e pulando para dentro de suvs prontos a farejar drogas, um bêbado desmaiado na frente da *panadería*, um motorista tão cansado ou chapado que meteu seu caminhão-trator num penhasco. Passamos por um soldado parado alerta com uma semiautomática nas mãos, aparentemente guardando uma pilha gigantesca de pneus usados atrás dele. Não há nada mais à vista. Os soldados estão de prontidão contra uma violência incontrolável, empoleirados no lixo, os fuzis apontados para o nada.

Num artigo de opinião de 2010 no *New York Times*, Elmer Mendoza relata que numa ocasião em que uma tropa de Niños Exploradores (algo semelhante a escoteiros) foi levada para saudar funcionários públicos que visitavam Ciudad Juárez, seu mestre escoteiro os fez passar por uma rotina de chamada-e-resposta. "Como é que as crianças brincam em Juárez?", gritou. Todos os meninos se atiraram no chão.

Num posto de inspeção de drogas, toda a nossa van é esvaziada. Veículos maiores inevitavelmente levantam mais suspeitas. Os soldados esvaziam nossas malas. Tudo parece *pro forma*, mas ainda assim — provém de um certo clima, de um todo, dando um certo tom. Quando nos afastamos, olho para trás e vejo que outro soldado, este de pé sobre um caminhão, tinha sua metralhadora apontada para nós o tempo todo.

Não há casas noturnas vistosas em Mexicali, nem burros com listras de zebras, nem drinques especiais. Você não poderia encontrar um sapo fumante de jeito nenhum. É possível conseguir sacos de plástico cheios de cactos picados ou cigarros por um preço bem irrisório. A coisa mais próxima de uma dose de *espanglês* é a trilha sonora num clube chamado Slow Time, onde a voz de uma mulher geme repetidas vezes: "Oh, transando comigo você me torna bilíngue".

A luz é mais áspera nesta cidade, tudo mais empoeirado. Os hotéis anunciam preços por quatro horas em vez de uma. Não sei o que isso significa, mas parece marcar uma diferença importante na cultura cívica.

Chinatown está viva e bem acima do chão. Os restaurantes servem tofu com salsa e tacos de barbatana de tubarão. Almoço em Dragón de Oro, cujo estacionamento vai até a própria fronteira, uma cerca marrom grossa com uns seis metros de altura. As casas de estuque e as quadras de beisebol de Calexico são pouco visíveis através das ripas.

Somos um grupo de cinquenta, nós, os participantes-do-*encuentro*. Há Oscar, um poeta que me conta sua visão de Heidegger enquanto comemos *chilaquiles* certa manhã, e Kelly, uma intérprete simultânea que está escrevendo um glossário espanhol de linguagem erótica. Há Marco, outro poeta, que cruza a fronteira a pé para comprar um novo par de tênis Converse em Calexico. Marco me informa que abandonou seu "eu lírico" há cerca de um ano, quando sua cidade se tornou tão violenta que ele tinha medo de sair de casa. Ele precisa de uma nova poesia nos dias de hoje. Está interessado em reaproveitamento em geral e em Flarf* em particular — uma prática poética experimental que implica separar e destilar os vastos interiores da internet, desbastando por meio de termos de busca, justapondo resultados bizarros, que chegam frequentemente ao ponto de absurdos, hilaridades. Marco acredita na hilaridade. Marco ensina estudantes universitários. Sua vida se parece muito com a minha até não ter nada de parecido. Na noite antes de vir a Mexicali, ele ficou acordado até uma e meia da madrugada para acabar de avaliar um lote de trabalhos, por isso decidiu dar a si mesmo uma recompensa na manhã seguinte apertando o botão de soneca. Bastante justo. Foi então que uma explosão de granada o acordou mesmo assim, dois minutos mais tarde, seguida por um tiroteio de metralhadoras. "Como uma conversa", diz ele, "uma voz e depois a resposta." Ele diz que não era nada inusitado.

Conheço um homem chamado Alfredo, um hedonista barbado e fundador da Conspiração Shandy. Toda vez que me vê, Alfredo me pergunta se já estou pronta para ser shandyizada. Tudo o que sei sobre esse processo é que envolverá "sutileza" e "escuridão". Ele publica uma revista (o epicentro de sua conspiração) cujo cabeçalho apresenta um leão atacando uma zebra. Em vez de sangue, o pescoço da zebra esguicha jatos de fluido de arco-íris. É Darwin sob os efeitos do LSD. Eu me pego olhando para todos os trabalhos artísticos daqui em termos de fractais sociopolíticos: como posso ver a guerra do narcotráfico contida em toda zebra ilustrada? É uma sensação estranha ver loucuras espirrarem das mandíbulas da guerra — como um grito gutural, espoliado e ressequido, essa absurda fonte de sangue do arco-íris. Eu interpreto tudo segundo a gravidade do conflito.

Em palavras mais precisas, eu interpreto tudo o que posso compreender. Há tanta coisa que me escapa. Numa multidão de escritores bilíngues, o meu espanhol é vexaminoso, e esse vexame começa a se transformar gradativamente

* Movimento vanguardista de poesia do início do século XXI. (N. T.)

numa sensação mais intensa de vergonha política e nacional. Tenho receio de falar sobre o cenário corrente das guerras do narcotráfico porque tenho medo de entender algo errado. Os americanos são famosos por compreenderem mal as coisas quando se trata de conflitos em outros países. Por isso, escuto. Adquiro aos poucos uma noção do terreno. O Cartel Sinaloa controla grande parte do litoral ocidental — onde se planta a maior quantidade da erva, e um mito da fronteira mantém o traficante de drogas como um fora da lei — enquanto o Cartel do Golfo opera ao longo do golfo, traficando cocaína e imigrantes centro-americanos ilegais chamados *pollos*, camponeses que eles contrabandeiam ou extorquem.

Ler sobre as guerras das drogas é como desenredar uma teia de intricadas duplas negativas. Um cartel paga um guarda penitenciário para libertar prisioneiros à noite, a fim de que possam agir como assassinos de membros-chave de outro cartel, depois o cartel atacado captura um policial e o tortura até ele admitir essa corrupção. Eles gravam e transmitem sua confissão. As autoridades entram em cena, a diretora do presídio é afastada, os prisioneiros realizam um motim para tê-la de volta; os repórteres que cobrem os motins são raptados pelos rivais do cartel que tornou público o videoteipe do policial torturado. Eles contra-atacam publicando seus próprios videoteipes de outros torturados confessando outras corrupções.

Deu para entender?

Seguir os pormenores é como escutar uma sequência horrorosa de zombarias mordazes numa linguagem construída para a boca de outros, é você se descobrir participando de uma conversa em que não tem a capacidade de falar. *Conversa* significa algo novo neste lugar: um dilúvio de palavras que não consigo compreender, o bate-papo chamada-resposta de armas semiautomáticas que nunca escutei.

Conheço outro elenco, não de autores, mas de matadores: há El Teo, disputando o controle do Cartel Tijuana, que gosta de matar em festas porque isso torna sua mensagem mais visível; e há El Pozolero (O Cozinheiro de Ensopados), que dissolve as vítimas de El Teo em ácido quando a mensagem delas precisa voltar a ser invisível. O mais famoso barão das drogas no México é El Chapo (O Baixinho), chefe do Cartel Sinaloa e atualmente em sexagésimo lugar na lista da *Forbes* dos homens mais poderosos do mundo. Isso o coloca atrás de Barack Obama (2), Osama Bin Laden (57) e Dalai Lama (39), mas na frente de Oprah Winfrey (64) e Julian Assange (68). O presidente do México nem entrou na lista. Em Mexicali, me vejo aprendendo as estatísticas de duas economias — autores não recebem pagamentos adiantados pelo seu trabalho, matadores profissionais em Ciudad Juárez recebem 2 mil pesos por tarefa — e os contornos de duas geografias paralelas, uma mapeando as guerras do narcotráfico e a outra, o cenário da produção literária. Essa primeira topografia é tecida como um véu horrível sobre a segunda. Durango, por exemplo, é onde El Chapo conheceu sua noiva adolescente, mas é também a cidade de um poeta que usa botas de combate e cospe quando lê seus poemas, que versam principalmente sobre tetas. Sinaloa é a região do cartel homônimo, mas é também o lar de Oscar e seus grupos de estudo de Heidegger. A capital de Sinaloa, Culiacán, tem um cemitério cheio de mausoléus de dois andares dos barões do tráfico, impecavelmente mobiliados e equipados com ar-condicionado para o conforto dos amigos e família enlutados. No outro lado da cidade, longe desses palácios, Oscar mora numa casa com sua gatinha, Heidie. Imagino uma casa cheia de bichos: um cachorro chamado Dasein, dois passarinhos chamados Tiempo e Ser. Imagino um ar-condicionado zumbindo baixinho perto das cinzas de um homem. Estou tentando fundir esses dois Sinaloas, torná-los o mesmo.

A lição de geografia se desloca para leste: Tamaulipas é uma região famosa pelo massacre de agosto, a matança de 72 imigrantes ilegais que não quiseram pagar toda a quantia, quando o Cártel del Golfo lhes cobrou o que deviam. *Não quiseram.* Certo. Não podiam. Mas Tamaulipas é também o lar de Marco, o poeta interessado em Flarf. Quando penso em Flarf, penso em poemas que desconstroem e emendam textos de blogs sobre o petróleo do Iraque e a vida sexual de Justin Timberlake. É verdade que Marco está ocupado com algo assim, mas seu projeto é feito de materiais diferentes e talvez com um pouco menos de ironia. Ele está reaproveitando a língua do conflito para seus poemas. Ele vasculha a área de comentários da internet cheia de mensagens de pessoas isoladas em suas casas. Tira expressões dos cartazes que os cartéis deixam sobre os cadáveres de suas vítimas e pedaços das mensagens que rabiscam sobre a pele dos mortos. Corta citações; torna a encaixar as peças do quebra-cabeça do medo para criar seus poemas. Essa é uma nova iteração: Flarf *a partir das* e *para as* e *das* guerras do narcotráfico. Narco-Flarf. Eu me pergunto como é que esse tipo de trabalho preserva aquela parte de Flarf que parece tão central: seu senso de humor. Eu me pergunto se isso importa. A julgar pela frequência com que Marco dá risada (várias vezes), importa muito.

Todo o *encuentro* é uma mistura estranha de festança e seriedade. As pessoas falam constante e dolorosamente sobre as guerras do narcotráfico, mas elas também usam muita cocaína. Elas a usam com as chaves das casas umas das outras, exatamente como imaginei que fariam, e me vejo perguntando sobre essas chaves e essas fechaduras que elas fazem girar. Quantas fechaduras as pessoas têm em suas casas? Mais do que tinham antes? Com que frequência vão dormir com medo?

Apenas algumas semanas antes de vir a Mexicali, Marco apresentou seu trabalho numa galeria de Los Angeles chamada LACE. Ele deu à sua obra o nome de SPAM. Era um tapete pendurado na parede que mostrava um poema que ele tinha feito com fragmentos de comentários na internet — neste caso, mensagens de residentes de Comales, um *barrio* na periferia de Tamaulipas que tinha se tornado basicamente um aglomerado de esconderijos fortificados.

Marco chamava o bairro de *zona cero*. Zona zero.

Na internet, e no trabalho de Marco, essas vozes da *zona cero* encontram uma mobilidade que foi negada a seus corpos: "no se trabaja, no hay escuela, tiendas cerradas... estamos muriendo poco a poco". A linguagem não é "poética" porque não começou como poesia. Começou como um grito. E agora é outra coisa. Marco, claro, abandonou seu eu lírico há alguns anos. Agora seus poemas não têm um único falante, mas uma massa de vozes comuns que pronunciam essas palavras desesperadas, persuadidas a assumir uma cadência pelas mãos segregadas do próprio Marco.

SPAM foi criado em Tamaulipas e apresentado em Los Angeles, mas é composto de materiais de uma rede imaterial (a internet) que pende suspensa, contrapontística e infinita, no espaço entre esses dois lugares e, essencialmente, em lugar nenhum. A peça tem alguma fé na internet, mas também compreende como ela abstrai a experiência transformando-a em algo absurdo ou ilegível (spam!). A peça caçoa das fronteiras, mas fala explicitamente para elas: "La pieza intentará crear diálogo más allá de las fronteras...". A peça não é simplesmente uma mensagem, escreve Marco, mas antes parte de uma conversa — a mesma conversa, não posso deixar de pensar, da explosão de granada na sua rua.

CALEXICO

É bem *ali*, Calexico, logo depois da cerca marrom. Dá para ver latas de lixo reciclável viradas de cabeça para baixo nas entradas asfaltadas das garagens. Mas leva-se mais de uma hora para cruzar a fronteira. E são quatro e meia da madrugada quando partimos, e aqui nem sequer é Tijuana. San Ysidro pode levar cinco horas, caso se chegue lá no período errado.

Para alguns mexicanos, a fronteira não é grande coisa. Alguns poucos felizardos conseguem o equivalente de um E-ZPass[*] rodoviário para a fronteira. Marco acha normal cruzar a fronteira aqui para comprar um novo par de tênis, embora ele evite cruzá-la perto de casa porque a fronteira é mais perigosa no território do Golfo.

Para outros, a *frontera* é a beira do mundo. Manuel, um tecladista, explica que adoraria tocar na Califórnia, mas sabe que nunca tocará. Ele nem tem dinheiro para o telefonema que marca a entrevista do visto, muito menos uma conta bancária suficientemente forrada para conseguir o visto.

Cruzo a fronteira a partir de Mexicali com Marco e um romancista peruano. Estamos num jipe vermelho empoeirado. Nosso bando de nacionalidades variadas deixa o policial com a pulga atrás da orelha. Ele não parece satisfeito com nossa explicação. Um *encuentro*? Interessante. Ele me dá uma dura. Isso também é interessante. Já voltei para a América vindo de muitos países. Nunca ninguém me deu uma dura. Sempre examinam informações a

---

[*] Sistema eletrônico de cobrança de pedágio nos Estados Unidos. (N. T.)

meu respeito, o que sempre funcionou vantajosamente para mim. Agora estou acompanhada. Esqueci de retirar um certificado de vacina contra a febre amarela de meu passaporte, o que aparentemente é um problema. O policial da fronteira passa o papel na minha cara. "O que é isto?", diz ele. "Você tem um cachorro?" Não sei do que ele está falando, mas não tenho um cachorro e assim lhe digo. "Mas você é dos Estados Unidos?", diz ele, como se eu tivesse me contradito. Eu lhe digo que sou, mas posso ouvir algo estranho: a inflexão de uma pergunta vibrando na minha voz, como se eu já não tivesse certeza. Talvez eu tenha feito algo de errado. Marco explica: "Eles tentam te confundir".

Tampouco a verdade é necessariamente favorável a você. Digamos que você seja uma velha mexicana com filhos adultos que moram nos Estados Unidos. É melhor não mencioná-los na sua entrevista do visto. Você poderia pensar que eles seriam uma razão para que lhe fosse concedida a entrada no país, mas na realidade eles são a melhor razão possível para mantê-la fora dos Estados Unidos. Essa mulher era real, Marco me conta. Ele estava atrás dela na fila do consulado. Há provavelmente seis, dezenas, milhares dessas mulheres por toda a fronteira. Como dizem: *Ela realmente aconteceu*. Já tinham lhe negado o visto três vezes, mas ela continuava a pagar cem dólares para requerer um novo, não deixava de falar de seus filhos, já não tinha mais face para oferecer a tanto insulto, estava quase sem dinheiro.

Calexico é uma cidade pequena com uma rua principal feia abarrotada de *casas de cambio*, mas os campos nos arredores da cidade são viçosos e esmeraldas no amanhecer. Tudo ao redor de Mexicali era seco, seco, seco. "A grama é sempre mais verde", diz Marco, e eu rio. É certo isto, que eu esteja rindo? Acho que sim.

Passamos por um posto de imigração interior, uma segunda camada de defesa construída em vez de se projetar qualquer tipo de política de imigração decente. Alardeia suas estatísticas como o placar de um evento esportivo: 3.567 detenções por imigração, 370 detenções criminais, 4.514 quilos de drogas apreendidas. Marco pergunta: O que *significam* esses números? Não há datas. Os números são simplesmente joguetes, esvaziados de contexto e significado. É presumível que as estatísticas tenham a intenção de assustar os *pollos* analfabetos por osmose ou talvez inundar os corações dos americanos visitantes com aquela sensação ilusória de segurança nacional que tanto desejamos.

Começo a pensar que talvez seja um outro tipo de poema, este quadro de números. Quer assustar as pessoas e ao mesmo tempo consolá-las; quer lhes passar a sensação de que estão no meio de algo maior e mais poderoso do que jamais imaginaram — este tráfico de drogas e corpos, esta coisa perturbadora e quase incontrolada, o próprio *perigo*, tão poroso e fluido. Para cada 3.567 imigrantes capturados, imaginamos, há sempre outros 10 mil que não o são. A persistência do medo pode ser útil. Os pronunciamentos oficiais estão cheios de lacunas gritantes, quebras de linha exasperantes e margens soluçando com ameaças e promessas não enunciadas.

E a conversa continua. Os barões da droga escrevem mensagens em cadáveres, e essas mensagens dizem *fodam-se* ao controle da fronteira e suas 370 detenções criminais. Os poetas arrumam ideias, conseguem vistos e embarcam em voos para Los Angeles. Chegam em casa, e os cartéis explodem granadas para lhes dizer: *Fiquem em casa e calem a boca*. Todo mundo está tentando falar mais alto. Todo mundo está simplesmente ávido pela chance de falar.

Enquanto nos afastamos do amanhecer, rumo a San Diego, Marco me conta sobre outra peça que compôs logo depois do massacre de agosto. Foi projetada para assemelhar-se às páginas amarelas locais. Listava todas as lojas e serviços com nomes referentes ao Golfo: Siderúrgica del Golfo, El Restaurán del Golfo, Transportes Línea del Golfo. No lugar em que teria aparecido El Cartel del Golfo, o texto dizia: *Puede Anunciar-se Aquí*. Dirigido ao cartel, a seus rivais, a suas vítimas: Podem Anunciar Aqui.

Morfologia da agressão

COMEÇAMOS com a primeira função.

I. *Um Dos Membros Se Ausenta De Casa.*

EU NÃO SAÍ EXATAMENTE DE CASA para a Nicarágua. Vinha saindo de casa há anos. Nicarágua foi apenas o ponto mais longe a que cheguei.

Perto de uma cidade chamada Granada, ensinei espanhol a garotos que conheciam sua língua melhor do que eu jamais a conheceria. Eu trabalhava numa escola com duas salas de aula de concreto invadidas por bodes ou cachorros perdidos. Os cachorros eram magricelas. Alguns dos garotos também, embora estivessem sempre comprando guloseimas de uma velha que vendia sacos velhos de batatas fritas velhas e biscoitos rosa choque em imensos cestos de palha. Ela ficava sentada nas sombras ao lado de seus balanços enferrujados.

Eu gostava dos garotos. Eles me tocavam — literalmente, meus braços, pernas, todo o meu corpo — mais do que qualquer outra pessoa que já conhecera. Conhecia suas famílias de vista e às vezes de nome. Muitas mães vendiam chiclete e cajus no *parque central* perto do ponto de ônibus. Os pais e irmãos gritavam "Guapa chica!" toda vez que eu passava. Eu devia ficar ofendida. Não ficava.

Completei 24 anos num bar chamado Café Bohemia. Fiz sangria com frutas locais e escrevi notas no cybercafé, que diziam: *Fiz sangria com frutas locais!* Disse a todo mundo que estava gostando do fácil compartilhamento de ser uma estrangeira entre estrangeiros: *Nenhum de nós está onde costumávamos estar!*, eu dizia. *Nos perdemos juntos!* O teclado tinha uma arrumação estranha embaixo de meus dedos. Eu ainda não estava acostumada a usá-lo. Ele me fazia confundir certos sinais de pontuação. *Frutas do mercado?*, diziam minhas notas. *Nos perdemos juntos?*

Nunca sei como começar esta história. Simplesmente não sei. É por isso que preciso de funções. É por isso que talvez precisemos voltar ainda mais no tempo. Vladimir Propp foi um homem que viveu na Rússia durante a Revolução e duas guerras. Escreveu um livro chamado *Morfologia do conto maravilhoso* de que ninguém fala muito nos dias de hoje, a não ser para discordar dele. É basicamente um mapa para contar histórias, um catálogo de pedaços de enredo arranjados em 31 funções: começos, traições, resoluções.

O elaborado sistema de classificações de Propp — letras, numerais, títulos, subtítulos — fixa esses pontos de enredo como espécimes de taxidermia: *trapaça, orientação, resgate*. Eles marcam momentos em que a ação toma uma direção diferente. Propp afirma ser possível desmembrar qualquer história numa acumulação dessas partes embaralhadas em constantes rearranjos. Essencialmente, ele está fazendo uma afirmação sobre rupturas. Diz que tudo provém de perdermos nosso lugar.

III. *A Interdição É Violada.*

Agora estamos fora da ordem, e mal começamos. Propp mapeia imperfeitamente a história. Continuo voltando a suas funções de qualquer jeito. Esta é a terceira. Esta interdição era antiga: as garotas nunca deviam ficar sozinhas na escuridão. Essa é a sabedoria dos contos de fadas.

Mais tarde disseram que eu não deveria caminhar à noite. Naquela vizinhança. Numa rua vazia, sozinha. Eis o que *sozinha* realmente significa: sem um homem.

Eram sobretudo homens, os que me diziam essa última frase.

Alguns a diziam bondosamente. Outros pareciam incomodados. O ponto é que ninguém realmente a dissera antes. O que significa que teremos de rearranjar as funções. Retornamos à segunda depois da violação da terceira.

II. *Uma Interdição É Dirigida Ao Herói.*

NÃO TINHAM ME DITO para não caminhar sozinha. Tinham me dito para não ter medo. Granada era segura. Nicarágua não era apenas violência. Essa era uma ideia que pertencia aos americanos, aqueles que não compreendiam nada.

Esta é a função que batiza o herói. Seu par de pontos — a regra e sua transgressão — é o que o torna herói, para começo de conversa.

Minha proibição era o medo. Disseram-me para manter meu medo dentro de limites. Ou ao menos mantê-lo para mim mesma. Meu amigo Omar dizia: "Todos vocês estão com tanto medo aqui".

Todos vocês: mulheres, americanos, visitantes. Eu era tudo isso, mas aprenderia a não ser. Aprenderia a ser diferente, a tentar com mais afinco, a caminhar pelas ruas sem esperar algum estranho nas sombras. Tinha chegado a um lugar para o qual nunca fora convidada.

Para os principiantes, havia a questão da história. O que não era minha culpa, exatamente, mas fez com que eu me envolvesse. A história estava cheia de absurdos: a guerra dos contras, o escândalo das armas. Reagan, tudo. Bush, tudo. Omar recitava os melhores trechos dos debates de Bush com Hugo Chávez — Chávez, ainda um pouco herói naquela região — e eu ria mais alto que todo mundo. Eu também odiava Bush. Precisava que eles soubessem disso.

Talvez eu não tivesse o direito de precisar de alguma coisa daquele lugar. Talvez isso não justificasse que eu tivesse recebido um soco na cara. Mas talvez eu não fosse tampouco inteiramente inocente.

Pronto, agora revelei o final. Recebi um soco.

Ainda estou procurando a função apropriada para essa parte. O que é morfologia afinal? Verifiquei e encontrei o seguinte: "O estudo da forma ou molde das coisas".

É assim que mantemos algo preso em seu lugar: nós lhe damos uma forma.

Talvez VI. *O Vilão Tenta Enganar Sua Vítima Para Apoderar-Se Dela Ou De Seus Pertences.*

Não houve trapaça. Apenas um homem chegando por trás de mim, virando-me de frente, batendo forte em mim. Nenhum engano. Um dos gestos mais honestos que já tinha visto.

Talvez V. *O Vilão Recebe Informações Sobre Sua Vítima.*

Propp cita exemplos. As muitas espécies de reconhecimento: espiões são enviados. Esconderijos são descobertos. Um urso canalha usa um cinzel falante para encontrar algumas crianças desaparecidas.

Naquela rua na Nicarágua foi mais simples. Um homem estava sentado no meio-fio ao lado de uma *lavanderia* vazia. Ele me viu e formou sua opinião sobre mim como: *Gringa. Chica.* Turista.

Guapa chica, diziam — outros homens, nas ruas. Mas ele não disse nada.

Quem sabe o que ele pensou? Sei apenas isto: o que quer que ele tenha visto — o que quer que ele pensou ter visto — foi o suficiente.

Então aqui está.

Função VIII. *O Vilão Causa Dano Ou Injúria.*

Levei um soco. Sangrei sobre meus braços, minhas pernas, minha saia, meus sapatos. Não chorava. Estava falando. O que é que eu dizia?

Eu estava dizendo: "Estou bem estou bem estou bem".

Eu estava dizendo: "Tanto sangue".

Propp diz: "Esta função é excepcionalmente importante". Ele diz: "As formas da vilania são extremamente variadas".

Eis algumas delas: *O Vilão Saqueia Ou Destrói A Colheita, O Vilão Provoca Um Desaparecimento Súbito, O Vilão Lança Um Feitiço, O Vilão Intimida Com Um Matrimônio Forçado, O Vilão Faz Uma Ameaça De Canibalismo.*

Eis mais duas: *O Vilão Se Apodera Da Luz Do Dia. O Vilão Atormenta À Noite.*

"A cidade é diferente à noite", Omar tinha dito. "Tudo é possível."

Algumas funções descrevem os vilões roubando partes de corpos. Quando você quebra alguma coisa, você rouba a maneira como ela costumava ser. Que nunca torna a ser.

"Ele pegou sua carteira?", perguntou alguém. "E sua câmera?"

Confirmei com a cabeça. Eu queria dizer: *Ele pegou meu rosto.*

Eis algumas funções que estão faltando à minha história: *O Herói-Buscador Concorda Em Neutralizar A Ação Ou Decide Neutralizá-La, O Herói Reage Às Ações, O Herói E O Vilão Se Juntam Em Combate Corpo A Corpo.*

Essas funções não se aplicam a mim.

Esta se aplica: XVII. *O Herói é Marcado.*

Meu nariz foi quebrado. Os ossos da ponte foram deslocados. A carne inchou como se estivesse tentando esconder a fratura embaixo. É assim que a fala incha ao redor da memória. Que o intelecto incha ao redor do machucado.

xiv. *O Herói Adquire O Uso De Um Agente Mágico.*

Significando o quê? A polícia da Nicarágua? A bebida alcoólica que tomei — algumas doses e depois mais outras — para que eu voltasse a me sentir bem, para que eu parasse de tremer?

Depois do golpe, fui a um bar na Calle Calzada. Conhecia os rapazes que trabalhavam lá. Eles logo viram o que me acontecera e sabiam do que eu precisava. Eles tinham se metido em brigas. Esse tipo de lesão não era novidade alguma. Eles me deram trapos úmidos, gelo, uma cerveja. Eu não parava de colocar os três no meu rosto, muito gentilmente. Eu não sabia ao certo se meu nariz estava frouxo o bastante para tirá-lo do lugar. Eu nem conseguia olhar nos olhos deles. Estava com vergonha. Não seria capaz de explicar o caso apropriadamente para ninguém. Tinha alguma relação com ser vista. Tudo era visível para eles — rosto inchado, braços ensanguentados, pernas ensanguentadas, roupas ensanguentadas. Essas eram as únicas coisas de que eu me compunha, e todos as viam — todos as compreendiam — tão bem quanto eu podia vê-las. Era uma espécie de nudez, uma sensação de terminações nervosas ao vento.

A polícia apareceu numa picape com uma grande jaula amarrada na parte de trás. Havia um homem dentro da jaula. Eu estava sentada no meio-fio com meus trapos e minha cerveja. O policial fumava um cigarro. Apontou para o homem na jaula: "Es el hombre?".

Não era o homem. Era apenas *um* homem. Eu nem lhes dera uma descrição.

Sacudi a cabeça. O policial deu de ombros. Soltou o homem. O homem parecia zangado. Não era para menos.

Aquele policial era legal, mas ele nunca esperou que as coisas tomassem um rumo diferente do que tomaram. Ele me mostrou imensos volumes de couro com fotos de detentos, retratos em tom sépia de bandidos das ruas locais com seus apelidos escritos embaixo numa letra garatujada: *El Toro, El Caballero, El Serpiente.*

Nenhum deles era ele. Eu disse: "Não, não, não".

Fui à delegacia na manhã seguinte. Era um prédio deteriorado com manchas marrons nas paredes e uma privada quebrada de que se podia sentir o cheiro em todas as outras salas. Ou alguém poderia, ao menos. Eu não conseguia sentir cheiro nenhum. Havia velhas máquinas de escrever na maioria das escrivaninhas e umas poucas quebradas empilhadas no canto. A delegacia era numa parte da cidade que eu nunca tinha visto. Não era uma parte da cidade que os turistas teriam alguma razão para visitar, a menos que estivessem ali para apresentar queixa. Eu estava na Nicarágua havia vários meses, e nunca me senti mais turista do que ali naquele momento, parte de uma história que todo mundo tinha ouvido antes.

Os policiais estavam ansiosos para exibir seu novo software de retrato falado. Sentei com um sujeito na frente de um computador — um dos únicos, ao que parecia, em toda a delegacia. Ele me fez perguntas sobre a aparência do sujeito e respondi muito mal. "Ele tinha sobrancelhas", eu talvez tenha dito — será que disse? Eu esperava que adjetivos surgissem. Mas nenhum apareceu. O esboço na tela do computador não se parecia nem um pouco com o homem.

XXIX. *Ao Herói É Dada Uma Nova Aparência.*

Propp se torna mais explícito: "Uma nova aparência é produzida diretamente por meio das ações mágicas de um ajudante". Voltei para Los Angeles e consultei um cirurgião. Havia algo errado no meu rosto. Qualquer um podia ver isso. Eu queria que fosse arrumado. Estava doente de tanto querer me preservar. O cirurgião olhou para meu rosto e disse: "Algo aconteceu com você".

"Eu sei", disse eu. "Você acha que dá para arrumar?"

Ele disse: "Não sei dizer vendo apenas o lado de fora".

Assim ele foi para dentro. E eu fui a pique.

Ainda vou ficar presa a esta aqui, algumas funções atrás: xix. *A Desgraça ou Falta Inicial é Eliminada.*

Propp diz: "A narrativa atinge seu auge nesta função".

Qual é a sensação desta função? Ainda estou à espera de uma resposta.

A cirurgia eliminou a fratura. Ou então eliminou a evidência. Mas ainda consigo encontrar o plano inclinado se o procuro, os restos diagonais do punho atingindo o osso.

É possível encontrar um programa na internet chamado Propp Digital. Acho que poderia ser considerado um jogo. É clicar no site e ele diz: "Você chegou ao Gerador Proppiano de Contos de Fadas, um experimento em (re)escrita eletrônica e uma exploração da retradução da teoria modernista dentro do ambiente eletrônico".

Eis o que você faz. Você marca as funções que deseja, e o computador lhe dá uma história. Eu marco: *ato de ausentar-se, interdição, violação, vilania, ato de marcar, desmascaramento*. Faço uma pausa, volto, marco: *falta*.

Não marco: *ação contrária, reconhecimento, casamento*.

Clico no pequeno botão chamado "gerar". O site cospe de volta uma história: algo sobre uma pera proibida, e depois uma luta com um pássaro, uma vitória que tem a ver com voar. Vejo sinais de todos os tipos de função que não pedi: luta, desafio, vitória. Há alguma luta e finalmente alguma vitória: "A mancha na minha pele transformou-se em borrifos de poeira dourada. O povo me proclamou algum tipo de deus".

Os elementos da minha vida, à medida que a memória os recorda e deforma, sempre o incluirão: o estranho. Talvez a nossa união substitua a função final que deixei de lado: xxxi. *O Herói Casa e Ascende Ao Trono.* Eu queria que um homem se apaixonasse por mim, para que ele pudesse se zangar com o fato de eu ter sido agredida. Eu não deveria querer isso. Mas queria de qualquer jeito.

Meses mais tarde encontrei um ex-namorado em Williamsburg, e ele me ofereceu algumas linhas de cocaína sobre a mala quadrada de alguém. Imaginei meu nariz dissolvendo-se no meu rosto.

Sacudi a cabeça.

Ele disse: "Por que não?".

Eu lhe disse por que não. Ele parou de sorrir. Ficou muito contrariado. Era como se ele quisesse algo de mim. O que é que ele queria? Eu não sabia o que poderia lhe dar.

Quando voltei da Nicarágua e tentava explicar o que tinha me acontecido, sentia que estava constantemente embaralhando peças de um quebra-cabeça elaborado do qual não conseguia ver as bordas: violência, acaso, impessoalidade e rosto inchado, dinheiro vivo e culpa de turista. A culpa sempre parecia errada — como se eu estivesse tentando dar desculpas para o que acontecera, ou dizer que meu status de turista de algum modo o justificava — quando eu não estava tentando desculpar nada, apenas dar vazão a um sentimento de culpabilidade enredado com os outros tipos de resíduo dentro de mim: raiva, medo, uma tendência obsessiva a procurar no espelho sinais de que minhas partes estavam escorregando para fora do rosto. Comecei o curso de pós-graduação e passei a escrever artigos sobre a prática de releitura. Leio Propp. Relembrei minha própria vida como texto.

Não há função designada para esta última parte. Este tempo presente, quando o herói recorre a um trabalho arcaico do primeiro Formalismo Russo para compreender como seu rosto foi ferido, como algo silencioso também aconteceu a todo o resto de seu ser.

Não há função designada para como este ensaio poderia começar a preencher a falta ou eliminar a desgraça — repor os olhos, o coração, a luz do dia. Tudo que encontro está manchado por um certo resíduo: todo aquele sangue. Meu rosto sempre me lembrará um estranho. E eu nunca saberei o seu nome.

Viagens da dor (1)

La plata perdida

É assim que você visita as minas de prata de Potosí, a cidade mais elevada do mundo: primeiro tome um avião para El Alto, onde os corações de algumas pessoas entram em colapso com a altitude, assim que desembarcam do avião. El Alto fica a 4.061 metros. Potosí é mais elevado. Você toma um ônibus para Oruro, e outro a partir dali. Talvez divida seu assento com um animal. Talvez veja um filme com Jean-Claude Van Damme. São filmes populares em ônibus leitos: Van Damme lutando contra terroristas, matando bandidos, falando com uma boca desajeitada devido à dublagem.

Quando sair do ônibus, Potosí se parecerá com outras cidades bolivianas — velhas assando espigas de milho sobre fogueiras, calçadas cheias de cachorros magros e utensílios quebrados — até aparentar alguma diferença: as paredes pastéis ao redor da praça central, as sacadas elegantes, os pátios imponentes. Talvez você ache belo. Talvez ache que é um pouco exagerado, colonial demais, um pouco desairoso. Talvez mais tarde a lembrança desses edifícios lhe aperte o coração.

As pessoas vêm a Potosí para ver as famosas minas de prata de Cerro Rico, assim você também as verá. Faça uma visita à mina. Sorria polidamente quando o homem atrás do balcão lhe disser que os mineiros vão receber parte do dinheiro. Diga-lhe, no seu espanhol suplicante, que isso é muito bom. Ponha seu equipamento: botas e macacão, uma bandana sobre a boca. Pegue uma van até o mercado dos mineiros. Aí vai encontrar cabeças de bode cortadas dividindo mesas com gorros de Che Guevara. *Viva La Revolución!* Há peles brancas brilhantes, desenroladas, que são os longos interiores pelados de intestinos de animais.

Mas você está aqui para comprar presentes para os homens do subterrâneo: sodas brilhantes cujos sabores são as cores, e não as frutas; bastões de dinamite; folhas de coca em saquinhos azuis. São presentes para os mineiros, mas na verdade, claro, são presentes para quem está presenteando: você vai *dar algo de volta*, como eles dizem, e isso lhe agrada. Você vai esconder seus rastros subterrâneos.

Ouça cuidadosamente seu guia, Favio, um homem zangado que tem a sua idade. Mal conta 25 anos, mas tem três irmãos nas minas e dois filhos pequenos que também vão trabalhar aqui, algum dia, a menos que ele possa lhes pagar um modo de sair. Então ele dá um leve sorriso e diz: "Mas você não veio aqui para ouvir sobre minha vida", e foi o que você fez, claro, sempre querendo saber sobre a vida das outras pessoas, mas primeiro você tem que escutar o resto, porque escutar é também um presente, ou é isso o que você diz para si mesmo: a ideia tentadora de que esse conhecimento pode fazer diferença.

Então *oye!* Escuta. Eles chamam de Cerro Rico a montanha que devora homens, porque devorou 6 milhões até agora. Os *conquistadores* de Potosí ficaram ricos com a prata do lugar e construíram todo tipo de belos pátios na cidade. Mas 6 milhões, meu Deus. Envergonhado, você olha de relance para seus presentes: sua dinamite da sorte, sua soda de uva.

A montanha é cheia de bocas, mas você visita apenas uma delas: um buraco escuro numa encosta entulhada de jeans velhos endurecidos, há muito jogados fora, garrafas de cerveja sujas e papel higiênico, montinhos de excremento humano. Aqui, lhe dizem, é onde os mineiros comem, bebem e defecam entre os turnos de doze horas seguidas. *Oh, sim; sim, claro.*

Você acha o poço da mina suportável a princípio, um corredor escuro e frio, até que absolutamente não é mais suportável: carrinhos de duas toneladas descendo rapidamente por uma infraestrutura fina, túneis íngremes cheios de poeira fétida, todos serpenteando para o centro de um calor incrível. Às vezes você tem de ajoelhar. Às vezes tem de engatinhar. Às vezes passa por mineiros, que têm as bochechas inchadas com montinhos de coca meio mascada, e alguém lhes dá garrafas de soda enquanto o guia pergunta: "Como vai?".

Favio passa as informações sobre o presidente Evo. Todo mundo achava que ele ia melhorar as coisas, mas não melhorou nada. Evo chama os mineiros de irmãos, mas continua aumentando seus impostos. Têm ocorrido greves. Sempre há greves. As coisas estão "em discussão" em La Paz. Você mexe a cabeça em sinal de entendimento. Você sabe que deve haver perguntas que valem a pena ser feitas, mas o que você pergunta é: "Quanto tempo mais até chegarmos ao nível três?". Você está com um pouco de dificuldade para respirar. Sua bandana endureceu com a poeira cinzenta.

No nível três, no final dos tubos de ventilação, você vê dois homens de pé no fundo de um buraco negro. "Vou lhes contar como é que aguentamos o trabalho de um dia", diz Favio. "Nós mineiros, nós estamos sempre contando piadas. Esses homens estavam provavelmente contando piadas pouco antes de chegarmos." Eles estão no subterrâneo há cinco horas e ainda têm mais sete pela frente. Eles querem um pouco de dinamite, como presente? Querem.

No caminho da saída, você passa pela estátua de um demônio. É chamado de *Tio*. O Tio Diabo. Tem um cigarro na boca, uma cerveja na mão e uma grande ereção de madeira na sua genitália. Os mineiros são na sua maioria católicos, mas aqui embaixo eles adoram o diabo. Quem mais poderia ter o domínio desta área? Eles adoram o diabo até os 35 anos, ou talvez quarenta, e então eles morrem. Morrem de acidentes ou silicose, uma doença que dizem ser "a adesão da poeira aos pulmões". Eles deixam filhos para trabalhar numa montanha com um pouco menos de prata do que aquela em que seus pais trabalharam, e antes deles os pais de seus pais.

Na saída, há luz do sol e ar limpo. Isso já é alguma coisa. Mas você se vê de relance no espelho escurecido da minivan — as bochechas pretas, o pescoço preto, os lábios pretos — e a verdade é que você também parece um diabo.

Sublime, revisado

O alerta, como sempre, é também uma promessa: *Este programa contém assunto e linguagem que podem ser perturbadores para alguns espectadores*. É uma promessa assim como uma ambulância é uma promessa, ou uma cicatriz, ou uma rodovia bloqueada ao redor de um acidente.

O programa é chamado *Intervenção*, e cada episódio tem o nome de seu viciado: Jimbo, Cassie, Benny, Jenna. Danielle alinha doze frascos de remédios sobre a mesinha de centro, enquanto seu filho de oito anos diz: "Sei que a mamãe real está só esperando para aparecer". Sonia e Julia são gêmeas anoréxicas que andam uma atrás da outra pela casa, para que uma não queime mais calorias que a outra. Todos têm uma ferida: Gloria bebe por causa de seu câncer de mama. Danielle toma o analgésico Percocet da mãe porque o pai é um bêbado. Marci bebe porque perdeu a custódia dos filhos porque bebe.

Andrea tem 29 anos. Não vive com o marido e os filhos há nove meses. Passa os dias bebendo rum cuidadosamente racionado pela mãe. Ela toma uma dose e diz para a mãe: "Esta é porque você nunca me arrumou um aconselhamento". Ela tem uma garrafa de Captain Morgan numa das mãos e um litro de Pepsi na outra. Exibe machucados pelo corpo todo por causa dos tropeções sobre cadeiras, quedas contra molduras de portas, aterrissagem no chão. Excesso de feridas pode ser sinal de funcionamento comprometido do fígado, diz o programa. Recebemos um olhar de cientista. Podemos ver o estrago violeta por nós mesmos.

O trabalho da câmera é um experimento que procura transformar a monotonia em algo interessante. A fadiga e a estamina do vício são sempre eletrizantes pela compressão: tomadas *time-lapse* da linha decrescente do uísque numa garrafa; uma pilha cancerosa de garrafas vazias num canto; uma linha do tempo de fotos que marcam as estações da cruz, do pecador ao mártir ao cadáver: o bebê sorridente dá lugar a um fantasma metanfetamínico coberto de buracos de cicatrizes que dá lugar a uma soturna foto de identificação na delegacia de polícia.

A Andrea sóbria fala sobre suas responsabilidades. A Andrea bêbada fala sobre suas aflições. Ela brinda os nodos gêmeos de trauma que constituem

110 *Leslie Jamison*

sua vida: um pai alcoólatra ausente e um estupro aos catorze anos. Quando está bêbada, ela não acredita que possa fazer outra coisa a não ser sentir dor.

A estrutura do programa endossa implicitamente sua narrativa de vítima. Afinal, o programa precisa de uma história para contar, e ela é requintada — uma história modelada pela graça redentora e satisfatória da causa-e-efeito: ser estuprada, ser silenciada, ser abandonada, ser embebedada. O programa de televisão precisa de uma genealogia para sua disfunção. Embriagar-se é mais interessante quando pode ser lido como um livro-razão de traumas em vez de como sua fonte. Os alcoólatras em recuperação às vezes dizem sentir que nunca conseguiram o Manual de Instruções da Vida que todos os demais receberam. Eis um conjunto substituto de imperativos: perder o trabalho, ficar bêbado; perder um filho, ficar mais bêbado. Perder tudo. Andrea perdeu tudo. Assim trate de ficar sóbrio. Talvez ela venha a ficar.

O pai de seus filhos, Jason, mal a cumprimenta quando ela vem visitar os garotos todo mês. Ela ainda o considera o amor de sua vida. Ele diz: "E aí?", e continua a cozinhar o almoço. Ele se recusa a ser entrevistado pelo programa. Não participa da intervenção. Desistiu. Não está gritando no outro lado da porta do banheiro, nem arrancando a garrafa das mãos dela. Apenas foi embora.

Mas nós não fomos, nós os espectadores. Ficamos com Andrea depois que ela se despede dos filhos. Vemos ela se embriagar, de novo. Vemos por que teria sido difícil para Jason ficar.

O programa tem o cuidado de enfatizar, repetidas vezes, que os escolhidos concordaram em participar de um reality show sobre vício, mas não sabem que vão enfrentar uma intervenção. Dado que o maior reality show sobre vício na televisão americana se chama *Intervenção*, é um pouquinho difícil acreditar nisso. Mas a questão é que as pessoas querem acreditar. Querem saber alguma coisa que o viciado não sabe. Querem que a intervenção tenha mais de um clímax, várias surpresas e muita força. Querem estar por dentro do que está acontecendo. *Não jogue sua vida fora, Andrea*, diriam, se estivessem na sala. *Acho que você vai conseguir.*

Em sua teoria do sublime, o filósofo do século XVIII Edmund Burke propõe a noção de "dor negativa": a ideia de que um sentimento de medo — junto com uma sensação de segurança e a capacidade de afastar o olhar — pode produzir um sentimento de prazer. Isto é: uma mulher pode se sentar no sofá com um copo de Chardonnay e ver outra mulher dissipar sua vida com a bebida. A TV é um portal que traz o horror para perto, e uma tela que o mantém ao largo — revisando o sublime de Burke e transformando-o num voyeurismo sublime, não mais um assombro diante dos terrores da natureza, mas um fascínio pelas profundezas da fragilidade humana.

Os profissionais que presidem as intervenções do programa são chamados "Intervencionistas", um título que parece mais adequado a um filme sucesso de bilheteria sobre o apocalipse. Imagino uma tropa esperta de heróis, vestidos de preto, dando um ultimato ao mundo sobre o vício dele em capitalismo ou em petróleo. Esses Intervencionistas são avós de maneiras suaves, vestidos em estilo casual. Quase sempre enfatizam a singularidade da intervenção — "Você nunca terá outra chance como esta", dizem. Querem dizer: este momento vai dividir a vida do viciado em duas partes nitidamente encaixadas Antes e Depois.

É verdade, claro: o viciado provavelmente nunca terá outra intervenção como esta — isto é, num reality show da TV —, mas esta é precisamente a diferença entre o viciado e seu público. Para o espectador regular, a intervenção uma-só-vez-na-vida acontece toda noite de segunda-feira às nove horas. O impossível de ser repetido é repetido. Toda semana é uma recaída, o espectador jogado mais uma vez no vício depois dos votos da semana anterior de manter-se sóbrio. A epifania é seguida por outra bebedeira. Uma mulher adulta volta a vomitar no sofá da mãe. Uma agulha comprime a mesma veia drogada. O distúrbio é prometido, registrado, dissolvido — depois ressuscitado, para que possa ser novamente curado.

Nativo do bairro

Comece a Excursão da Gangue num edifício em Silverlake chamado Dream Center, onde adultos se aglomeram ao redor do ônibus como garotos numa excursão de campo. Pague 65 dólares e receba uma água engarrafada de brinde. Observe o grupo de uma igreja do Missouri, vinte pessoas, todas loiras, e dê uma olhada no seu saco de supermercado cheio de salgadinhos: Teddy Grahams, Pringles, Cheetos. Observe o número surpreendente de australianos. Eles não param de andar inquietos. Um deles se chama Tiny, mas não é minúsculo. Ele parece estar aqui com o filho, um adolescente de calção largo e aparelho nos dentes.

Alfred é o fundador e o guia da excursão. É um fuzileiro naval que se tornou gângster que se tornou empresário. Está contando Piadas do Centro da Cidade. De sua autoria. Como: "Não precisamos de janelas abertas porque não atacamos num carro em movimento". Além do mais, não podemos ter as janelas abertas porque o ônibus tem ar-condicionado. Alfred contratou três outros rapazes para ajudar a conduzir a excursão — ex-membros de gangues que tiveram dificuldades em encontrar outros empregos por terem delitos graves em seus registros criminais. Transformaram suas experiências em histórias para turistas. São ao mesmo tempo curadores da exposição e os produtos exibidos. Quando não estão guiando excursões, operam como mediadores de conflitos nas comunidades que essas excursões expõem. Os 65 dólares que você pagou vão financiar esse trabalho.

Seu amigo roteirista chega carregando um chá meio bebido que não lhe agradou. Ele elogia seu vestido amarelo diplomático, nem o azul dos Crips nem o vermelho dos Bloods, e você recorda as excursões pelo centro da cidade que fazia no primário. Você e seu colega do lado oeste recebiam instruções cuidadosas sobre as cores das gangues. Seu subconsciente ainda as segue. O líder do grupo de Missouri é um rapaz de cabelo à escovinha a quem Alfred chama afetuosamente de Pastor. "Onde está Pastor?", diz ele, quando está falando sobre algo que poderia interessar a Pastor.

A bordo do ônibus, as piadas continuam — "Em caso de emergência, vocês encontrarão coletes à prova de balas embaixo de seus assentos" — mas a paisagem muda. Os bangalôs de Silverlake dão lugar aos estabelecimentos comerciais do centro da cidade e à sinalização de uma cidade híbrida — *papuserias* e restaurantes vietnamitas, tentações em espanglês: *Thrift Store Y Café* [Brechó e Café]. Uma linha direta em 1-800-72-PAPAI promete aos papais ser possível arrumar-lhes custódia dos filhos ou ao menos direitos de visita.

Cada guia fica na parte da frente do ônibus para contar sua história. Um rapaz, vamos chamá-lo de Capricórnio, aponta as moradias populares onde sua primeira namorada ainda vive. "Ainda não atende meus telefonemas", diz ele. Outro rapaz apresenta estatísticas: cada delito, cada sentença, cada prisão, com quanta cocaína ele foi pego em flagrante a cada vez. Um rapaz descreve uma guerra brutal pelo domínio do território no primeiro dia da escola ginasial, quando os garotos de três diferentes escolas elementares — cada um leal a uma gangue diferente — foram todos reunidos pela primeira vez. Começaram a bater palmas desafiadoramente uns para os outros até a polícia chegar. Você acha que bater palmas é um tipo de sinal com as mãos. Fica sabendo que não é. Fica sabendo que os meninos arrumam suas primeiras armas com onze ou doze anos.

Você escuta tons de nostalgia quando esses rapazes falam sobre suas vidas passadas — as armas e as prisões, as monstruosas contas de seus fluxos de caixa. O orgulho vem antes da queda e também depois dela. Mas a nostalgia está enredada em um lamento profundo e genuíno sobre os termos desse território — como ele circunscreve o caminho com dureza, como ele inevitavelmente pune as alternativas. Mas agora as coisas são diferentes. Esses homens saíram da prisão e quiseram outro caminho. Quando Alfred diz: "Sou um homem espiritual", você o observa olhando ao redor para ver se Pastor está escutando. Sua reforma opera em todas as frentes. Ele lhe contará sobre sua luta por um vocabulário mais amplo: "Aprendi *gentrificação* na solitária"; "Treino a pronúncia de *recidividade* no chuveiro". Ele diz que a história de vida de Capricórnio é "um conto nativo do bairro".

O erudito Graham Huggan define o *exotismo* como uma experiência que "propõe o fascínio da diferença enquanto protege seus praticantes de um envolvimento íntimo". Você está no bairro mas não está — ele se desenrola pelas janelas, um perfeito panorama de si mesmo. *Não atacamos num carro em movimento*. Apenas rodamos por aí.

Você passa pela antiga cadeia do condado de Los Angeles, que é surpreendentemente bela. Tem uma bonita fachada de pedra e colunas imponentes. A nova cadeia do condado de Los Angeles — chamada de Torres Gêmeas — não é nada bela; é uma estrutura pan-óptica de estuque descorado.

Alfred toma o microfone para falar sobre o seu tempo na cadeia: dez caras numa cela construída para seis, os homens a mais transferidos para armários e cozinhas sempre que as equipes de inspeção passavam pelas celas. Ele fala sobre os ratos. Ele os chama de Freeway Freddies. Era um ecossistema ali dentro, e também aqui fora: você vê todo um bairro vendendo documentos de fiança. Você descobre Fianças Abba, Fianças Jimmie Dright Jr., Fianças Big Dog também conhecido como *ainda sou valentão*, e Fianças Aladim também conhecido como *preciso da merda do meu terceiro desejo*. As lojas que vendem fianças lembram que todo rapaz cumprindo sua pena na prisão tem uma mãe, e toda mãe provavelmente tem uma história daquele tempo em que ia ao centro comercial de fianças e não tinha ideia de qual loja de fianças escolher.

Do centro da cidade, você se dirige para South Central e finalmente para Watts. As torres são sinistras e surpreendentes, como algo feito por uma bruxa, apontando denteadas num céu azul. Capricórnio lhe diz que escalou todas. A maioria dos garotos de Watts a escalou. Vários rapazes as têm tatuadas nas costas e no bíceps — o perfil distintivo de seus cones esqueléticos. Uma das garotas de Missouri pergunta: "Do que elas são feitas?". E Capricórnio diz: "Do que elas parecem ser feitas?".

Você gosta dessa espécie de excursão, onde existem perguntas estúpidas, embora essa — para você — não pareça estúpida. Do que são feitas? Capricórnio finalmente resmunga: "Conchas e bosta". Ele tem razão, você descobre mais tarde. Elas são feitas de conchas, aço, argamassa, vidro e cerâmica. Um imigrante chamado Simon Rodia transformou a arte folclórica italiana num modelo para gerações de tatuagens das gangues.

Capricórnio lhe conta que escolheu o próprio nome antes que soubesse de seu signo do zodíaco. Funcionou por acaso. Ele recebe um telefonema de um cara chamado Puppet, mas não atende. Diz: "Não posso lidar com isso agora". Ele lhe diz que ainda acredita que o telefone está grampeado — por quem, não revela —, por isso ele troca de telefone quase todas as semanas, dá os velhos para as sobrinhas e sobrinhos. O amigo roteirista diz: "Então agora os telefones de suas sobrinhas e sobrinhos estão grampeados?". Capricórnio não ri. O amigo conta a ele que você cresceu aqui, em Santa Monica, e você fica com vergonha porque sabe que Santa Monica não é aqui de jeito nenhum.

O *aqui* de Watts são casas em tons pastéis com grades aneladas nas janelas. *Aqui* são vendas de objetos usados ao ar livre com baús cheios de animais empalhados e pistolas de água usadas. Aqui é o território dos Crips. "Ser um espectador de calamidades que ocorrem em outro país", escreve Susan Sontag, "é a quintessência da experiência moderna." Parte do que parece estranho sobre esta excursão é que você está assumindo a postura de um turista — *Quantas pessoas morreram aqui? Como é que os garotos chegam à maioridade?* — mas está apenas a 29 quilômetros de onde você passou a infância.

Alfred diz que mais pessoas morreram nos conflitos de gangues em Los Angeles do que no Troubles da Irlanda.* Você nunca pensou nisso desse jeito, o que é precisamente o argumento dele: ninguém pensa nisso dessa maneira. Esses quarteirões parecem tão comuns. A própria South Central Avenue não passa de um bracelete arenoso de centros comerciais e oficinas de carros; Watts são gramados crestados que se incendiaram no passado. O aqui de Watts estava em chamas em 1965. Garotos negros que não tinham conseguido entrar nos grupos de escoteiros perderam a paciência. Criaram seus próprios clubes. Trinta e cinco mil pessoas se rebelaram. As pessoas perderam a paciência novamente em 1992, quando Rodney King foi surrado e milhares de pessoas, os filhos dos tumultos de Watts, disseram *basta*. Reginald Denny com um tijolaço na cabeça disse *basta*.

Você tenta lembrar o que pensava sobre Rodney King quando era mais jovem, mas não consegue. Será possível? Você não consegue. Você tinha nove anos. Você consegue se lembrar, vagamente, de que alguma parte sua teimou a respeito da polícia — *Mas eles só o teriam espancado se ele tivesse feito algo errado.* Você ainda queria acreditar nos uniformes e num sistema de ordem que sempre lhe havia prestado bons serviços. Você se lembra mais de O. J. Simpson que de King. A mulher de O. J. Simpson foi assassinada em Brentwood, onde ficava a escola.

Rodney King foi atacado por muitos e depois espancado. Recebeu 56 golpes de cassetete. Dois policiais quebraram sua cara com os pés. Onde é que

---

* Um conflito de grande violência pelo estatuto político da Irlanda do Norte na segunda metade do século xx. (N. T.)

você estava na hora? Você era uma criança. Estava no litoral. Outras crianças tinham de ser crianças mais para o leste, onde as pessoas se enfureceram no cruzamento de Florence e Normandie e continuaram enfurecidas no cruzamento de Florence e Normandie, continuavam enfurecidas com Koon e Powell e a brancura do Condado de Ventura, e por dias os tiroteios não cessavam.

O ônibus refrigerado cruza a espinha de concreto do rio Los Angeles, ícone e epítome da vergonha baldia da cidade. As margens cinzentas estão cobertas com manchas de um cinza mais claro onde tinta foi aplicada sobre os grafites. Alfred aponta para um longo trecho de margem pintada — com a altura de três andares e 1,2 quilômetro de comprimento — onde costumava estar a maior *tag* do mundo. Dizia MTA: Metro Transit Assassins.* Era visível no Google Space. Agora o cinza é como uma pedra tumular se espalhando — outra cicatriz numa batalha entre duas estruturas diferentes de autoridade, duas instituições cívicas tentando reivindicar o mesmo espaço.

Alfred profere uma aula sobre a taxonomia dos grafites: a diferença entre *tag*, *flare* e *roller*, entre uma obra-prima e um *throw-up*. Uma obra-prima tem mais de três cores. Um *throw-up* em geral significa letras em forma de bolhas, mas passa mais a impressão de que algum menino teria vomitado as cores. Num muro do centro da cidade, você vê um rosto pintado vomitando um arco-íris. No outro lado da rua, vislumbra o que parece ser um urso-polar iluminado pelo pôr do sol. "Olha aquele *throw-up*", você diz a seu amigo roteirista. "Obra-prima", ele corrige, apontando as cinco cores. Você se dá conta de que o MTA de três andares também teria sido uma obra-prima. Você aprende que todo ato de grafiteiro no estado da Califórnia é um delito. Você aprende que grafites com caveiras de garotas gostosas são chamados Caveiras de Açúcar. Você aprende que três pontos embaixo do olho significa *la vida loca*, como em: *Pretendo continuar a viver a...* Você acha que esses pontos parecem lágrimas suspensas contra a gravidade. Você não sabe se elas assinalam

---

* Assassinos do Trânsito Metropolitano, uma leitura distinta da sigla MTA (Metropolitan Transportation Authority — Autoridade do Transporte Metropolitano). (N. T.)

compromisso ou renúncia, ou alguma coisa entre os dois. O filho adolescente de Tiny pergunta a Alfred, ansioso: "Você foi um grafiteiro legal?". Pergunta a Capricórnio se a família dele ainda vive em Watts e — neste caso — se vamos encontrá-los na excursão.

A excursão termina sob uma Caveira de Açúcar opressiva. Vocês todos posam para "fotos de gangue" na frente de um imenso mural que diz *Grande Los Angeles* em cintilantes letras gordas azuis. Ou talvez você não pose, porque se sente desconfortável. Mas os rapazes da Austrália estavam doidos para fazer as fotos, exibindo gestos das gangues e divertindo-se com caretas de valentões. Uma garota do Missouri recebe de seus amigos um conselho sobre como posar — "Faça um ar de durona!" — mas estraga tudo porque não consegue parar de sorrir. Pastor posa com o motorista do ônibus, que tirou a camisa para exibir um peito coberto de tatuagens que tem uma rosa para cada ano passado na prisão. Não há muita pele nua sobrando.

Essa sessão de fotos parece um coroamento bizarro. Você passou a compreender a violência das gangues como o sintoma de um conflito civil duradouro cujas proporções só podemos começar a sondar; agora você observa os garotos de igreja mexendo os dedos para *Eastside,* para *Killaz.* Talvez Pastor mude sua foto de perfil no Facebook para uma de si mesmo e Capricórnio batendo as palmas das mãos. "As fotografias materializam", escreve Sontag, "elas transformam um acontecimento ou uma pessoa em algo que pode ser possuído." Agora Pastor possui um pequeno canto do bairro — ou talvez, mais precisamente, um momento de sua própria experiência. Ele pode embrulhar sua consciência intensificada como um suvenir. Seus olhos abertos são talismãs de levar para casa. Você quer que a excursão lhe devolva outra versão de si mesma, de você e de todo mundo: um humano mais esclarecido.

Você imagina o sermão em Branson no domingo seguinte, Capricórnio e Alfred como fantasmas da gloriosa reforma atrás do púlpito. Talvez Pastor diga: *Estes homens deram uma guinada de 180 graus que vocês não acreditariam.* Talvez a congregação quebre o silêncio com seus aplausos.

Você bateria palmas para esse sermão, realmente. Esses homens foram criados na violência — criados *por* ela, como por um pai ou mãe — e agora eles vivem de outra maneira. Dá para dizer — no sentido mais convicto e profundamente sincero, depurado de ressalvas — que é impossível desviar os olhos desta excursão e que é importante lembrá-la?

Você se sente desconfortável. Seu desconforto é o xis da questão. O atrito surge de uma assimetria que esta excursão deixa clara: o material de sua manhã de diversão é o material das vidas de outras pessoas, e de suas mortes. A inquietação da excursão não é tanto o desconforto de estar problematicamente presente — South Central mediada pelo respiradouro do ar-condicionado — quanto o desconforto de uma ausência duradoura — um padrão de estar sempre em outro lugar, distante, fora do alcance dos ouvidos, dos olhos e do tiroteio, zunindo da praia para o bistrô ao longo da rodovia da Pacific Coast.

De que adianta esta excursão exceto pelo fato de ela oferecer um depois? Você é apenas uma turista dentro do sofrimento de outra pessoa até não poder mais tirá-lo da cabeça; até levá-lo para casa com você — através de uma autoestrada, um país ou um oceano. Nenhuma fiança a depositar: tudo persiste. Puppet persiste. Aqueles adolescentes batendo palmas persistem. Seu próprio embaraço persiste. Talvez o ultraje moral seja justamente o ápice de uma persistência insolúvel. Assim, prepare-se para viver nela por algum tempo. Hidrate-se para o passeio. A grande vergonha de seu privilégio é um rubor intenso o tempo todo. A verdade deste lugar é infinita e irredutível, e a angústia autorreflexiva talvez pareça a única coisa que você pode oferecer em troca. Talvez seja difícil escutar qualquer coisa acima dos mecanismos ruidosos de sua culpa. De qualquer maneira, tente escutar.

O horizonte imortal

NA MARGEM OESTE DO PARQUE estadual Frozen Head, pouco antes do amanhecer, um homem com uma capa de chuva marrom-ferrugem sopra uma concha gigantesca. Os corredores se mexem nas suas tendas. Enchem suas bolsas de água. Aplicam bandagens sobre suas bolhas. Tomam um café da manhã de mil calorias: biscoitos Pop-Tarts, barras de chocolate e energéticos geriátricos. Alguns deles rezam. Outros arrumam suas pochetes. O homem da capa de chuva senta-se numa cadeira ergonômica de jardim ao lado de um famoso portão amarelo, segurando um único cigarro. Ele dá o aviso de dois minutos.

Os corredores se reúnem à sua frente, alongando-se. Estão prestes a percorrer 160 quilômetros através do descampado — se tiverem bastante força e sorte para ir tão longe, o que provavelmente não têm. Eles esperam ansiosamente. Nós, os espectadores, esperamos ansiosamente. Uma luz pálida sangra de leve pelo céu. Perto de mim, uma menina magricela segura um cachorro magricela. Ela veio de longe, lá de Iowa, para ver seu pai desaparecer neste amanhecer cinzento.

Todos os olhos estão sobre o homem da capa de chuva. Exatamente às 7h12, ele se levanta da cadeira de jardim e acende o cigarro. Quando a ponta brilha vermelha, a corrida conhecida como Maratonas Barkley começou.

A primeira corrida foi uma fuga de prisão. Em 11 de junho de 1977, James Earl Ray, o homem que matou Martin Luther King Jr., escapou da Penitenciária Estadual de Brushy Mountain e fugiu pelos morros cobertos de arbustos espinhosos do norte do Tennessee. Cinquenta e uma horas e meia mais tarde, ele foi encontrado. Andara cerca de dois quilômetros. Alguns poderiam escutar essa história e admirar-se de ele ter desperdiçado sua fuga. Um homem a escutou e pensou: *Preciso ver esse terreno!*

Vinte anos mais tarde, o homem da capa de chuva — Gary Cantrell por nascimento, autoapelidado Lazarus Lake — transformou esse terreno no palco para um ritual lendário: as Maratonas Barkley, realizadas anualmente (segundo a tradição, na última sexta-feira da Quaresma ou em 1º de abril[*]) nos campos perto de Wartburg, Tennessee. Lake (conhecido como Laz) dá à maratona o nome de "A Corrida Que Devora Seus Filhos". Os peitilhos dos corredores dizem algo diferente a cada ano: *Sofrer sem razão*; *Nem toda dor é ganho*. Apenas oito homens conseguiram chegar ao fim da maratona até agora. O evento é considerado extremo mesmo por aqueles que se especializam em experiências extremas.

O que o torna tão ruim? Para começo de conversa, não há trilha. Um aumento cumulativo de altitude que equivale a quase duas vezes a altura do Everest. A flora nativa chamada roseira-brava, que pode deixar as pernas de um homem em carne viva em alguns metros de percurso. Os morros árduos têm nomes como Queixada de Rato, Inferninho, Infernão, Óculos Testículos — este último assim chamado porque inspira a maioria dos corredores a fazer o sinal da cruz (da genitália para os óculos, depois de ombro a ombro) — para não mencionar Montanha do Garanhão, Montanha do Pássaro, Fontes do Caixão, Tirolesa, e um trecho de aclive, novo neste ano, conhecido simplesmente como A Coisa Ruim.

A corrida consiste em cinco circuitos de um percurso registrado oficialmente como 32 quilômetros, mas que provavelmente chega a 42. A moral dessa verdade oblíqua é que a medição padrão é irrelevante. A moral de muitas verdades oblíquas de Barkley é que a medição padrão é irrelevante. A lei da física e a tolerância humana têm sido substituídas pelos caprichos pessoais de Laz. Ainda que a corrida fosse realmente de "apenas" 160 quilômetros, esses

---

[*] Véspera do milagre de Lázaro e dia da mentira, respectivamente. (N. T.)

124 *Leslie Jamison*

seriam ainda "quilômetros Barkley". Rapazes que podem percorrer 160 quilômetros em vinte horas talvez não completem sequer um único circuito aqui. Se você percorre três, você completou a Corrida Amistosa. Se por acaso você *não* percorreu os três circuitos — e, vamos encarar os fatos, provavelmente você não os completará — Laz vai tocar Taps* na sua corneta para comemorar sua desistência. Todo o acampamento, agitado, sujo e cansado, escutará, exceto aqueles que estão dormindo ou fracos demais para perceber, estes não escutarão.

Não é uma façanha fácil chegar até aqui. Não há nada publicado com requisitos ou procedimentos de ingresso. Uma coisa que ajuda é conhecer alguém. As admissões são decididas pelo discernimento pessoal de Laz, e a solicitação de inscrição não é exatamente padrão, com perguntas como "Qual é o seu parasita favorito?" e um ensaio obrigatório sobre o tema: "Por que eu deveria ter permissão para correr as Barkley". Apenas 35 concorrentes são admitidos. Este ano, um deles é o meu irmão.

Julian é um "virgem", um dos quinze novatos que farão o possível e o impossível para completar um circuito. Ele conseguiu escapar da designação de "sacrifício humano", oficialmente aplicada todo ano ao virgem (em geral o ultramaratonista menos experiente) que Laz julgou ser o mais propenso a fracassar de maneira espetacular — perder-se por tanto tempo que talvez consiga bater o recorde de Dan Baglione de percurso mais lento: com 75 anos, em 2006, ele conseguiu completar pouco mais de três quilômetros em 32 horas. Algo a ver com uma lanterna desparafusada no boné, um riacho inesperado.

É provavelmente inapropriado falar de se perder em Barkley. Talvez seja mais próximo da verdade dizer que você *começa* perdido, continua perdido ao longo de várias noites nas matas e deve sempre usar sua bússola, mapa, instruções, colegas corredores e os cacos de sanidade restantes para perpetuamente "deixar de" se perder. Os marinheiros de primeira viagem em geral tentam

---

* Música executada pelos militares americanos ao fim do dia, em cerimônias da bandeira e em funerais. (N. T.)

ficar com os veteranos que conhecem o trajeto, mas são frequentemente esfolados. "Esfolar um virgem" significa livrar-se do cara novo. Um virgem se inclina para atar o cadarço do tênis, talvez, e ao levantar descobre que seu Virgílio veterano desapareceu.

Na véspera da corrida, os corredores começam a chegar ao acampamento como focas em tons de arco-íris, deslizando maciamente pelo ar em roupas colantes parcialmente coloridas. Chegam em picapes e carros alugados, vans enferrujadas e trailers de acampamento. Suas placas dizem 100 Corredr, Ultr Man, Corrid Loca. Trazem tendas camufladas, coletes de caça laranjas, namoradas céticas, esposas aclimatadas, minúsculas toalhas de viagem e minúsculos cachorros. O próprio Laz traz um cachorro pequeno (chamado "Cachorrinho") com uma mancha preta como uma venda de pirata sobre um dos olhos. Cachorrinho quase perde seu nome este ano, depois de encontrar e tentar comer um cachorro ainda menor, o magricela de Iowa, que vem a ser dois cachorros em vez de apenas um.

É uma cena masculina. Há poucas mulheres frequentadoras, fico sabendo, mas elas raramente conseguem completar mais de um circuito. A maioria das mulheres à vista, como eu, faz parte do grupo de apoio de alguém. Ajudo a arrumar as provisões de Julian na parte detrás do carro.

Ele precisa de uma bússola. Ele precisa de pílulas contra a dor, pílulas para não cochilar, suplementos de eletrólitos, gengibre para mascar quando ficar sonolento e um "kit" para abrir bolhas que consiste basicamente em uma agulha e vários band-aids. Ele precisa de fita adesiva para quando as unhas dos pés começarem a cair. Ele precisa de baterias. Prestamos especial atenção nas baterias. Ficar sem baterias é o *que-deve-ser-evitado-a-todo-custo--a-pior-coisa-possível-que-poderia-acontecer*. Mas aconteceu. Aconteceu com Rich Limacher, cuja noite passada embaixo de uma imensa castanheira logrou dar à árvore o nome de "Hilton de Limacher". O nosso golpe de misericórdia são umas calças de fita adesiva que criamos à maneira das calças de couro sobrepostas dos caubóis. Elas vão afastar as roseiras-bravas, essa é a ideia, e granjear para Julian a inveja dos outros corredores.

Tradicionalmente, o epicentro do acampamento é um braseiro para galetos aceso na tarde anterior ao início da corrida. O fogo deste ano está ardendo pelas quatro da tarde. É manipulado por alguém chamado Doc Joe. Julian me diz que ele está na lista de espera há vários anos e (imagina) se ofereceu como ajudante para assegurar uma vaga em 2011. Chegamos exatamente quando ele está espetando as primeiras coxas sobre a grelha. Ele tem uma lata de feijão de meio metro no braseiro, já fervendo, mas as estrelas do espetáculo são claramente as aves, a pele enegrecida e coberta de molho vermelho. Como diz a lenda, o galeto servido aqui é parcialmente descongelado, apenas com a pele e "um pouco mais" cozido.

Pergunto a Doc Joe como ele pretende encontrar o ponto ideal entre o cozido e o congelado. Ele olha para mim como se eu fosse estúpida. Essa história de galeto congelado é apenas um boato, diz ele. Esta não será a última vez, suspeito, que pego Barkley no jogo de criar sua própria mitologia.

Nesta situação de tantos possíveis imprevistos, qualquer conversa-fiada raramente continua banal por muito tempo. Começo a conversar com John Price, um veterano barbado que me conta estar fora da corrida deste ano, na lista de espera, mas ter percorrido centenas de quilômetros em seu carro só para ser "parte da ação". Nossa conversa começa de forma previsível. Ele me pergunta de onde sou. Digo Los Angeles. Ele diz que adora Venice Beach. Eu digo que também adoro Venice Beach. Então ele diz: "No próximo outono vou correr de Venice Beach até Virginia Beach para comemorar minha aposentadoria".

Aprendi a não ficar embasbacada diante desse tipo de declaração. Aprendi a prosseguir a conversa com perguntas práticas. Pergunto: "Onde é que você vai dormir?".

"Na maioria das vezes, acampando", diz ele. "Alguns motéis."

"Você vai carregar a barraca numa mochila?"

"Céus, não", ele ri. "Vou puxar um carrinho amarrado na minha cintura."

Eu me vejo à mesa de piquenique, que se tornou um verdadeiro bufê de bulímicos, espalhado com bolos de padaria, biscoitos confeitados e brownies. Projetado para alimentar homens que farão muito pouco nos próximos dias além de queimar uma quantidade incrível de calorias.

O homem alto ao meu lado está atacando uma coxa de galeto massuda. A sua terceira, observei. O vapor do alimento quente se eleva suavemente no crepúsculo.

"Então toda aquela história de galeto congelado?", eu lhe pergunto. "É realmente apenas um mito?"

"*Aconteceu* num dos anos", diz ele. "Aí estava congelado, sério." Ele faz uma pausa. "Cara! Aquele ano foi uma grande corrida."

Esse rapaz se apresenta como Carl — forte e bonito, ele é um pouco menos musculoso que muitos de seus colegas corredores. Ele me conta que tem uma loja de maquinaria em Atlanta. Pelo que pude entender, isso significa que ele usa suas máquinas para construir *outras* máquinas, ou então ele usa suas máquinas para construir coisas que não são máquinas — como partes de bicicletas ou mata-moscas. Ele trabalha por encomenda. "As pessoas que solicitam invenções malucas", suspira, "nunca são as que podem pagar por elas."

Carl me conta que tem um motivo pessoal desta vez. Ele tem uma história forte em Barkley — um dos poucos corredores que completou uma Corrida Amistosa antes do tempo oficial — mas seu desempenho no ano passado foi péssimo. "Mal saí do acampamento", diz ele. Traduzindo, isso significa que ele correu apenas 56 quilômetros. Mas foi genuinamente decepcionante: nem sequer completou um segundo circuito. Ele me diz que estava morto de cansaço e de coração partido. Acabara de passar por um rompimento horrível.

Mas agora ele está de volta. Parece entusiasmado. Eu lhe pergunto quem ele acha que são os principais candidatos a completar os 160 quilômetros.

"Bem", diz ele, "temos sempre Blake e AT."

Ele se refere a dois "ex-alunos" (ex-finalistas) que estão correndo este ano: Blake Wood, classe de 2001, e Andrew Thompson, classe de 2009. Completar os 160 quilômetros duas vezes faria história. Dois anos seguidos é quimera.

Blake é um engenheiro nuclear em Los Alamos com um doutorado em Berkeley e um incrível currículo Barkley: seis participações para seis Corridas Amistosas completadas; um percurso inteiro completado; outro percurso inteiro quase completado, que só foi interrompido por um riacho inundado. Pessoalmente, ele é apenas um papai amistoso de meia-idade com um bigode grisalho, ansioso para falar sobre a tentativa de sua filha de se habilitar para as Preliminares da Maratona Olímpica, e sobre as novas calças de palhaço quadriculadas que vai usar este ano para levantar o ânimo na trilha.

AT é Andrew Thompson, um rapaz relativamente jovem de New Hampshire, famoso por ter quase completado a maratona em 2004, quando estava entrando com bastante ímpeto em seu quinto circuito, mas literalmente perdeu o tino ao chegar a esse ponto — desgastado por cinquenta horas sem dormir e de esforço físico. Ele esqueceu completamente a corrida. Passou uma hora chapinhando na lama com seus tênis. Retornou em todos os anos seguintes, até finalmente completar a maratona em 2009.

Há Jonathan Basham. O melhor apoio de AT por anos, em Barkley para sua própria corrida desta vez. Ele é um corredor forte, embora eu tenha escutado menção de seu nome principalmente no contexto de sua relação com AT, que o chama de "Jonboy".

Embora Carl não diga, fico sabendo por outros que ele também é um concorrente forte. É um dos corredores mais resistentes do grupo, um veterano desistente ávido por vitória.

Há alguns virgens fortes no grupo, inclusive Charlie Engle, que já é um consumado ultramaratonista (ele "fez" o Saara — o que, neste mundo, significa atravessá-lo correndo a pé). Como muitos ultramaratonistas, ele é também um ex-viciado. Mantém-se sóbrio há quase vinte anos, e sua recuperação tem sido descrita como a troca de um vício por outro — drogas por adrenalina, passando de um extremo ao outro.

Se existe alguém oposto a um virgem, trata-se provavelmente de John DeWitt. É um velho com um gorro preto, setenta anos e enrugado, com uma voz rouca que soa como se pertencesse a um fumante ou a um urso grisalho de desenho animado. Ele me conta que seu neto de nove anos o venceu recentemente numa 5K [maratona de cinco quilômetros]. Mais tarde, vou escutar alguém descrevê-lo como um animal. Ele tem participado da corrida há vinte anos — nunca conseguindo completar nada, nem mesmo uma Corrida Amistosa.

Observo Laz através da fogueira do acampamento. Ele está obscuramente suntuoso em sua capa de chuva, esquentando as mãos sobre as chamas. Quero conhecê-lo, mas ainda não tive coragem de me apresentar. Quando olho para ele, não posso deixar de pensar em *Coração das trevas*. Como Kurtz, Laz é careca e carismático, o líder de um pequeno império, um traficante de dor humana. É como uma mistura do Coronel com meu avô. Há certamente um esplendor de Posto-Interior na sua orquestração de toda esta extravagância hormonal, a testosterona disseminada como fertilizante por quilômetros de região árida e coberta de sarça.

Ele fala a "seus corredores" com um tom de ajuda e afeto, como se fossem um bando de filhos voluntariosos transformados em feras todo ano a um estalido de seu isqueiro. A maioria tem corrido "para ele" (é a expressão de todos) por anos. Todos lhe trazem oferendas. Cada um paga uma taxa de entrada de 1,60 dólar. Os ex-alunos dão a Laz um maço de seus cigarros favoritos (*Camel* com filtro), os veteranos lhe dão um novo par de meias, e os virgens são responsáveis por uma placa de carro. Essas placas são dependuradas como roupa lavada na beirada do acampamento, um muro de abas metálicas batendo com ruído. Julian trouxe uma da Libéria, onde — em sua encarnação de não super-herói como economista do desenvolvimento — está trabalhando num projeto de microfinança. Eu lhe pergunto como se consegue arrumar uma placa sobressalente na Libéria. Ele me diz que pediu a um cara na rua, e o cara falou *dez dólares*, Julian lhe deu cinco, e a placa apareceu. Laz a pendura imediatamente num lugar de honra, bem no centro, e posso ver que Julian está lisonjeado.

Durante toda a festa improvisada, os corredores examinam suas instruções, cinco páginas com espaçamento simples que lhes dizem "exatamente aonde ir" — embora cada corredor isolado, mesmo aqueles que têm participado da corrida por anos, vá provavelmente se perder ao menos uma vez, muitos deles durante horas a cada desvio. É difícil para mim compreender isso — *Vocês não podem simplesmente fazer o que está escrito?* — até ver as instruções. Elas vão do surpreendente ("Os castores das lagoas do carvão têm estado muito ativos este ano, cuidado para não cair sobre um dos tocos pontiagudos que deixaram") ao autoevidente ("Tudo o que vocês têm de fazer é escolher sempre o caminho mais escarpado montanha acima"). Mas as instruções tendem a citar marcos como "a crista" ou "a rocha" que não parecem úteis, pensando bem. E depois há a questão da noite.

Os requisitos oficiais em Barkley são como uma caça ao tesouro: há dez livros dispostos em vários pontos ao longo do trajeto, e os corredores são responsáveis por arrancar as páginas que correspondem ao seu número da corrida. Laz brinca com suas escolhas de livro: *O jogo mais perigoso*, *Morte por acidente*, *Tempo de morrer* — até *Coração das trevas*, uma escolha que justifica todos os meus impulsos associativos.

O grande assunto este ano é o último acréscimo de Laz ao trajeto: um túnel de cimento de quatrocentos metros que passa diretamente embaixo do terreno da antiga penitenciária. Há um declive de quatro metros e meio para entrar no túnel, um canal de concreto estreito para subir na saída, e "muita" água parada lá dentro. Há também, é o que dizem os boatos, ratos do tamanho de gambás e — quando esquenta — cobras do tamanho de braços. Braços de quem? Eu me pergunto. Os rapazes aqui em geral são bem magros.

O sétimo livro do trajeto foi dependurado entre dois postes perto dos muros da antiga penitenciária. "Este é quase exatamente o mesmo lugar por onde James Earl Ray escapou", informam as instruções. E depois dizem: "Muito obrigado, James".

Muito obrigado, James — por dar início a todo este negócio.

Laz tomou a liberdade de começar a corrida sempre que desejar. Ele anuncia a data, mas oferece apenas duas garantias: que ela começará "em algum momento" entre meia-noite e meio-dia (*muito obrigado, Laz*) e que ele vai soprar a concha uma hora antes para avisar. Em geral, Laz gosta de começar antes do amanhecer.

No portão da partida, Julian está com uma jaqueta prateada, um capacete cinza-claro e suas calças sobrepostas de fita adesiva feitas em casa. Ele parece um robô. Desaparece encosta acima sob uma rajada de flashes de câmera.

Logo depois que os corredores partem, Doc Joe e eu começamos a grelhar waffles. Laz caminha por ali com seu cigarro brilhando, a ponta gris da cinza não batida tremendo entre seus dedos grossos. Eu me apresento. Ele se apresenta. Ele nos pergunta se achamos que alguém notou que ele não está realmente fumando. "Não posso fumar este ano", ele explica, "por causa da minha perna." Acabou de fazer uma cirurgia numa artéria e sua circulação não está boa. Apesar disso, ele vai deixar uma cadeira de jardim ao lado da linha de chegada, exatamente como todo ano, e ficar acordado até que todos os competidores tenham abandonado ou completado a corrida. Abandonar a corrida, a menos que você caia fora no único ponto acessível por trilha, implica um retorno de cinco a seis horas até o acampamento — mais longo à noite, especialmente se você se perder. O que significa efetivamente que o ato de parar de competir na corrida Barkley é mais difícil que participar da maioria das maratonas.

Eu lhe digo que o cigarro é excelente como acessório. Doc Joe lhe diz que fumar um ou dois maços não vai lhe fazer mal. Doc Joe, por sinal, é realmente um médico.

"Bem, então", Laz sorri. "Acho que vou fumar a última quarta parte deste aqui." Ele acaba o cigarro e depois o joga no nosso fogo, onde a fumaça atinge em cheio nossos waffles do café da manhã. Sei que Laz já foi transformado num mito, e que eu provavelmente me tornarei outra de seus criadores do mito. Vários tropos de masculinidade estão em ação na persona de Laz — sujeito agressivo, adolescente, pai, demônio, carcereiro — e este cubo mágico de firmeza e arestas parece conter tudo o que Barkley é.

Eu me dou conta de que Laz e eu teremos muitas horas a passar na companhia um do outro. Os corredores estão lá fora nos seus circuitos em algum ponto de oito a 32 horas. Entre os circuitos, se vão continuar, eles param no acampamento para alguns momentos de alimentação e descanso. Isso é tanto auxílio como sadismo; o oásis oferece ao mesmo tempo repouso e tentação. É o dilema do Comedor de Lótus: difícil deixar uma coisa boa para trás.

Aproveito essas horas sem os corredores para perguntar a Laz tudo o que posso sobre a corrida. Começo do início: como é que ele escolhe a hora da partida? Ele ri inquieto. Volto atrás, me desculpando: contar para mim arruinaria o mistério?

"Certa vez comecei às três horas", diz ele, como se respondendo. "Foi divertido."

"No ano passado você começou ao meio-dia, certo? Ouvi falar que os corredores ficaram um pouco agitados."

"Claro que ficaram." Ele sacode a cabeça, sorrindo da lembrança. "O pessoal estava apenas parado por aí, cada vez mais impaciente."

"Foi divertido observar a agonia deles?"

"Um pouco assustador, na verdade", diz ele. "Como ver uma turba se tornar feia."

Enquanto falamos, ele menciona partes do trajeto — A Subida Perigosa de Dave, Queda d'Água de Risco, Crista do Maricas — como se eu os conhecesse de cor. Pergunto se Queixada de Rato tem esse nome porque as roseiras--bravas são como um punhado de dentinhos roedores. Ele diz não, tem a ver com o perfil topográfico num mapa: lembrou-lhe... bem, uma queixada de rato. Penso com meus botões: *Muitas coisas podem lembrar uma queixada de rato*. Os arranhões da roseira-brava são conhecidos como mordidas de rato. Laz afirmou certa vez que as roseiras-bravas não provocam mais arranhões do que aqueles que você ganha ao batizar um gato.

Pergunto sobre o Morro do Laboratório Clandestino de Drogas, imaginando com o que seu perfil topográfico poderia se parecer.

"Essa é fácil", diz ele. "Na primeira vez que corremos por ele, vimos um laboratório clandestino de drogas."

"Ainda funcionando?"

"Sim", ele ri. "Aqueles babacas achavam que nunca seriam descobertos. Aposto que estavam pensando: *Quem diabos andaria por este morro?*"

Começo a compreender por que Laz tem sido tão enfático sobre suas novas seções: a dificuldade da Coisa Ruim, a novidade do túnel da prisão. Elas marcam seu poder sobre o terreno.

Laz tem enfrentado bastante atrito com os funcionários do parque ao longo dos anos. A corrida quase foi cancelada para sempre por um homem chamado Jim Fyke, que estava contrariado com a erosão e as plantas expostas a estragos. Laz simplesmente reformulou o trajeto ao redor das áreas protegidas e deu ao desvio o nome de "Loucura de Fyke".

Posso sentir a nostalgia de Laz em relação a tempos mais desregrados — quando Frozen Head ainda estava cheio de fantasmas de criminosos e proscritos fugitivos, apinhado de drogados não descobertos e seu surripiado alucinógeno em remédios para resfriado. Os tempos são diferentes agora, cambada. Ainda no ano passado, os guardas florestais cortaram as roseiras-bravas na Queixada do Rato uma semana antes da corrida. Laz ficou furioso. Este ano, ele os fez prometer que esperariam até abril.

Seu maior desejo parece ser projetar uma corrida impossível de ser percorrida, manter o horizonte imortal de um desafio invencível com contornos novos e incognoscíveis. Depois do primeiro ano, quando ninguém chegou sequer perto de completar o percurso, Laz escreveu um artigo intitulado "'A trilha' vence as maratonas Barkley". Não é difícil imaginar que Laz, reclinado em sua cadeira de jardim, poderia considerar o próprio trajeto seu avatar: a sua corrida é um competidor forte o suficiente para triunfar, mesmo quando ele mal consegue ficar de pé.

Ele costumava participar da corrida, em tempos de melhor saúde, mas nunca conseguiu completá-la. Em vez disso, ele conseguiu ganhar respeito como um homem de princípios — um homem tão comprometido com a noção de dor que está disposto a arregimentar os homens em busca da dor.

Há apenas duas trilhas públicas que cruzam o trajeto: Torre do Mirante, no final de South Mac Trail, e Topo da Chaminé. Laz desestimula encontros com os corredores enquanto estão correndo. "Até a visão de outros seres humanos é uma espécie de ajuda", ele explica. "Queremos que eles sintam todo o peso de sua solidão."

Dito isto, uma mulher chamada Cathie — que parece uma dona de casa comum, mas que também faz parte de um punhado de veteranas "recordistas dos circuitos" — recomenda um passeio até o Topo da Chaminé.

"Quebrei o braço ali em janeiro", diz ela, "mas é bonito."

"Parece divertido", digo.

"Foi aquela velha tora sobre a corrente?", Laz pergunta pensativo, como se lembrasse de um velho amigo.

Ela sacode a cabeça.

Ele pergunta: "O Amigão estava com você quando isso aconteceu?".

"Sim."

"Ele estava rindo?"

Um homem que parece ser seu marido, presumivelmente o "Amigão", entra na conversa: "O braço dela tinha a forma de um S, Laz. Eu não estava rindo".

Laz considera a questão por um momento. Depois pergunta a ela: "Doía?".

"Acho que bloqueei a dor", ela ri. "Mas ouvi dizer que desci toda a montanha praguejando."

Observo Laz mudar seus modos fluidamente entre o *maestro* calejado e o chefe de escoteiros. "Depois do anoitecer", ele assegura a Doc Joe, "*vai* haver carnificina", mas então ele se inclina para afagar seu cachorro pirata. "Com fome, Cachorrinho?", pergunta. "Você pode ter recebido muito amor hoje, mas ainda precisa comer." Sempre que o vejo pelo acampamento, ele diz: "Acha que Julian está se divertindo lá fora?", e eu finalmente digo: "Tomara que não!", e ele sorri: *Esta garota entende das coisas!*

Mas não posso deixar de pensar que sua pergunta dissolve precisamente a espécie de solidão que ele parece tão interessado em produzir, e seus corredores tão interessados em cortejar. A ideia de que, quando você está sozinho lá fora, alguém no acampamento está pensando em *você sozinho lá fora* é — claro — apenas outro tipo de conexão. Que faz parte do significado disso tudo, certo? Que a adversidade facilita uma solitude partilhada, um isolamento total que foi experimentado antes, por outros, e será experimentado de novo, que esses outros estão presentes em espírito mesmo que a natureza agreste tenha domado, envelhecido, brutalizado ou de outro modo removido seus corpos.

Quando Julian chega de seu primeiro circuito, está quase escuro. Ele esteve lá fora por doze horas. Sinto que estou partilhando este momento de triunfo com Laz, em certo sentido, embora também saiba que ele é promíscuo nesse tipo de partilha. Há um lugar em seu coração para todos que aceitam seu desafio, e para todos que são tolos o suficiente para passar dias nas matas apenas para ver alguém tocar um portão amarelo.

Julian está animado. Entrega suas páginas para serem contadas. Conseguiu dez páginas 61, inclusive uma de O *poder do pensamento positivo*, que apareceu cedo no trajeto, e uma de um relato de alcoolismo adolescente chamado O *falecido grande eu*, que surgiu perto do final. Observo que a fita adesiva foi arrancada das suas calças. "Você a tirou?", pergunto.

"Não", diz ele. "O trajeto a arrancou."

No acampamento, ele come sanduíches com pasta de grão-de-bico e biscoitos de bandeirantes, e mal consegue engolir um complemento nutricional Ensure sabor de noz pecã. Está deliberando sobre outro circuito. "Tenho certeza de que não vou completar", diz ele. "Provavelmente vou passar horas lá fora para depois desistir e ter de encontrar meu caminho no escuro."

Julian faz uma pausa. Eu pego um de seus biscoitos.

Ele diz: "Acho que vou fazer o circuito".

Pega o último biscoito antes que eu possa agarrá-lo. Tira outro número que fixa no peito, para seu segundo turno de páginas, e Laz e eu o enviamos para a mata. Sua jaqueta de chuva brilha prateada na escuridão: irmão robô, partindo para outra volta.

Julian completou até agora cinco corridas de dezenas de quilômetros, bem como incontáveis corridas "curtas", e certa vez eu lhe perguntei por que corre. Ele explicou da seguinte maneira: quer realizar um sistema completamente insular de prestação de contas, um sistema que não dependa de um feedback externo. Quer correr 160 quilômetros, quando ninguém sabe que ele está correndo, de modo que o desejo de impressionar as pessoas ou a vergonha de desistir não sejam suas fontes de motivação. Talvez esse tipo de pensamento tenha sido o que lhe garantiu o ph.D. com 25 anos. É difícil dizer. Barkley não oferece uma forma pura desse impulso isolado, mas chega bem perto: quando é meia-noite, está chovendo, e você se acha no morro mais escarpado que já subiu, sangrando por causa das roseiras-bravas, sozinho e já andando sozinho por várias horas, só existe *você* ao redor para testemunhar sua decisão de desistir ou continuar.

* * *

Às quatro da madrugada, a fogueira está animada. Alguns dos corredores da linha de frente estão no acampamento preparando-se para começar seus terceiros circuitos, engolindo café e tirando cochilos de quinze minutos nas suas barracas. É como se o pensamento de "todo o peso da solidão" tivesse inspirado uma necessidade de companheirismo, assim como a fome de Julian — quando ele para em busca de ajuda — me deixa faminta, embora eu pouco tenha feito para sentir fome. A dor de outra pessoa fica registrada como uma experiência do observador: a empatia como simetria forçada, um eco corporal.

"Só imagine", Laz me diz. "Julian *lá fora* em algum lugar."

Lá fora é uma expressão que surge frequentemente pelo acampamento. Tão frequentemente, de fato, que um dos corredores habituais — um velho magro chamado "Frozen Ed" Furtaw (como Frozen Head, sacou?), que corre com calças de malha justas de padrão camuflado em tom alaranjado de pôr do sol — bancou sozinho a publicação de um livro chamado *Histórias de* lá fora: *as maratonas Barkley*. O livro detalha a trilha de cometa dos desistentes de cada ano e inclui um elaborado apêndice listando outras corridas de trilhas cruelmente difíceis e explicando por que elas não são tão difíceis.

"Fiquei orgulhosa de Julian", digo a Laz. "Estava escuro, frio, ele mal conseguia engolir sua lata de Ensure, mas apenas pôs a cabeça nas mãos e disse: *Lá vou eu.*"

Laz ri. "O que você acha que ele está sentindo sobre essa decisão agora?"

Começa a chover. Faço um ninho na parte de trás de meu carro. Escrevo notas para este ensaio. Vejo um episódio de *The Real World: Vegas* e depois desligo, exatamente quando Steven e Trishelle estavam prestes a ficar juntos, para poupar energia para o dia seguinte e também porque não quero ver Steven e Trishelle ficarem juntos. Queria que ela ficasse com Frank. Tento dormir. Sonho com o túnel da prisão: está inundado, e acabei de receber uma multa por velocidade, e essas duas coisas estão relacionadas de um modo importante que ainda não posso compreender. Sou acordada de vez em quando pelo chamado lúgubre de toques de corneta, como os ruídos de um animal selvagem ecoando através da noite.

Julian volta ao acampamento ali pelas oito da manhã. Esteve fora por outras doze horas, mas só conseguiu alcançar dois livros. Passou algumas horas perdido, outras deitado na chuva esperando a primeira luz da manhã. Está orgulhoso de si mesmo por ir lá fora, mesmo sabendo que não chegaria muito longe, e eu também estou orgulhosa dele.

Nós nos juntamos aos outros na barraca da chuva. Charlie Engle descreve o que o forçou a voltar durante seu terceiro circuito. "Caí de bunda no chão ao descer a Queixada do Rato", disse ele. "Então levantei e caí de novo, levantei e caí de novo. Foi mais ou menos o que aconteceu."

Há uma bela lógica bíblica nessa história: é a terceira vez que realmente realiza a proeza, sela o acordo, vence o inimigo, o que você quiser.

Laz pergunta se Charlie gostou da parte da prisão. Laz pergunta a todo mundo sobre a parte da prisão, assim como você perguntaria sobre o poema de seu filho pequeno: *Você gostou?*

Charlie diz que gostou, muito. Diz que os guardas foram amistosos, a ponto de lhe dar orientações. "Eram uns bons e velhos camaradas do sul, esses sujeitos", e posso ver pelo modo como fala que Charlie também se considera um bom e velho camarada do sul. "Eles nos disseram: 'Apenas sigam seu caminho por aquele buraco-soturno ali...', e então aqueles garotos da Califórnia que estão comigo, eles viram e perguntam: 'Mas que diabo é um buraco-soturno?'."

"Você deveria ter dito para eles", diz Laz, "que no Tennessee um buraco-soturno é quando você quer sair mas não consegue."

"Foi exatamente o que eu disse!", Charlie nos conta. "Eu disse: quando você está descalço sobre um monte de formiga vermelha... é um buraco-soturno. O morro que estamos prestes a subir... é um buraco-soturno."

A chuva é implacável. Laz não acha que alguém vá conseguir completar todos os 160 quilômetros este ano. Havia alguns excelentes candidatos nos primeiros circuitos, mas ninguém parece muito forte agora. Algumas pessoas estão especulando se alguém conseguirá completar até mesmo a Corrida Amistosa. Há apenas seis corredores ainda com uma chance. Se alguém completar a maratona, todos concordam, será Blake. Laz nunca o viu desistir.

Julian e eu dividimos uma perna de frango besuntada com molho *barbecue*. Restam apenas duas pernas sobre a grelha. É um milagre que o fogo ainda não tenha se extinguido. O frango está bom e cozido conforme o prometido, fumegando em nossas bocas contra o ar frio.

Um rapaz chamado Zane, com quem Julian correu grande parte de seu primeiro circuito, conta que viu vários javalis selvagens nas trilhas à noite. Ficou com medo? Ficou. Um se aproximou o bastante para fazê-lo sair correndo de uma trilha em zigue-zague, lutando com um pedaço de pau na mão. Um pedaço de pau teria ajudado? Todos concordamos, provavelmente não.

Uma mulher vestida com o que parece ser um anoraque de corpo inteiro arrumou um saco plástico com roupas. Laz explica que o marido dela é um dos seis corredores que ainda estão na disputa. Ela está pensando em encontrá-lo na Torre do Mirante. Se ele resolver desistir, ela lhe entregará roupas secas e o acompanhará na descida fácil de cinco quilômetros até o acampamento. Se ele resolver continuar, ela lhe desejará boa sorte enquanto ele se prepara para outra subida morro acima — ensopado de chuva e orgulho, incapaz de pegar as roupas secas porque aceitar ajuda o desqualificaria.

"Espero que ela lhe mostre as roupas secas *antes* de ele tomar a sua decisão", diz Laz. "A escolha é melhor dessa maneira."

A multidão se agita. Um corredor está subindo o morro pavimentado. Vir dessa direção é um mau sinal para alguém no seu terceiro circuito — significa que ele está desistindo em vez de completar a volta. As pessoas acham que é JB ou Carl — *deve* ser JB ou Carl, não há muitos rapazes ainda lá fora — mas depois de um momento Laz dá um grito sufocado.

"É Blake", diz ele. "Reconheço os bastões de caminhada dele."

Blake está ensopado e tremendo. "Estou perto da hipotermia", disse ele. "Não consegui aguentar." Ele diz que escalar a Queixada do Rato era como subir de quatro num tobogã de playground com patins nos pés, mas fora isso ele não parece inclinado a oferecer desculpas. Ele diz que correu com JB por algum tempo, mas deixou-o na Queixada do Rato. "Más notícias para JB", diz Laz, sacudindo a cabeça. "Provavelmente ele logo estará de volta."

Laz passa a corneta para outro. É como se ele não suportasse tocar Taps para o próprio Blake. Está claramente desapontado com o fato de Blake estar fora da corrida, mas há também uma nota de alegria na sua voz quando diz: "Nunca se sabe o que vai acontecer por aqui". Há uma emoção na tensão entre controlar a corrida e reconhecê-la como algo que sempre se furtará ao controle. Aproxima-se do prazer tenso da própria ultramaratona: o simultâneo empenhar-se e ser obrigado a ceder, controlando o corpo o suficiente para fazê-lo correr todo o trajeto, mas por fim entregando-o aos caprichos incontroláveis da sorte, resistência e condições.

Doc Joe me faz um gesto sobre o braseiro. "Segure isto", diz ele, e empurra um grande tapume retangular de alumínio na minha direção. Ele equilibra um ramo quebrado de árvore contra a beirada do tapume para montar uma tenda sobre o fogo, onde o último peito de frango que ainda resta está tostando e adquirindo um belo tom de marrom queimado. "O galeto de Blake", ele explica. "Eu o cobrirei com meu corpo, se for preciso."

Por que essa sensação de riscos e heroísmo? Claro que estive me perguntando o tempo todo: por que as pessoas fazem *isto* afinal? Sempre que faço a pergunta direta, os corredores respondem ironicamente: *Sou um masoquista: preciso de algo em que depositar minha loucura; sou tipo A* * *desde o nascimento etc.* Começo a compreender que brincar a respeito dessa pergunta não é uma forma de se esquivar da resposta, mas antes uma parte intrínseca de respondê-la. Ninguém precisa responder essa pergunta a sério, porque já estão dando a resposta séria — com seus corpos, seu poder da vontade e sua dor. O corpo se submete de maneira totalmente séria, na degradação e no compromisso, ao que as palavras só conseguem mencionar superficialmente. Talvez seja por isso que tantos corredores sejam ex-viciados: eles querem redimir os corpos que outrora puniram, dominar o eu físico a cujos desejos outrora serviram.

---

* Personalidade Tipo A: ambicioso, impaciente, assumindo mais do que pode aguentar. (N. T.)

Há uma tautologia graciosamente frustrante neste testemunho: *Por que é que faço isto? Faço porque dói tanto e ainda estou querendo fazê-lo.* A pura ferocidade do esforço implica que o esforço de certa maneira vale a pena. É um propósito antes por implicação que por articulação direta. Laz diz: "Ninguém tem de lhes perguntar por que é que estão lá fora; todos eles sabem".

Seria fácil fixar-se em qualquer número de propósitos possíveis: conquista do corpo, solidariedade na dor, mas o que *se sente* é que o significado reside em círculos concêntricos de labuta ao redor de um centro vazio — o compromisso com um ímpeto que resiste à fixidez ou a rótulos. A persistência do *porquê* é o xis da questão: o horizonte elusivo de uma pergunta irrespondível, o equivalente conceitual de uma corrida impossível de ser disputada.

Mas: qual é o resultado da corrida?

O resultado é que JB, Jonboy, um garoto relativamente novo no bloco de largada, o melhor torcedor do campeão que retornou, consegue conquistar uma surpreendente vitória. O que transforma o quinto parágrafo deste ensaio numa mentira: a corrida tem agora nove corredores que a completaram. Recebo essa notícia numa mensagem de Julian, que a descobriu no Twitter. Estamos ambos voltando para casa em rodovias diferentes. Meu pensamento imediato é: *merda.* Eu não pretendia focar em JB como um personagem central no meu ensaio — ele não me parecera uma das personalidades ou dos competidores mais fortes no acampamento —, mas agora sei que terei de transformá-lo também numa história.

Essa é a especialidade de Barkley, certo? A maratona engole a história que você imaginou e entrega outra. Blake e Carl — ambos fortes depois de seus segundos circuitos, duas de minhas figuras interessantes prediletas — nem sequer terminaram a Corrida Amistosa.

Agora todos voltam para casa. Carl retornará à sua loja de maquinaria em Atlanta. Blake ajudará sua filha a treinar para as preliminares. John Price vai voltar à sua aposentadoria e à sua caminhonete. Laz, fico sabendo, vai retornar à sua posição de treinador assistente do time de basquete em Cascade High School, ao longo da rodovia em Wartrace.

* * *

Uma das investigações mais imperiosas sobre a questão do *porquê* — a meu ver, ao menos — é realmente uma investigação ao redor da questão, e reside num conto de loucura temporária: o relato assustador de AT sobre a sua "crise de propósito" no quinto circuito em 2004.

Por "crise de propósito", ele quer dizer: "perder o tino na plena definição da expressão", uma condição relativamente pouco surpreendente, dadas as circunstâncias. Ele não está sozinho nessa experiência. Brett Maune descreve uma alucinação que teve quando viu um bando de índios prestativos no final de sua corrida de três dias na trilha John Muir:

> Eles montavam guarda ao meu redor enquanto eu dormia, e eu conversava um pouco com eles sempre que acordava. Eram muito atenciosos e até me ajudaram a arrumar minhas coisas quando eu já estava pronto a retomar a caminhada. Espero que isso não conte como ajuda!

AT descreve que caminhou a esmo sem nenhuma percepção clara de como chegara até ali ou do que deveria estar fazendo: "A Barkley seria esquecida por minutos a fio, embora a premissa permanecesse. Eu TINHA de chegar ao Lugar do Jardim, por… *por quê*? Alguém estava ali?".

Sua amnésia capta o esforço em seus termos mais fortes: a premissa sem motivação, a adversidade sem contexto. Não lhe faltavam lampejos de admiração:

> Fiquei num charco com água pelas canelas durante mais ou menos uma hora — espirrando água para dentro e para fora dos meus sapatos… Caminhei até Fontes do Caixão (a primeira queda d'água). Sentei e despejei galão após galão de água fresca nos meus sapatos… Inspecionei as árvores pintadas, marcando a fronteira do parque; às vezes andando até bem dentro da mata apenas para ver um pouco de tinta numa árvore.

Num certo sentido, é precisamente isto o que Barkley faz: força seus corredores a uma apreciação do que caso contrário talvez não tivessem conhecido ou percebido — a dor em seus músculos quando punidos além de qualquer medida razoável, a fadiga puxando inexoravelmente para baixo as cordas de marionete do corpo, a mente tornando-se entorpecida e vidrada pela dor.

Ao final do relato de AT, a faceta de Barkley considerada mais brutalmente exigente, aquela "autossuficiência" sinistra e sagrada, tornou-se um milagre inexplicável:

> Quando esfriou, eu tinha uma camisa de mangas compridas. Quando senti fome, eu tinha comida. Quando escureceu, eu tinha uma lanterna. Pensei: *Uau, não é estranho eu ter todo este material perfeito, exatamente quando preciso dele?*

Essa é uma surpresa benevolente, evidência de uma graça fora do alcance do eu, uma graça que proveio, é claro, *do* eu — o mesmo eu que encheu a pochete horas antes, cujo papel foi obscurecido pela ilusão do cansaço. É assim que se passam as coisas. Certa manhã um homem sopra uma concha, e dois dias depois — ainda respondendo ao chamado daquela concha, outro homem descobre tudo de que precisa amarrado ao próprio corpo, onde ele não espera e sem que possa explicar.

Em defesa de sacarina

> *A linguagem humana é como um pote racha-*
> *do em que batemos ritmos para os ursos dançarem,*
> *quando nos esforçamos para criar uma música que*
> *arranque lágrimas das estrelas.*
> GUSTAVE FLAUBERT, *MADAME BOVARY*

"SACARINA" É A NOSSA PALAVRA MAIS doce para medo: o medo de sentimento demais, sabor demais. Quando escutamos *sacarina*, pensamos em câncer: células demais solidificando no corpo. Quando escutamos *sacarina*, pensamos em linguagem que nos envergonha, enreda nossos corações em articulações banais: palavras repetidas demasiadas vezes para criar um efeito barato, recicladas *ad nauseam*. *Ad nauseam*: estamos empanturrados de doçura a ponto de ficarmos enjoados.

Algumas Ideias sobre a Coisa: Tenho uma lata de lixo na minha cozinha completamente cheia de pacotinhos vazios de adoçantes artificiais. É pequena. Não é assim tão pequena. Eu a mantenho perto do fogão, fora do alcance dos olhos dos visitantes.

Se *sentimentalismo* é a palavra que as pessoas usam para insultar a emoção — em suas formas simplificadas, degradadas e indulgentes —, então *sacarina* é a palavra que elas usam para insultar o sentimentalismo. Ela remonta a *sarkara*, do sânscrito, que significa "cascalho" ou "brita". Significava apenas "semelhante a açúcar" até o século XIX, quando passou a significar "demais". Começou como um conceito, mas tornou-se um perigo. Os cientistas alimentaram seus ratos de laboratório com montões de sacarina, e eles começaram a apresentar tumores na bexiga.

Minha companheira de quarto tirou uma foto minha na noite anterior à prova final de física durante meu segundo ano de faculdade. Nessa foto, estou deitada na minha cama. Ela empilhou latas e garrafas vazias sobre todo o meu corpo para mostrar quanta Diet Coke eu tinha consumido naquele dia. Só dá para ver o meu rosto e as mãos. Todo o resto está coberto.

A Própria Coisa: é apenas um pó, tão leve que um pouco cai sobre meu balcão cada vez que eu abro outro pacotinho. Cascalho ou brita — algo triturado até tornar-se poeira.

Quando eu era pequena, morava numa casa que tinha janelas no lugar de paredes. Durante os longos dias de verão, eu ficava sentada na varanda e observava os gaios azuis voarem vidro adentro, quando a colisão os nocauteava, e eles caíam como pedra nas pranchas de sequoia abaixo. Na maioria das vezes, eles estavam tentando entrar, mas de quando em quando — e era pior de observar — ficavam presos dentro da casa e tentavam sair de novo. Disse à minha mãe que os pássaros tomavam nossas janelas pela superfície do céu. Ela me pegou pela mão e me mostrou um arbusto que crescia bem ao lado de nossa porta da frente. Disse que os pássaros se embriagavam com suas frutinhas, que eram laranjas como manchas de ferrugem e cheias de açúcar. Disse que os pássaros não conseguiam parar de comê-las. Ficavam estranhos e tontos. Era por isso que viviam se espatifando contra os vidros.

Eu nada sabia sobre fermentação naquela época, mas conhecia a doçura, sua servidão vergonhosa. Sabia coisas sobre aqueles pássaros, mesmo em criança: o céu de vidro era mais chato e mais duro do que eles imaginavam, e através dele podiam ver um mundo que o vidro não os deixaria alcançar.

* * *

Quando eu tinha oito anos, meus pais me deram um copo de vinho numa festa. Era um vinho de duzentos dólares, mas eu não sabia disso. Entrei me esgueirando na cozinha e derramei uma colher de açúcar para melhorar o gosto. Sentia vergonha disso, mas não sabia por quê. Não pensava em como me defender, nem por que eu teria necessidade disso.

Em *Madame Bovary*, Felicite, a empregada, está sempre caminhando depressa para sofrer algum novo abuso nas mãos de sua patroa egocêntrica. Ela procura a doçura como consolo: "Como Madame sempre deixava a chave no aparador, Felicite pegava uma pequena quantidade de açúcar todas as noites para comer quando estava sozinha na cama, depois de ter rezado suas orações".

Por que ainda precisava do açúcar depois da oração? Ele oferece alívio para o corpo físico, conforto imediato, algo em que a carne pode confiar enquanto o espírito está sendo paciente. Pensem na tristeza das duas mulheres vivendo na mesma casa, ambas famintas de incrementos roubados de prazeres diferentes — texto, lascívia e açúcar —, ambas mantendo esses prazeres secretos porque têm vergonha de admitir suas fomes.

Sei que eu encontraria algo para roubar do aparador de Emma. Sempre escondi prazeres da vista dos outros. Sempre me inclinei sobre minha xícara de café com leite, para que ninguém visse quantos pacotes de aspartame eu tinha sacudido dentro dela.

Odiei *Madame Bovary* quando tinha dezesseis anos, e também sua heroína. Achava que eram emocionais demais, tanto o romance como a protagonista, demasiado escancarados sobre suas paixões. Mas eu o amo agora — o livro, se não sua heroína. Sinto prazer em analisar o melodrama de Emma, ainda que não a tenha perdoado por ter se entregado a essas emoções. Eu também quero esse melodrama para mim mesma. Sempre o quis: esses altos e baixos de sentimento, tudo tornado superlativo. Criei projetos emocionais a partir de Emma, assim como ela os criou a partir de seus livros. A mesma fome nos enviou à oração, ao açúcar, ao adoçante e ao texto: o aumento súbito de conforto que vem do sabor instantâneo, o corpo de repente imbuído da sensação de algo além de si mesmo — alheio e sedutor.

* * *

O sentimentalismo é uma acusação apontada contra a emoção imerecida. Oscar Wilde resumiu a indignação: "Um sentimentalista é simplesmente alguém que deseja ter o luxo de uma emoção sem pagar por ela". Os adoçantes adicionais propiciam a mesma intensidade — mais doces que o próprio açúcar — sem o preço: nenhuma taxa de calorias. Oferecem a casca do açúcar sem a sua substância; isso parece milagroso e medonho ao mesmo tempo.

Isso não quer dizer que os adoçantes sejam iguais ao sentimentalismo — nem mesmo um símbolo perfeito para ele — mas apenas sugere que um medo semelhante opera nessas esferas diferentes do sabor. Ambos os termos descrevem a doçura — emoção ou sabor — que parece rasa, exagerada ou imerecida, em última análise irreal. O instinto reage a favor e contra, procurando um vocabulário que contenha excesso, para nomear, acusar e censurar: sentimento demais, não mediado pela nuance; doçura demais, não disciplinada pela moderação. A fome de sensações não mitigadas e não complicadas traz em sua língua uma vergonha não dita. "Você é uma alma pequena arrastando um cadáver por aí", disse Epíteto certa vez. O corpo é algo monstruoso que torna a alma grotesca, e esse desejo sentimental de uma dose instantânea de sentimento, ou uma precipitação súbita de doçura, parece o equivalente emocional daquela carga difícil — corpórea e básica —, um conjunto embaraçoso de desejos que nossos eus etéreos, mais elevados, têm de arrastar por aí. O melodrama é algo com que se empanturrar: bolinhos no armário.

Textos são liquidados pelos golpes certeiros de guilhotina desferidos por doces palavras acusatórias: sacarino, xarope, sentimental. Descartamos o sentimentalismo para nos construir como árbitros da arte e da sutileza, tão sensíveis que não precisamos das mesmas quantidades brutas de sentimento — aquelas superfícies embotadas, aqueles cadáveres inchados. Vamos subsistir com mais delicadeza, dizemos. Vamos subsistir com menos.

Numa resenha chamada "Tides of Treacle" [Marés de melado], James Wood descreve a textura da sentimentalidade de uma romancista: "Várias vezes pegamos [a autora] no ato de exagerar uma boa ideia, de acrescentar açúcar a uma mistura já bastante doce". Numa canção chamada "Sentimental Movie", Axl Rose cantarola: "Estou espiando a fim de um pouco de dor", observando e dirigindo-se a uma amada que está injetando uma droga em si mesma para diminuir a dor: "pôr um tampão na sua veia". Mas até o Guns N' Roses — a banda que nos deu Slash rasgando seu feroz solo de guitarra nas vastas planícies — partilha um desdém pelo sentimentalismo, "espiando" sentimentos que são em última análise ocos: "Este não é um filme sentimental/ Onde os sonhos acumulam como poeira". O sentimentalismo infla um sentimento tornando-o algo que não consegue se suster — uma forma de sonho — que por fim se desfaz em flocos de poeira, brita ou cascalho, resíduos inúteis.

Em "What Is Wrong with Sentimentality?" [O que há de errado com o sentimentalismo?], o filósofo Mark Jefferson a descreve como "um deleite emocional que implica representar erroneamente o mundo", mas também especifica seu modo de representação defeituosa ("uma avaliação simplista") e suas potenciais consequências: "um enfraquecimento direto da visão moral adotada em relação a seu tema". O perigo do sentimentalismo é que pode distorcer emoções para desculpar ou manter males sociais, e Jefferson enfatiza que "não é algo que simplesmente acontece às pessoas". Ele fala dos sentimentalistas como "hospedeiros" cúmplices em abrigar seus próprios sentimentos permissivos: "Não sabemos... por que certos tipos de emoção são mais propensos a abrigar o sentimentalismo que outros". Sua retórica apela à imagem de um verme enrolado em nosso estômago, esperando qualquer melodrama que encontrarmos para alimentá-lo. Tenho sonhos recorrentes sobre parasitas, criaturas estranhas que eclodem de ovos embaixo da minha pele, e imagino Jefferson aparecendo dentro deles, recuando assustado enquanto explico minha condição: *Tenho um caso grave de comoções sentimentais.*

O colega filósofo Michael Tanner também enquadra o sentimentalismo em termos de contágio. Ele o denominou uma "doença dos sentimentos", como se pudéssemos descobrir seus tumores deselegantes de excesso dentro de nós, gerando metástases como células dentro da bexiga de uma cobaia. Susan Sontag fala sobre o sentimentalismo como um mecanismo interno: "Você não imagina como é cansativo. Aquele órgão da nostalgia com membrana dupla bombeando as lágrimas para dentro. Bombeando-as para fora".

Numa coluna de 1979 chamada "Em defesa da sentimentalidade", John Irving examina o legado de "Um conto de Natal" de Dickens, enfatizando a importância do que ele chama "riscos de Natal": tentativas honestas de articular o *páthos* sem encobri-lo com ditos inteligentes ou espirituosos.

Em outro "In Defense of Sentimentality" [Em defesa do sentimentalismo], o filósofo Robert Solomon responde a pensadores como Jefferson e Tanner, separando as diferenças entre críticas distintas do sentimentalismo que frequentemente ficam amontoadas numa única campanha contrária. O problema do sentimentalismo é primariamente ético ou estético? Solomon parafraseia o argumento de Tanner de que "as pessoas sentimentais entregam-se a seus sentimentos em vez de fazer o que deve ser feito" e cita o exemplo do comandante nazista Rudolf Hoess, que chorou numa ópera encenada por prisioneiros do Holocausto. Talvez isso não tenha sido simplesmente irônico, mas realmente causal: sua experiência sentimental era uma válvula de escape para liberar pressões que deviam estar perturbando sua consciência.

Enquanto seus críticos morais atacam o sentimentalismo porque ele atribui uma ação indevida às emoções — desviando-nos da ética conceitualmente rigorosa ou logisticamente defensável —, seus opositores estéticos atacam o sentimentalismo a partir de outra direção, afirmando que presta um desserviço às nossas emoções, achatando-as em hipérbole ou simplismo. Wallace Stevens chamava a sentimentalidade de uma "falha de sentimento", mas sua sintaxe é ambígua: ele quer dizer que falhamos nossos sentimentos ou que eles nos falharam?

Essa ambiguidade parece nos levar de volta à distinção de Solomon. A ideia é que os sentimentos não são suficientes, que eles nos falham se dependemos exclusivamente deles (para decisões éticas) ou aproveitamos desavergonhadamente seu impacto excessivo (para o valor estético)? Ou a ideia é que nossa linguagem muitas vezes não basta para os próprios sentimentos, que o sentimentalismo os força a se manter em recipientes artificiais ou em volumes de carga barata? Há maneiras certas e erradas de experimentar a emoção em resposta a uma obra estética? Por um lado, uma resposta simples demais que pode ser eticamente problemática; e por outro, uma resposta mais nuançada — mais atenta ao mundo fora do texto — que pode ser eticamente produtiva?

Se essa é a série de acusações implicitamente disparadas cada vez que alguém usa a palavra *sentimentalismo* como um atalho depreciativo, então parece que elas precisam ser especificadas: em que volume o sentimento se torna sentimental? Quão obliquamente o sentimento precisa ser expressado para que possa ser salvo de si mesmo? Como fazemos a distinção entre *páthos* e melodrama? Muito frequentemente, acho eu, a sensação é que *apenas sabemos*.

No poema "The Revolucionists Stop for Orangeade" [Os revolucionários param por laranjada], de Stevens, um grupo de guerrilheiros está de pé, "flat-ribbed and big-bagged" [magricelas e com grandes malas], à luz ofuscante do meio-dia. Seus capitães ordenam que não cantem ao sol, mas eles se imaginam cantando de qualquer maneira: "a song of serpent-kin,/ Necks among the thousand leaves,/ Tongues around the fruit" [uma canção da estirpe da serpente/ Pescoços entre a miríade de folhas,/ Línguas ao redor da fruta]. O poema imagina a estética trivial em meio aos destroços, o sabor de algo simples e doce afirmando-se numa história complicada. Esse sabor é passado por uma serpente — o agente original da queda, a primeira fruta doce —, mas sente-se também um deleite, uma celebração. Primeiro a laranjada, depois a revolução. Primeiro o canto ruim, depois a boa luta. E se o sabor da laranja for arremedo? E se as línguas encontrarem uma fruta falsa? E se as palavras da canção não forem verdadeiras? O poema ousa defender o refúgio da artificialidade: "There is no pith in music/ Except in something false" [Não há âmago na música/ Exceto em alguma coisa falsa].

Uma memória: estou tomando uma dose de Jim Beam num bar a três quarteirões de Bourbon Street. Estou tomando essa dose porque gostaria de me tornar uma versão diferente de mim mesma. Esse desejo é dirigido ao poeta por quem me apaixonei recentemente, que está bebendo seu próprio copo do mesmo uísque. Jim tem o mesmo nome da bebida, e brincamos sobre o que isso significa para seu destino. Quando não está fazendo piadas, ele está falando sobre o papel da épica em nosso tempo. Fala sobre querer que a poesia aborde o grandioso movimento dos eventos humanos. Às vezes ele também fala sobre viver no purgatório, dentro da maldição de sua vida. Ele me conta que conhecia um assassino serial.

"Quero dizer", diz ele, "não é que eu o conhecesse muito bem."

É preciso compreender algumas coisas sobre meu relacionamento com Jim. Ele era a escuridão e eu era a luz. Eu era a inocência e ele era a experiência. (Ele adorava Blake.) Eu escrevia ficção e ele escrevia poesia. Eu vivia no que ele chamava "o mundo real", e ele não, não inteiramente. Eu era mais moça do que tinha lhe dito. Ele não era exatamente velho, mas estava saindo do relacionamento com uma mulher que contraíra um câncer cervical que ele não fora capaz de curar. Isso acrescentava anos. A mulher era também vagamente sobre-humana, ou assim ele dizia. Ela o fazia sentir uma espécie de "emoção total" que ele não sentira desde então. Certa vez ela canalizara o espírito de James Merrill no lado de fora de uma confeitaria no Wyoming rural. Ela era muitas coisas que eu jamais seria.

Assim, esse assassino serial trabalhava no final da noite numa pizzaria perto da faculdade de Jim. Era um rapaz negro grande, um verdadeiro ás com o cortador de pizza e um rosto amigo para todos. Ele continuou a cumprir seu turno até que descobriram um corpo na sua propriedade, e depois outro, e depois um terceiro.

"É estranho saber que você esteve assim tão perto do mal total", diz Jim.

Penso sobre isso por um momento: o orgulho de Jim por roçar contra a escuridão, meu orgulho por dormir com alguém que tinha roçado contra a escuridão dessa maneira.

Então penso sobre o seguinte: como gostaria de um drinque diferente do que estou tomando. Sou um dos revolucionários, sedentos de laranjada ao lado da estrada. Quero uma daquelas canecas de plástico brilhantes com que bebem em Bourbon Street, cheias de daiquiris gelados que têm um gosto estranho, como se tentassem superar suas frutas homônimas. Minha cunhada chama esses sabores artificiais de "Melancia Obsequiosa", "Maçã Obsequiosa", "Banana Obsequiosa". Esses drinques estão fazendo hora extra para propiciar esses favores.

Obsequioso parece correto: tentar ganhar um favor por meio da lisonja. Esse não é um problema da literatura sacarina? Que ela afaga o ego de nossos eus sentimentais? Que ficamos lisonjeados quando alguma coisa ilumina nossa capacidade de sentir? Que essa satisfação substitui a reação emocional genuína?

Eu me volto para Jim, à procura de um modo de expressar meu desejo: "Quero beber algo doce".

Vamos em busca de drinques chamados Ciclones e Furacões. Seus nomes ridículos vão parecer fantasmas, anos mais tarde, quando as represas romperem e a cidade inundar.

Acho importante que New Orleans já não exista como existia outrora, quando a partilhei com um homem que já não existe para mim como então costumava existir. Talvez isso não passe de uma falácia patética: a perda do amor em letras maiúsculas, exigindo a submersão de uma cidade inteira. Mas por que é que minhas lembranças me levam de volta a mim mesma em meus momentos mais triviais? Por que tenho fome de barômetros significativos, mas sempre me descubro amarrada à banalidade?

Lembro-me de pedir um Furacão e sentir vergonha por querer um drinque desses. Lembro-me de falar sobre drinques em vez de assassinos seriais. Lembro-me de descartar secretamente expressões como "o mal total", "o movimento grandioso dos eventos humanos" e "a emoção total", por sentir que eram demasiado amplas e demasiado vagas para terem serventia. Mas eu também tinha medo dessas expressões. Lembro-me também disso.

Num laboratório reconstruído em algum ponto do centro de Baltimore, dois manequins estão discutindo: "Meu sangue ferve quando vejo as mentiras desse patife Fahlberg!", diz um deles, depois interrompe seu próprio eu gravado: "Perdoe meu desabafo. Sou o dr. Ira Remsen".

A figura de membros rígidos de Constantine Fahlberg se defende rapidamente, uma voz gravada entupida de pesadas inflexões russas: "Ele não tinha nada que mexer com o processo de manufatura!". Ele faz um movimento brusco com o braço para significar emoção.

Esses autômatos estão brigando sobre as origens do adoçante Sweet'N Low. É apropriado que seus sentimentos tenham sido expressos com esses golpes robóticos, imitando a descoberta de uma imitação: sacarina (*née* ácido anhidroortosulfaminebenzoico). Os dois descobriram a coisa, ou pensam que descobriram. Aconteceu no laboratório de Remsen, mas foi um trabalho de detetive de Fahlberg. Remsen recebeu o crédito pelo artigo. Fahlberg pegou os lucros da patente. Foi assim:

Certo dia Fahlberg estava trabalhando com alcatrão e ficou com alguns elementos químicos na manga. Naquela noite, seu pão apresentou um gosto mais doce que o habitual. Ele ficou curioso. Voltou ao laboratório e começou a provar resíduos nos jalecos brancos, pegando amostras de elementos químicos diretamente de seus tubos. Essas eram práticas perigosas de laboratório, tornadas possíveis pelas condições não sanitárias. Mas ele conseguiu descobrir uma espécie de açúcar que o corpo se recusava a metabolizar. Por fim, seríamos capazes de nos saturar de prazer sem descobrir seu resíduo alojado em nossa cintura cada vez maior.

Isso é parte do que desprezamos nos adoçantes, o fato de que podemos saboreá-los sem consequências. Nosso *éthos* capitalista gosta de um certo tipo de inscrição — insistindo que podemos ler marcas de preguiça e disciplina inscritas por todo o corpo — e os adoçantes artificiais ameaçam essa legibilidade. Eles oferecem um meio de trapacear a aritmética da complacência e sua consequência corporal, assim como o sentimentalismo oferece sentimento sem o preço da complicação. Como disse Wilde: *o luxo de uma emoção sem pagar por ela*. É uma espécie de *éthos* à maneira de Horatio Algier[*] em nossa economia estética: precisamos *ganhar* nossas reações à arte, e não simplesmente colher sentimentos fáceis entregues como esmola.

Como ganhamos? Analisando a opacidade figurativa, lendo minuciosamente a metáfora, rastreando as nuances de caráter, conferindo sentido histórico em termos da história da publicação, história social, história institucional, história transoceânica e qualquer outro tipo de história que podemos imaginar. Pensamos que temos de trabalhar para sentir. Queremos que nosso bolo resista a nós; e depois queremos também comê-lo.

---

[*] Horatio Alger (1832-1899), romancista prolífico americano, criador do mito do sucesso americano, da pobreza à riqueza, conquistado pelo próprio esforço. (N. T.)

Ficamos enojados quando alguma coisa aparece com demasiada facilidade. Mas também gananciosos. Algumas mulheres descrevem o céu como um lugar onde os alimentos não têm calorias. O poema "Ellen West", de Frank Bidart, começa com uma mulher anoréxica confessando que "o céu/ seria morrer numa cama de sorvete de creme". Ela conquistaria a liberdade refinada de entregar-se ao prazer sem consequências corporais — nenhum preço a pagar em gordura, peso ou presença porque já estaria morta. E agora temos esse céu aqui sobre a Terra, a morte em vida: os adoçantes liberam nossos corpos dos pecados de nossas bocas.

ALGUMAS DATAS IMPORTANTES NA HISTÓRIA DO AÇÚCAR ARTIFICIAL:

1879 — No laboratório de Remsen em Baltimore, Constantin Fahlberg se esquece de lavar as mãos. Ele descobre a sacarina.

1937 — Michael Sveda sente um gosto doce no final de seu cigarro na Universidade de Illinois. Esse é o ciclamato.

1965 — James Schlatter lambe alguns aminoácidos na ponta de seus dedos. Aspartame!

1976 — Um pesquisador assistente na companhia açucareira Tare & Lyle compreende erroneamente as instruções, prova em vez de testar, descobre a sucralose.

Os cientistas por trás de nossos principais adoçantes artificiais compõem um grupo variegado de diletantes, um catálogo de Modos-de-Fazer-Tudo-Errado-no-Laboratório. Não são os Alexander Flemings de nossas mitologias científicas, nossos heróis por acaso. Eles tropeçam em coisas que não tínhamos certeza de querer descobrir. Não são os caras de quem temos orgulho.

Muitas vezes durante o desenrolar deste ensaio, eu me levantei do trabalho no computador para despejar pacotinhos azuis de Equal numa nova xícara de chá. Os resíduos de seu pó criam um sedimento fino sobre meu balcão. Sou como Fahlberg ou Sveda, sempre sentindo gosto doce onde não esperava encontrá-lo: em meus copos de vinho e facas de legumes, na ponta de minhas canetas esferográficas.

O conto "Wrack" [Destruição], de Donald Barthelme, fala de um homem que renega tudo o que possui: um penhoar, um sapato feminino, uma única fatia de salame imprensada entre dois gordos colchões. "Você quer dizer que acha que eu possuiria um prato de bombons?", ele pergunta a um avaliador desconhecido. "Um prato de prata de lei ou do que for para bombons? Você é maluco."

Um item que ele *não* renega imediatamente é o seguinte: um saco de 45 quilos de sacarina. Fiquei encantada ao ler isso. Finalmente! Uma posse. Mas a defesa é abandonada quase de imediato: o homem explica o seu saco por meio de uma "condição física" que proíbe a ingestão de açúcar. Ele recua diante do espectro do saco doce: "Agora me lembro, pus açúcar no meu café, na refeição da manhã foi definitivamente açúcar. Granulado. Então o saco de sacarina definitivamente não é meu". Observamos um personagem se definir inteiramente pelo que ele não vai reivindicar.

Se eu pudesse escolher um item de todo o meu apartamento, o que eu renegaria? Talvez minha lata de lixo cheia de pacotes de papel rasgados, o que poderia significar que essa pilha de pacotes é minha expressão mais honesta de mim mesma.

A sacarina consegue funcionar como um *lócus ubíquo* de negação. Um "Talk of the Town" [O diz que diz da cidade] de uma *The New Yorker* de 1937 descreve uma mulher que encontra uma minúscula caixa de platina na Saks, mas não consegue decifrar seu propósito:

> "Isso?", disse a vendedora. "Ora, é usado para sacarina. Ou para alpiste." Pensou por um momento, aparentemente surpresa com sua própria explicação, depois repetiu, com mais firmeza: "Ou para alpiste".

É legal alimentar os pássaros, mas não nos empanturrarmos, ao menos não com algo tão grudento. Imaginamos a caixa como um instrumento secreto de prazer: uma espécie de marmita para matar a fome ou então a armação deliciosamente clandestina de males mais distintos, uma debutante da alta sociedade cheirando Sweet'N Low como se fosse cocaína. O que é esboçado por essas outras linhas de pó branco lícito? As notas vergonhosamente legíveis de nossos desejos menos complicados.

Jim e eu nos deslocamos para a Bourbon Street, onde não bebemos uísque. Tomamos doses rosas brilhantes de tubos de ensaio, enquanto foliões de meia-idade dançam por nossa visão periférica. Pego uma pralina que comprei naquela tarde, enquanto ele caminhava sozinho ao longo do rio. Precisava de uma folga de mim, disse ele, mas sem ser indelicado.

Temos discussões em andamento sobre a expressão dos sentimentos. Essas discussões são ostensivamente estéticas, mas na verdade são pessoais, as mesmas velhas brigas que os casais que não escrevem poesia ou ficção têm todo santo dia, gritando sobre *aspic salads* de verduras: *Você fala demais sobre seus sentimentos. Você não diz o bastante. Quando você fala, usa a linguagem errada.*

Foi Jim quem me disse que minha vida emocional o fazia balançar seu estetoscópio como um encantador de serpentes: meu estados de ânimo não eram difíceis de ver, mas eram difíceis de ler, e ainda mais difíceis de diagnosticar. Era ostensivamente uma queixa, mas acho que ele gostava de sua metáfora, e gostava que nossos momentos de distância fossem suficientemente sutis para requerer esse tipo de formulação.

O que significava que eu era uma criatura complexa e ele também; que ele se tornava ainda mais complexo na sua tentativa de estabelecer uma ponte sobre a lacuna entre nossas complexidades; que ele poderia criar uma imagem complicada para abrigar esse complexo de complicações. É assim que os escritores se apaixonam: eles se sentem complicados juntos e depois falam sobre isso.

A linguagem figurada nos entrega frequentemente a sacarina, recorrendo à sua miscelânea familiar de acessórios sentimentais ("voz de mel", "pele de porcelana", "cascata de lágrimas"), mas pode também oferecer uma saída de emergência por onde escapar da previsibilidade do sentimento. As metáforas são salvadores minúsculos liderando o caminho para fora da sentimentalidade, pequenos discípulos de Pound, exortando "Diga de maneira nova! Diga de maneira nova!". É difícil que a emoção pareça insípida se sua linguagem é adequadamente nova, excessiva se sua expressão é adequadamente opaca. As metáforas traduzem a emoção numa linguagem surpreendente e sublime, mas também nos ajudam a defletir e difundir o brilho ofuscante da revelação. Stevens descreve essa reserva: "The motive for metaphor, shrinking from/ The weight of primary noon,/ The ABC of being" [O motivo para a metáfora, encolhendo-se do/ peso do meio-dia primário,/ O ABC do ser].

Jim tinha medo de falar numa linguagem simples — o ABC do ser —, assim, em vez disso, ele falava sobre cobras. Não era exatamente covardia, mas antes uma aversão à fraseologia descarada e pouco emocionante dos relacionamentos: o tipo de coisa que *qualquer um* poderia dizer à sua namorada, em vez da coisa particular que Jim poderia dizer a mim.

Do que fugimos quando recuamos para a metáfora? O que nos assusta a respeito do meio-dia primário? Kundera afirma que "o kitsch nos leva às lágrimas por nós mesmos, pela banalidade do que pensamos e sentimos", e acho que nossa fixação pela complicação e figuração opaca tem algo a ver com uma sensação duradoura dessa banalidade, insinuando-se constantemente pelas beiradas de nossas vidas e linguagem. Talvez, falando sem rodeios, suspeitamos que, se expressarmos nossos sentimentos de forma demasiado exagerada ou franca, descobriremos que nada somos senão banais.

Há vários temores inscritos nessa suspeita: não simplesmente sobre melodrama ou ingenuidade, mas sobre compartilhamento, o medo de que nossos sentimentos serão parecidos com os de todos os demais. É por isso que queremos descartar o sentimentalismo, asseverar que nossas respostas emocionais são mais sofisticadas que as de outras pessoas, que nossas sensibilidades estéticas atestam, à maneira dos icebergs, toda uma paisagem de profundeza interior.

Quando lançaram NutraSweet nos anos 1980, GD Searle & Co. sabiam que precisavam de um ícone que asseverasse ao mesmo tempo novidade e familiaridade. Estavam pensando em formas básicas, conotações vagas, cores tranquilas. De certa maneira, estavam procurando o oposto da metáfora motivada de Stevens. Queriam um símbolo que pudesse descer ao ventre do "primário", evitar a complicação e o mistério em favor da segurança.

Searle contratou duas pessoas que — pelo seu próprio testemunho — não tinham provado açúcar em uma década. Elas tiveram o cuidado de não escolher uma imagem que fosse demasiado açucarada, tirada de uma busca demasiado óbvia de um velho pot-pourri de tropos. *The New Yorker* cita uma delas a respeito desse dilema:

> Tínhamos uma reunião com o pessoal da agência, e alguém dizia: "E que tal corações? Corações são amistosos. Corações são doces"... Falavam de coisas que teriam sido pura sacarina.

Mesmo aqui, em seu lugar natal, a sacarina renega seu nome. Quer protestar contra a acusação de ser demasiadamente ela mesma.

A internet está cheia de profetas catastróficos entendidos em sacarina. Eles têm informações sobre o câncer e os encobrimentos do FDA [Food and Drug Administration]. Seus contendores são mais escassos. A blogueira louca por sacarina Katie Kinker tem o seguinte a dizer sobre nosso mundo moderno:

> Sem os adoçantes artificiais, como seria a vida hoje em dia? Seus refrigerantes, sucos de frutas, chicletes *diet* teriam gosto? Não haveria nenhum pacotinho azul ou rosa para despejar no chá gelado. As coisas seriam suaves, e, honestamente, é difícil imaginar uma sociedade sem adoçantes artificiais. Eles estão por toda parte! Graças à serendipidade!

Katie realiza uma apoteose quase perfeita de mau gosto e apego à sacarina. Se viesse a encontrar uma caixinha de platina, ela seria brega o bastante para enchê-la de Sweet'N Low. Ela provavelmente lê romances Harlequin para moças românticas, e chora vendo filmes sobre cachorros que salvam seus donos feridos. Ela é a encarnação de um certo desdém que projeto sobre um outro sem rosto que odeia sacarina: ela tem um paladar subdesenvolvido, um apetite superdesenvolvido e um coração de tamanho exagerado.

Estou tentando lembrar como foi que aprendi pela primeira vez que o sentimentalismo era algo de que eu devia fugir. Até o fim do mundo começa com um texto sacarino. Vejam o Apocalipse, onde João é alertado sobre um livro apocalíptico. Dizem-lhe: "Ele será tão doce como mel na sua boca". Dizem-lhe: "Tornará seu estômago amargo".

Acho que meu medo talvez remonte a *Harvard Advocate*, uma revista literária cuja sede com tábuas de madeira sobrepostas nas paredes externas foi minha creche durante a maior parte do tempo na faculdade. Passei inúmeras noites fumando cigarros num santuário revestido de lambris e caçoando com outros fumantes sobre os clichês que encontrávamos nos artigos remetidos, metade dos quais nós próprios tínhamos escrito.

Na noite passada, sentei diante de meu computador e escrevi no Google "Harvard Advocate + melodrama", pensando que encontraria uma coletânea de resenhas mordazes que tínhamos publicado na revista, acusações mergulhadas em ironia e apontadas contra a arte que ousava sentir qualquer coisa de uma forma demasiado franca ou despudorada. Eu descobriria algum registro com a proclamação de nosso gosto coletivo, uma rejeição do sentimento desavergonhado.

No final, encontrei apenas uma entrada. Era uma citação de uma de minhas próprias histórias:

> Ela o imaginava como um carrasco durante a infância, provavelmente apenas de insetos, talvez de uns poucos mamíferos pequenos e particularmente merecedores. Ela conjecturava que ele ainda passava algumas noites acordado, perseguido pela memória desses atos. Ele nunca diria perseguido, entretanto, ela tinha certeza disso. Ele parecia o tipo de cara que achava essa espécie de melodrama inconveniente.

Acaba que *eu* era a única preocupada com a inconveniência do melodrama. Eu era exatamente como a mulher que eu tinha escrito: sempre imaginando que os outros tinham um problema com o sentimentalismo, porque eu não conseguia compreender o problema que eu própria tinha com ele.

Quando me mandei para a Oficina de Escritores de Iowa, eu tinha um conjunto de ideias bastante vagas sobre o que eu queria escrever. Queria escrever histórias que fossem inteligentes, engraçadas e cruéis, mas não fazia ideia do que tratariam. Sabia que não queria escrever nada sentimental. Meu leme básico era um medo mórbido de qualquer coisa demasiado terna, demasiado piegas. Então eu criava personagens que odiavam a si mesmos e renegavam bastante tudo o que os rodeava. Uma das primeiras histórias que escrevi na Oficina foi sobre uma garota chamada Sophie, a quem eu dera uma péssima autoestima e um monte de circunstâncias que a justificassem.

Em resposta à minha história, um rapaz escreveu: "Sei que alguém vai me dar um chute no saco por dizer o seguinte, mas há momentos em que a autora parece estar apenas enfileirando as desgraças de Sophie. Ela tem uma deformidade facial que aleijou sua autoestima, ela é sexualmente atacada, os rapazes não gostam dela, ela pode ter um distúrbio alimentar, e ela é uma estudante transferida de outro curso. Alguma coisa dá certo para Sophie?".

Era um argumento justo. Sophie se odiava, porque eu também a odiava. Eu me melindrava por ela me induzir a escrever uma história tão melodramática. Eu me odiava por fazê-la odiar tanto a si mesma.

Eu não era a única a sentir dessa maneira. A crítica de outro rapaz começava da seguinte maneira: "Devo começar dizendo que não achei nenhum dos personagens simpáticos… Tive de seguir personagens de quem eu tinha dificuldade de gostar, enquanto eles faziam coisas que eu tinha dificuldade de acreditar que eles gostassem de fazer". Era verdade: eu tivera o cuidado de não dar a Sophie muita ação ou investimento. Sabia que os eventos de sua história pairavam à beira do melodrama, e temia que, se eu a deixasse fazer qualquer coisa, ela fosse se jogar no precipício. Então escrevi seu conto numa linguagem descrita como uma "epidemia de voz passiva" — uma acusação que ainda descrevo passivamente, mesmo em retrospectiva.

Meu medo de emoção demais — e meu medo secundário desse medo — tinham juntado forças para produzir um híbrido amargurado. De algum modo eu tinha conseguido tecer os fracassos do sentimentalismo e do antissentimentalismo numa única história, apelado a uma série exagerada de tragédias e empregado toda a enfiada para assegurar que ninguém sentia nada.

A linha entre o *páthos* e o melodrama torna-se uma questão de mecanismo: se os tropos são demasiado fáceis, os maneirismos da narrativa previsíveis demais, os sentimentos exagerados por causa da manipulação emocional, a linguagem saturada em vez de nova — todos esses fatores barateiam a evocação da emoção. O sentimentalismo descreve o momento em que a emoção se torna um acessório para sustentar os egos afetivos de todos os envolvidos. "O kitsch faz com que duas lágrimas fluam em sucessão rápida", observa Kundera. "A primeira lágrima diz: que bom ver crianças correndo sobre a grama! A segunda lágrima diz: que bom ficar comovido, junto com toda a humanidade, por causa de crianças correndo sobre a grama."

Essa é verdadeiramente a fruta obsequiosa de pastorais infantis — uma imagem oferecendo-se de forma demasiado efusiva, induzindo-nos à submissão por meio de seu encanto ao nos lisonjear com a visão de nós mesmos que mais gostaríamos de ver. Nossas lágrimas se tornam troféus e emblemas de nossa compaixão.

Mas o antissentimentalismo não oferece simplesmente uma inversão da mesma exaltação afetiva do ego? Rejeitamos o sentimentalismo para aguçar um sentido de nós mesmos como os Verdadeiros Sensíveis, árbitros da complicação e da emoção real. A postura antissentimental ainda é um modo de ratificação da identidade, setas voando em vez de lágrimas correndo, ainda um modo de argumentar sobre a capacidade perceptiva: uma afirmação a respeito do discernimento em vez da empatia. É ser dono da verdade por meio do repúdio: uma espécie de dupla negativa masturbatória.

Mesmo que não haja nada esteticamente redimível em provocar a reação em duas etapas (duas lágrimas) pré-embalada que Kundera descreve, ela tem algum outro valor? Como explicamos o prazer que as pessoas sentem lendo romances baratos ou vendo filmes sentimentais? De que adianta essa estimulação em massa do sentimento? Se causa prazer, não existe algo a ser respeitado nisso — ou alegamos falsa consciência e argumentamos de outra maneira? Insistimos que uma arte melhor pode provocar um tipo melhor de sentimento — mais expansivo, maleável, ético?

Até o melodrama pode fazer alguém transpor o abismo entre sua vida e a vida dos outros. Um filme de TV horrível sobre o vício ainda pode fazer com que alguém sinta alguma coisa pelo viciado — não importa quão geral seja esse viciado, quão arquetípico ou paradigmático, não importa quão banais sejam as reviravoltas do enredo, quão vergonhosas as cordas das marionetes sobre o coração. Filmes ruins, escritos ruins e clichês fáceis ainda conseguem nos levar a ter sentimentos uns pelos outros. Uma parte de mim fica repugnada com isso. Uma parte de mim celebra tal feito.

Certa vez passei uma hora e meia escutando Buffy Sainte-Marie repetidas vezes: "Pois é melhor a sua dor que ficar dependente de Co'dine... E é real, e é real, mais uma vez." Co'dine* põe um tampão sobre a veia, e a canção o arranca — *espiando a fim de um pouco de dor* em vez de acobertá-la com gaze. É uma tensão familiar entre sentir alguma coisa e reprimi-la; enfrentá-la ou recusá-la. Mas escutar a canção repetidas vezes — eu com meus cigarros, com minha tristeza parasita — dissolve essa tensão binária familiar. Entregar-se à tristeza daquela canção tornou-se um anestésico por si mesmo, o sentimento absorvido como uma droga, um modo de sentir uma única nota repetidamente — em vez da confusão qualquer à minha espera, assim que a música tivesse silenciado.

Agora Jim e eu estamos correndo pelas vielas de paralelepípedos do French Quarter. A tinta pastel se descascando das paredes mostra as camadas pastéis de paredes mais antigas por baixo. Estou montada nas costas de Jim. Ambos gritamos, porque estamos vivos e em New Orleans e incrivelmente bêbados e também — embora exibamos esse conhecimento de forma sutil — apaixonados pela pessoa em que estamos montados (no meu caso) ou pela pessoa que está nos montando (no dele). Poderíamos ter tido ideias diferentes sobre *como* nos embriagar, mas agora não há nada mais para dis-

---

* Codeína, um alcaloide do ópio usado contra a dor. (N. T.)

cutir. Isso é doce. Não nos propõe nenhuma pergunta. Não propomos nenhuma pergunta em resposta.

Depois de partir meu coração, um poeta (outro poeta!) escreveu num de seus poemas: "Tomamos café com tanto creme que provamos apenas o creme". Eu me perguntava se essa tinha sido nossa ruína. Talvez tenha sido sempre a minha ruína: creme demais; adoçante demais no meu café.

Talvez eu tenha me permitido acreditar demasiado facilmente ou plenamente na superfície da alegria sem prestar atenção nas complicações de seu lado negro. Talvez tenha sido por essa razão que rompi com tantos homens depois que o entusiasmo inicial da paixão deu lugar a alguma outra coisa. Talvez eu tenha me comprometido de forma demasiado absoluta com luas de mel para lidar com o que veio depois. Nunca fui "docinho" ou "amorzinho" para ninguém. Sempre que algum namorado me chamava de "docinho", isso me deixava nervosa: eu não era nada mais? Parecia tão limitado, parecia afirmar conclusivamente que estava faltando alguma coisa ou que algo estava errado.

Lua de mel significa dias que são demasiado doces para se prolongarem, para serem reais ou profundos da maneira como estamos acostumados a compreender a profundidade e a realidade — isto é, em termos de nuance e continuidade. O estado de estar embriagado com o gosto de mel — fartando-se, consumindo — é justaposto como inocência contra a tarefa mais dura da relação humana duradoura. Mas esta é toda a triste verdade da doçura? Seu ponto de saturação? Seu teto?

Como posso expressar minha fé de que há algo profundo na nota única do próprio mel? Em nossa capacidade descomplicada de arrebatamento, a habilidade de descobrir nossos seres comovidos por inteiro com algo infinitamente simples? Não tenho certeza de expressá-la direito, com o tipo de linguagem que seria suficientemente sentimental para sustentar seu argumento, mas não sentimental demais para arruiná-lo.

Talvez eu ainda esteja falando para o poeta, muito tempo depois que ele parou de falar para mim. Talvez eu esteja escrevendo para me justificar, ou então me render completamente: *Eu poderia lhe fazer outro café, juro! Eu poderia fazer este sem tanto creme — ou então poderíamos continuar a tomar o creme para sempre!* Talvez aquele poeta nem estivesse escrevendo sobre mim, afinal.

"Você é tão vaidoso", cantava Carly Simon. "Você provavelmente acha que esta canção é sobre você."

"Vamos ser honestos", disse Warren Beatty. "Aquela canção era sobre mim."

Quando criticamos o sentimentalismo, talvez parte do que tememos seja a possibilidade que ele nos propicia de usurpar os textos que lemos, de nos inserir a nós mesmos e a nossas necessidades emocionais de forma demasiado agressiva em suas narrativas, de atravancar suas situações e sua sintaxe com nossas lágrimas. O que nos traz de volta ao perigo de que choramos principalmente por nós mesmos, ou ao menos para sentir nosso choro.

Mark Jefferson afirma que o sentimentalismo implica uma escolha. Sua teoria sustenta que as pessoas optam por se imiscuir em representações distorcidas da realidade para que possam sentir coisas em resposta. Ele descreve o sentimentalismo como um tipo particular de distorção herdada, uma "ficção da inocência" que requer ficções complementares de vilania, e que essas ficções criam um "clima moral que vai sancionar uma antipatia grosseira e sua expressão ativa". Concordo que o sentimentalismo permite essas ficções, mas não acho que essas ficções sempre criem o tipo de clima moral que ele teme, nem que elas necessitem da resposta estética inequivocamente redutiva ("antipatia grosseira") presumida pelo seu argumento.

Acho que o sentimentalismo às vezes inspira antipatia e às vezes não; às vezes essa antipatia é útil e às vezes não; às vezes a compaixão é convocada em seu lugar. Acho que a presença da escolha — em nossas respostas à ficção sentimental — sugere também a possibilidade de uma recepção mais consciente: nos permitimos sentir, mas não deixamos que esses sentimentos sigam sem escrutínio.

A verdade é que também resisto a alguma coisa no sentimentalismo. Tenho medo de seus gestos inflados e suas promessas quebradas. Mas tenho medo igual do que acontece quando dela fugimos: embotamento, ironia, frieza. Não sou imune ao canto de sereia de nenhum dos dois polos. Meu próprio trabalho foi certa vez chamado de "ficção fria", o que não acho que estivesse errado. Fiz Sophie sofrer, mas não fiz com que desse importância a isso. Eu me enredei em todos os estágios do ciclo sentimental de culpa/indulgência: agarrando a tragédia e depois fugindo de suas ramificações; refugiando-me em sentimentos derretidos ou congelados em compensação.

Não sou a primeira voz a demandar sentimentalismo após a ironia pós-moderna. Há um coro. Esse coro existe há anos. No passado, foi regido por David Foster Wallace. Agora é regido pelo seu fantasma. "Um ironista num encontro de Alcoólicos Anônimos é uma bruxa numa igreja", escreveu ele em *Graça infinita*, e para ele os clichês profundamente sérios de recuperação representavam um vetor da possibilidade literária: o sentimentalismo recuperado da escrita "single-entendre" [único-sentido], grandes sentimentos toscos rabiscados em crayon que poderiam realmente nos tornar porosos uns aos outros — clichês que ele posicionava dentro da paisagem infinitamente complicada de seus mundos imaginários. Estava procurando uma literatura que pudesse fazer nossas "cabeças pulsarem como um coração", que pudesse conter ao mesmo tempo o sentimento e seu questionamento.

Acredito na possibilidade dessa pulsação à maneira do coração. Acredito na possibilidade dos riscos de Natal. Acredito num sentimentalismo interrogado que não permite que suas distorções sejam tão facilmente herdadas. Quero defender o valor desse momento em que sentimos o sentimentalismo perfurado — em que sentimos sua monotonia revelada, aquela sensação de uma vista se abrindo por uma brecha ou se desdobrando. Algo útil acontece nesse momento de ruptura. Depois da embriaguez de açúcar, manifesta-se sempre uma sensação aguçada de tudo que não é doce. Se a sacarina oferece um feitiço concentrado de sentimento — simplificado demais e descaradamente fictício —, então seu valor talvez resida no processo de sairmos de seu cativeiro: aquela sensação de desmascaramento, aquela sensação de culpa. Tentamos arrancar lágrimas das estrelas, mas não podemos jamais esquecer os potes rachados de nossas tentativas ou a maneira como nossa música é sempre quebrada.

Quero que nos sintamos inchados pelo sentimentalismo e depois feridos por ele, traídos pela sua monotonia, contundidos pela superfície de vidro duro de seu céu. Essa é uma das maneiras de abordar o meio-dia primário de Stevens. Colidimos contra o encantamento — atiramo-nos sobre a simplicidade — para que ele possa nos tornar pesados e insensíveis, e nos entregar finalmente ao chão.

Contagem na névoa

É DE MANHÃ CEDO E ESTOU à cata de moedas de 25 centavos. O centro de Fayetteville é tranquilo e cheio de edifícios de pedra imponentes: dinheiro da mineração, provavelmente. Estamos no coração da região do carvão. A lanchonete da esquina ainda não está aberta. O "Único Restaurante Crioulo na Virgínia Ocidental" ainda não está aberto. A prefeitura ainda não está aberta. Sua janela tem um volante pedindo dinheiro para construir uma casa na árvore para uma menina chamada Izzy.

Estou à procura de moedas de 25 centavos porque estou me dirigindo para a prisão. Disseram-me que elas serão úteis ali. Vou ver um homem chamado Charlie Engle, com quem tenho me correspondido nos últimos nove meses. Ele prometeu que se eu levasse moedas de 25 centavos, poderíamos nos empanturrar de porcarias vendidas nas máquinas automáticas durante nossa conversa. O horário de visita é das oito às três. Receio que vou esquecer todas as minhas perguntas, ou que minhas perguntas são de qualquer forma erradas. Estou planejando minhas refeições de antemão: café da manhã na máquina automática, almoço na máquina automática. Já estou pensando sobre o que vou fazer — o que vou comer, para quem vou telefonar, por onde vou passar de carro — assim que sair de lá.

Charlie e eu nos conhecemos há dois anos numa ultramaratona no Tennessee, vários meses antes de Charlie ser considerado culpado por fraude hipotecária e condenado a 21 meses na Instituição Corretiva Federal (FCI) Beckley, em Beaver, Virgínia Ocidental.

Charlie é um gato de muitas vidas: em outros tempos, viciado em crack, pai de dois filhos, reparador profissional de danos causados por granizo, produtor de TV, orador motivacional, astro de documentários e — nos últimos vinte anos — um dos mais fortes corredores de ultradistâncias do mundo. Charlie começou a correr na oitava série: *Eu era quase sempre desajeitado, grandalhão e inibido, exceto quando estava correndo*, ele me escreveu certa vez. *Correndo, eu me sentia livre, tranquilo e feliz.*

As realizações de Charlie são bem conhecidas na comunidade dos ultramaratonistas: ele atravessou o Vale da Morte; atravessou o deserto de Gobi; atravessou os Estados Unidos da América. Percorreu centenas de quilômetros de trilhas pelas selvas de Bornéu e ainda outras tantas através da Amazônia. Escalou o Monte McKinley. Em 2006 e 2007, correu 7.400 quilômetros através do Saara. A expedição foi documentada num filme e foi esse filme, incidentalmente, que pôs em andamento seu pesadelo legal.

A história da prisão e condenação de Charlie é longa e angustiante, mas eis os fatos básicos: um agente da Receita Federal americana chamado Robert Nordlander começou a estranhar as finanças de Charlie depois de ver o filme do Saara. Ele queria saber: como é que um cara assim sustenta todas as suas aventuras? Tentei compreender a curiosidade de Nordlander como um instinto vocacional. Talvez ele se pergunte como é que estranhos pagam seus impostos, assim como eu me pergunto como é que estranhos se dão com suas mães ou que segredos eles escondem de suas esposas.

Nordlander abriu uma investigação, e não encontrou nada de errado com os impostos de Charlie. Mas em vez de arquivar o caso, ele continuou a investigar. Autorizou escrutínios em latas de lixo. Autorizou táticas que não teriam sido possíveis antes da Lei Patriótica.* Começou a examinar as propriedades de Charlie. Enviou uma agente secreta — coberta de fios — que convidou Charlie para almoçar fora. Charlie estava solteiro àquela altura. Ele disse sim. Tentou impressionar. Falou que seu corretor tinha preenchido alguns "em-

---

* Patriot Act, conjunto de medidas contra o terrorismo. (N. T.)

préstimos mentirosos" — abreviatura padrão para empréstimos concedidos mediante pouca ou nenhuma documentação — e essa não confissão pratica-mente decidiu o caso. Em outubro de 2010, Charlie foi considerado culpado por doze fraudes postais, bancárias e eletrônicas. Nordlander finalmente ga-nhara o seu caso.

O caso de Charlie era também parte de uma história muito mais ampla: o efeito colateral adverso da crise americana das hipotecas "subprime".* Sua condenação, imagina-se, foi alimentada em grande parte pelo entendimento geral de que as coisas tinham saído terrivelmente erradas e pela noção de que as pessoas deviam prestar contas de seus erros. Assim, Charlie teve de prestar contas. Teve de prestar contas por algo que milhões de pessoas fizeram, algo que ele ainda alega — com provas convincentes — que não fez. Tornou-se um bode expiatório conveniente para o colapso inevitável de um sistema alimen-tado por temeridade e ganância.

Na época de sua acusação, Charlie estava comprometido. Seu relacio-namento não sobreviveu ao julgamento. Ele foi encarcerado numa prisão lo-calizada a um estado de distância de seus filhos adolescentes, que moram na Carolina do Norte. Perdeu os patrocínios das corporações. Perdeu dois anos de corridas. Perdeu o direito de ir e vir. Perdeu — como me diria mais tarde, de forma bem simples — muita coisa.

Eu primeiro escrevi uma carta a Charlie porque estava fascinada pela sua vida. Sentia uma espécie de vertigem só de pensar que quando nos conhecemos, nos morros do Tennessee, ele não tinha ideia do que estava prestes a acontecer, de como tudo iria mudar. Eu me perguntava como era o encarceramento para ele. *Correndo, eu me sentia livre, tranquilo e feliz.* Seu corpo era um corpo que encontrava alívio em se mover pelo território — através de desertos, selvas e nações inteiras. O âmago de sua vida apontava o dedo acusador ao que o en-carceramento *faz*, que é manter alguém num único lugar. Eu queria saber: o que acontece quando se encarcera um homem cuja vida inteira é movimento?

* Empréstimo imobiliário de baixa qualidade. (N. T.)

Uma coisa que acontece é que você o transforma num bom companheiro de missivas. Ao longo de nossa correspondência, Charlie foi inteligente, engraçado e honesto. Ele se distanciava da raiva a respeito da sua prisão, mas o fazia de modo tão intencional, com um esforço tão sério e visível, que a própria raiva aparecia como uma forma negativa entalhada nas margens. Charlie a descrevia como um penhasco; ele tinha de recuar para se afastar da beirada. *A minha raiva é imensa e odeio a sensação de que estou perdendo o controle, o que acontece principalmente quando deixo essa raiva respirar.* Ele procurava o que poderia salvá-lo: *Como todas as coisas difíceis, se conseguimos nos manter abertos... algo positivo acontecerá. Dito isto, ainda estou um pouco perplexo sobre o bem que essa experiência poderá me trazer. Perdi muita coisa.*

Ele escrevia sobre sua mãe, que estava escorregando para a demência: *Sinto saudades dela. Posso dizer que é injusto ficar afastado dela, e seria verdade.* Escrevia sobre mulheres: *Nunca passei tanto tempo na minha vida adulta sem sexo. Acho que jamais poderia ter passado um ano sozinho lá fora.*

Lá fora, incidentalmente, era uma expressão que eu escutava frequentemente nas Maratonas Barkley, a ultramaratona em que conheci Charlie. É uma corrida brutal de mais ou menos duzentos quilômetros (muda de ano para ano) pelos morros cobertos de roseira-brava do Tennessee. Em Barkley, *lá fora* significava na paisagem agreste, na corrida, perdendo-se, achando-se ou abrindo caminho a golpes de bastão através dos arbustos. *Lá fora* significava estar em movimento, fazendo o que importava, vencendo ou sendo derrotado. *Aqui dentro*, na prisão, era o oposto de tudo isso; era nunca se perder, nunca ir a um lugar onde jamais se esteve.

Em algumas semanas, as cartas de Charlie eram escritas de um lugar mais sombrio: *Minha mãe está piorando, meu joelho está piorando, meu comportamento está piorando.* Ou: *Hoje acordei cheio de medo.*

Ele foi forçado a parar de correr na pista da prisão por causa de um ferimento que se transformou num cisto de Baker, um enorme inchaço atrás do joelho. Ele escreveu sobre a frustração incrível de tentar conseguir tratamento: *Passei mais de noventa dias apenas tentando consultar o médico. O descaso aqui é quase inimaginável.*

No Natal, ele me mandou um desenho fotocopiado: um Papai Noel barbado atrás das grades fitando uma árvore franzina. "Queria que Você Estivesse Aqui" estava riscado e substituído por "Queria que Eu Estivesse Aí".

Escrever para Charlie sempre me deixava culpada. Eu escrevia sobre algo tão simples como caminhar pelo meu bairro, com sua clínica de metadona* e suas pereiras florescendo e sentia não haver meio de comunicar meu mundo a Charlie sem esfregar sal na ferida central de sua vida. Escrevia sobre correr na chuva — *no final estava tão ensopada que nem me sentia separada da chuva* — e sobre como correr na chuva em New Haven me lembrava correr na chuva em Virgínia com meu irmão, passando por uma fábrica de peixe sobre o Chesapeake, depois da morte de nosso avô. *Talvez eu seja uma babaca de escrever a você sobre correr*, escrevi, mas enviei a carta mesmo assim. Achei que poderia se conectar com alguma coisa. Charlie tinha mencionado que correra ao redor da pista de cascalho da prisão durante uma tempestade. Era o melhor tempo para correr, ele tinha escrito, porque todos os demais estavam dentro da prisão. Era o único momento em que ele podia estar sozinho. Falar ao telefone com Charlie era ainda mais estranho: uma voz anunciava, a intervalos regulares: *Você está falando com um interno de uma das Instalações Corretivas Federais*, e eu descia a Trumbull Street a pé ao crepúsculo, enquanto ele estava em algum lugar — numa pequena cabine de plástico? Não conseguia sequer imaginar — e quando desligávamos, eu comia truta assada no restaurante mais simpático da cidade, enquanto ele se afastava para mais um período de leitura no beliche superior até tarde da noite.

Eu gostava quando ele escrevia sobre o passado, porque isso significava que estávamos em pé de igualdade — ou antes, ele tinha mais passado que eu. Ou, como ele dizia, mais experiência de vida sob sua camiseta. Ambos escrevíamos sobre beber e usar drogas, e sobre parar de beber e usar drogas. Charlie escreveu sobre ser um viciado com vinte anos de sobriedade numa prisão onde ele suspeitava que nenhum outro — dentre os mais de quatrocentos homens — estava limpo antes de chegar. Nos seus vinte anos, Charlie geriu um negócio de reparos de granizo que o levou por todo o país — atrás

---

* Clínica de reabilitação por meio de metadona. (N. T.)

de clima ruim e seu rabo de cometa de estragos, atrás de alguns gramas de cocaína nos piores bairros de cidades execráveis do meio oeste. Ele chegou ao fundo do poço quando foi baleado por traficantes furiosos na parte errada de Wichita. Teria pegado mais tempo de prisão por aquilo de que era culpado então do que pegou agora por algo de que é inocente.

Escrevi sobre o mágico ambulante de uma perna só que tinha conhecido na Nicarágua anos antes, um bêbado cujo vício da bebida me deixava inexprimivelmente triste; sobre como pensei nele anos mais tarde — quando tropecei, bêbada, em duas muletas minhas. Escrevi sobre tentar levar uma garota, recém-sóbria, para uma reserva de aves de rapina perto de Iowa City — *Para ver as corujas feridas!*, eu lhe prometera, como se esses pássaros quebrados fossem alguma maravilha do mundo — e como eu tinha me perdido e rodado em círculos até que finalmente nos sentamos num banco fumando cigarros, e como eu me senti um fracasso, porque queria que a sobriedade parecesse cheia de possibilidades, mas em vez disso conseguira que parecesse cheia de desapontamento.

Durante uma semana, na primavera, Charlie e eu escrevemos cartas todos os dias. Criamos um ritual de nossas percepções. Focalizávamos detalhes. Ele descreveu uma discussão sobre uma dívida não paga, um cara bem maior aproximando-se de um bem menor: "Nem que eu tenha que matar ou estuprar, mas eu *vou* pegar o que me devem". Ele escreveu sobre a evolução de suas sextas-feiras: chopes por 25 centavos em seus tempos de bebedeira, dias de descanso pré-corrida em seus tempos sóbrios. Na prisão, elas eram totalmente diferentes: *Toda sexta-feira ao longo de quinze meses, o almoço tem sido um pedaço de peixe quadrado de origem desconhecida, junto com salada de repolho doce demais e batatinhas fritas que não quero comer. Sexta-feira significa internos fazendo muito barulho até tarde da noite, jogando cartas ou dominó. Sextas-feiras significam que vamos ter outra sessão de cinema, um filme que me recuso a ver porque não quero nunca sequer fingir que me sinto à vontade aqui.*

Charlie escreveu sobre comprar balas *fire balls* e café solúvel na lanchonete da prisão, sobre o guarda na hora do almoço que gritava quando os internos não decidiam rapidamente entre biscoitos e frutas. Descreveu o clima em Beckley no Dia das Mães: *O Dia das Mães cria uma prisão cheia de zumbis, circulando aturdidos, esperando que o dia passe rápido.* O Dia das Mães lembrava àqueles homens como tinham falhado em ser filhos. Todo feriado era uma invocação de *lá fora*, a vida que nenhum deles estava vivendo.

Charlie me convidou a visitá-lo. Ele me colocou na sua lista de visitas e me passou as regras: *Você provavelmente não deve usar um short muito curto ou um top justo. Melhor também não tentar entrar com drogas ou bebida alcoólica.* Uma mulher certa vez veio com uma saia sem calcinha. Ela estava, escreveu, *visitando um cara bem jovem com uma sentença bem longa.*

Encontrei mais dicas on-line: eu não podia usar roupas com tecido camuflado, elástico ou verde-cáqui semelhante ao cáqui de Beckley, nem botas que fossem parecidas com as botas de Beckley. Se houvesse neblina demais, eu poderia ser mandada de volta. Beckley fica rigorosa no nevoeiro. Os internos são contados com mais frequência então. Eu imaginava essa neblina — essa mítica neblina da Virgínia Ocidental — em vastas ondulações encrespadas, um nevoeiro tão denso que um homem podia surfá-lo como uma onda rumo à liberdade. Cada contagem na neblina é um ato de protesto contra a possibilidade de não ser visto; Beckley segura bem seus homens — conta-os, mantém todos encerrados, isolados.

Encontrei on-line a lista das mercadorias da loja da prisão, num PDF granulado. Lá se podia comprar suco de mirtilo em pó , cavalinha congelada, petiscos de carne picantes, biscoitos redondos de chocolate. Dava para conseguir xampu de morango ou algo chamado Crescimento Mágico, ou ainda outra coisa chamada óleo de coco Lusti. Era possível obter calções de malha ou caixa para dentadura. Encontravam-se rodelas jalapeño com certificação religiosa.* Podia-se comprar leite de magnésia, tratamento para a acne ou óleo de unção.

Encontrei regras. Havia regras sobre movimentação, regras sobre higiene, regras sobre posses. Ter posses demais poderia ser risco de incêndio. Era permitido ter cinco livros e um álbum de fotos. Todos tinham de se desfazer dos materiais dos hobbies imediatamente depois do uso. Quando prontos, os

---

* Religious Certified Jalapeño Wheels, aperitivo em forma de rodela feito com pimenta jalapeño. (N. T.)

artesanatos dos hobbies *só* podiam ser enviados a pessoas na lista de visitas oficial. Não havia chateação postal por artesanato.

Vi o que acontece se as regras são obedecidas: não havia apenas os básicos Bons Momentos oficiais não-fez-nada-de-errado (os Bons Momentos Legais), mas também os Bons Momentos Extra, divididos ainda em Bons Momentos Industriais, Bons Momentos no Centro Comunitário de Correções, Bons Momentos Meritórios e Bons Momentos no Campo. *Bons Momentos no Campo.* Na verdade, não.

Indo para o leste pela I-68, sinto a rodovia mudar enquanto cruzo de Maryland para a Virginia Ocidental. A terra é bela, realmente bela — infindáveis florestas luxuriantes, antigas e não danificadas, inúmeros tons de verde nos morros recuando em camadas para dentro de montes de névoa. Começo a pensar que a mineração de carvão talvez seja apenas uma noção que alguém tinha da Virgínia Ocidental; ou algo que eles gostam de comentar na NPR.[*] Talvez seja apenas um tema para o jardim de esculturas de aço retorcido que vejo à minha esquerda — Minigolfe da Região do Carvão — e não uma série de cicatrizes reais sobre a terra. Porque este lugar parece fenomenalmente *sem* cicatrizes, fenomenalmente puro. As saídas da autoestrada prometem lugares belos e luminosos: *Montanha do Sussurro, Riacho de Sal, Veredas de Oxicoco.*

Passo a noite com Cat, uma amiga da faculdade, que cobre o Condado Fayette para um jornal local. Cat mora numa casa desmantelada, enfeitada com bandeiras de *fiesta* mexicana e rodeada por uma área cheia de escombros estranhamente reconfortantes: uma pilha de vestidos velhos, um balde de latas de cerveja PBR esmagadas, uma caixa vazia de tofu com sua aba de plástico esmigalhada sobre a poeira. Cat mora com o namorado, Drew, um veterano de vida comunal anarquista que agora trabalha em desconstrução e resgate de materiais — desmontando casas vazias e vendendo seus pisos para bares descolados nos estados do norte — e com Andrew, um organizador comunitário que trabalha em reforma agrária.

[*] National Public Radio — Rádio Pública Nacional. (N. T.)

A sua casa se revela em pedaços de sonhos: uma pilha de louça com crostas de sujeira, um osso no chão, uma aranha gigante escondida numa caneca de cerâmica branca, uma coruja de tecido coberta de lantejoulas, um quadrado de spanakopita vegana ardendo na assadeira do forno, um cachorro ao qual pertence o osso, um riacho lá fora nos fundos e uma gigantesca laje de pedra para tomar banho de sol, além de um jardim cheio de beterrabas, repolho e espinafre para a spanakopita vegana, uma ervilha-de-cheiro em flor subindo enroscada pela treliça de arame e até uma muda minúscula e apenas brotada de nogueira pecã.

Eu me sento com Cat e Drew numa sala aconchegante, debaixo de uma luz amarela direta e sua densidade esvoaçante de moscas e maripo-sas. Um minúsculo ser voador morre na minha spanakopita. Pergunto a Cat sobre o que ela escreve para seu jornal. Ela diz que uma de suas primeiras histórias foi sobre escoteiros. Alguns líderes no sul da Virgínia Ocidental lutaram muito para que os escoteiros estabelecessem um novo centro de retiro aqui. Ofereceram construir estradas. Ofereceram reduzir os impostos para os empreiteiros locais. Estavam ansiosos por uma atividade que não implicasse pilhagem da terra.

Os escoteiros construíram seu retiro numa velha mina de superfície. Quando Cat estava entrevistando os bandos de escoteiros que vieram abrir as trilhas, ela perguntou se eles sabiam como funcionava a mineração de su-perfície — a destruição de cumes de montanha inteiros, o arrasar da terra até ela ficar nua, a transformação da floresta em panoramas de um marrom sujo. Os escoteiros não sabiam. Ficaram horrorizados. *Mas por que alguém faria...?* Aí chegou um escoteiro mais avantajado. Um escoteiro encarregado de outros escoteiros. Disse que a conversa estava terminada.

Cat e Drew me ensinam como pronunciar Fayetteville — algo como Fay-ãt-vãl — e eles também me falam sobre temas maiores, por exemplo, como quase toda a floresta da Virgínia Ocidental foi abaixo desde os anos 1870 — em ondas múltiplas — por causa de sal, óleo, carvão, madeira e gás. Mas parece tão *verde*, digo. Falo sobre minha viagem para o sul — aqueles morros luxuriantes, com suas curvas encantadoras recuando a uma meia distância.

Drew inclina afirmativamente a cabeça. Sim, diz ele. Não há mineração de superfície perto das rodovias.

Florestas de Potemkin!* Eu me sinto uma idiota. Cat me diz para prestar atenção no que eles chamam de linhas de beleza — fileiras de árvores plantadas ao longo das cristas dos morros para mascarar as vastas paisagens lunares de terra devastada pelas minas mais além. Sou um dos escoteiros. Estou sendo informada a respeito dos danos bem à minha frente. Drew diz que parte da terra aqui tem sido tão explorada pela mineração que está essencialmente sobre estacas, mal se mantendo de pé. Eles chamam essa terra de favo de abelhas. A Virgínia Ocidental é como uma nação em desenvolvimento no meio dos Estados Unidos da América. Possui muitos recursos e tem sido continuamente prejudicada: os habitantes locais empregados como mão de obra; a terra usada para obter riquezas; outras pessoas ficando com o lucro.

Como posso explicar a magia daquela casa? Era um paraíso em terra devastada, com suas bandeiras *fiesta* e seu esvoaçar de mariposas, sua coruja coberta de lantejoulas e montes de abóboras embrionárias surgindo de qualquer terra que ainda sobrasse entre as estacas — e Drew e Cat tão cheios de bondade, com os nervos tão despertos para esse mundo, explicando-o com tanta paciência, habitando com tanta graça sua pequena fração de um território dilacerado.

No corredor, na manhã seguinte, encontro um cachorro diferente daquele que vi na noite passada. Esse cachorro também parece amigável. Não sinto que tenha dormido o suficiente, mas consigo lembrar o que sonhei: estava entrevistando um homem numa lanchonete suja, tinha acabado as perguntas de conversa fiada e estava me preparando para entrar no assunto — embora eu não soubesse ao certo qual era "o assunto" — quando o homem se levantou para pagar a conta. Acordei com uma sensação de pânico: eu não tinha feito nenhuma das perguntas que importavam.

É um sonho tão óbvio que me sinto traída por ele. Nem dissolve um medo existente, nem ilumina um novo. Ele simplesmente me diz que estou

---

* Termo derivado de uma expressão russa que indica tudo o que tem uma aparência falsa, especialmente quando apresentada para fins de propaganda. (N. T.)

com medo de dizer coisas estúpidas — como sempre tenho medo de dizer coisas estúpidas —, de fazer perguntas que estão fora de questão, de que minha curiosidade se mostre pouco mais que um voyeurismo inútil, uma garota levantando os óculos escuros para espiar entre as grades, gaguejando *Como é viver aqui? Que parte dói mais?*

Acabo encontrando moedas de 25 centavos numa cafeteria enfiada embaixo da ala de pedra cinzenta de uma igreja. Dirijo o carro para Beaver. Procuro ver as linhas de beleza a partir da rodovia. Não consigo discerni-las, o que suponho ser a ideia. A NPR apresenta um segmento sobre escolas rurais em regiões pobres e sujas de mineração, enquanto a rádio local transmite anúncios das minas buscando contratar mão de obra.

A mineração e o encarceramento são ambos presenças de vulto na paisagem da Virgínia Ocidental — ambos intencionalmente obscurecidos e deturpados, suas inclinações de crescimento nitidamente invertidas. A mineração é uma indústria em declínio; o encarceramento está em ascensão. O número de internos na Virgínia Ocidental quadruplicou desde 1990. As pessoas com influência política e poderosos interesses econômicos deixam que o estado seja explorado por novas indústrias para reparar o estrago que as antigas indústrias causaram.

Na falsa imaginação americana, a Virgínia Ocidental é uma piada ou então um caso de caridade; porém, mais do que qualquer outra coisa, ela não é vista, uma arquitetura invisível de trabalho e luta; e o encarceramento partilha essa invisibilidade, escondido no centro de tudo; nosso remédio desleixado para um medo duradouro, o perigo fixado em corpos humanos e depois encaixado em beliches que ninguém consegue ver de nenhuma rodovia.

Charlie é um desses corpos. Sua história é a história de um sistema que abriu minas de superfície no mercado imobiliário americano e retirou tudo o que pôde, deixando a economia sobre estacas — terra sobre estacas, terra esvaziada pelo "subprime" — equilibrando um futuro impossível sobre sonhos e ganância. Agora tentamos viver no que aconteceu depois. Punimos onde é possível. Tomamos uma tragédia sistêmica e a transformamos numa recompensa bem embalada: tempo de prisão.

Sigo meu GPS até a Estrada do Parque Industrial, 1600. Não faço nem uma curva à direita nem uma curva à esquerda para entrar em Beckley. A estrada simplesmente se torna Beckley. Passo por uma guarita de guarda vazia, e me vejo fazendo curvas entre margens estranhamente bem cuidadas de gramados e aglomerados de florestas que me lembram, acima de tudo, um country club.

Faço tudo errado.

Primeiro, vou para a prisão errada. FCI Beckley compreende dois prédios: uma prisão de segurança média e um Campo Satélite de segurança mais baixa. Sei que Charlie está no Campo Satélite — junto com outros sujeitos de segurança mínima, que ali se encontram principalmente por drogas ou crimes de colarinho-branco — mas, por alguma razão, acho que ainda tenho de passar pelo prédio principal. Não é o caso. O guarda de plantão mostra sua irritação com a minha ignorância. Antes de descobrirmos esse grande erro, entretanto, ele tem a oportunidade de apontar meus erros menores: estou carregando minha bolsa. Vamos precisar guardá-la num armário. Estou usando uma saia. *Ele era um cara bem jovem com uma longa sentença.* Quero dizer ao guarda: "Minha saia é longa! Estou com roupa de baixo!". Sinto meu corpo como objeto e agente de violação. Eu me sinto suspeita e imaginária.

Preencho um formulário de visitante ao lado de um casal de idosos. Observo que a mulher tem um saco de plástico cheio de moedas de 25 centavos e dólares; sinto uma espécie de afinidade. Ela também tem em vista as máquinas de venda automática — veio preparada para oferecer ao menos um lanche ao filho, e companhia, se não puder lhe oferecer nada mais.

Espero o guarda desligar o telefone. Ele parece estar falando com alguém prestes a entrar na prisão. "Vai se entregar?", o guarda diz no fone. "Você pode trazer uma Bíblia e seus remédios." Estranho imaginar um homem em casa, ou de onde for que esteja telefonando, sendo informado dos termos em que será sistematicamente privado de quase todas as suas posses, de mil liberdades.

Assim que sai do telefone, o guarda torna a me indicar coisas que fiz de errado: não tenho o número de Charlie escrito no formulário porque não sei de cor; mas ele pode procurar o nome, que eu escrevi errado porque fiquei tão aturdida, e nesse momento é que o guarda me diz que preciso voltar pela estrada até o Campo Satélite.

No Campo Satélite, os guardas são mais simpáticos, mas ainda estou fazendo coisas erradas: estaciono no lado errado do terreno. *Ainda* tenho a minha bolsa e preciso guardá-la no carro. Sinto vontade de dizer: *Mas lá em cima eles tinham armários!* Quero exibir meu conhecimento de alguma coisa. Qualquer coisa. Minha bolsa é um saco de lona preta com um dinossauro amarelo estampado. O guarda Jennings está quase prestes a me fazer uma exceção. "Uma exceção de dinossauro", digo. Jennings gosta disso. Os caras aqui no Campo Satélite parecem dispostos a falar dessa maneira — como humanos, fazendo piadas. Jennings me pergunta se o cisto de Charlie já foi drenado. Digo que não sei ao certo. Eu também falhei como companheira de missivas.

Escuto chamarem o nome de Charlie no alto-falante. Estou pensando nas famílias que já sabem essa rotina de cor, que têm cada um de seus movimentos gravado na memória dos músculos. Há um certo sofrimento profundo em conhecer essas minúcias tão bem: o número do interno, o saco plástico cheio de moedas de 25 centavos, o jeans, as cadeiras duras e o rosto dos guardas, a tolerância particular de cada um em relação ao humor, a sinuosidade das curvas nas estradas, a possível escolha de batatas fritas ou balas de goma; os movimentos na entrada e na saída, as diferentes maneiras de se comportar dizendo alô e até logo.

Charlie aparece na entrada da sala de visitas: um homem bonito perto dos cinquenta com cabelos prateados curtos. Está com grandes botas pretas e um uniforme cor de oliva, seu número estampado sobre o coração. Não estou segura quanto às regras. Podemos nos abraçar? Descobre-se que podemos. Nós nos abraçamos. Mas há outras regras: Charlie não pode usar as máquinas de venda automática, só eu, por isso ele tem de me dizer o que deseja; e não podemos nos sentar um ao lado do outro, apenas um em frente do outro, por razões que prefiro não considerar. Quando olho para todas as cadeiras dispostas ao redor da sala, vejo que há frequentemente uma isolada, longe das outras: a cadeira do interno, diante de todos.

Durante nossa visita, as moedas de Fay-ãt-vãl nos compram o seguinte: um pacote de biscoitos de cheddar com manteiga de amendoim, um saco de biscoitos m&m, um saco de Cheez-Its e um de Chex Mix, uma barra de chocolate Snickers, um imenso biscoito tamanho "Texas" tão grande quanto o rosto de uma criança, uma coca-cola, uma coca diet e duas águas com sabor de uva — a segunda um erro, ou então um brinde para mim do Bureau das Prisões. A nossa mesa se transforma num monte de lixo em miniatura.

É segunda-feira, não é fim de semana, por isso a sala de visitas não está lotada. Quase todos ficam até as três horas. Somos um ecossistema. A família sentada perto das máquinas de venda automática me lembra que devo pegar meus vinte centavos restantes. Duas meninas pequenas estão obcecadas pela linha fina de formigas perto da janela, marchando facilmente para fora da prisão. Uma das meninas começa a contar a Charlie sobre um feiticeiro, e algo sobre seu aniversário, um monólogo que permanece em grande parte ininteligível até que ela faz uma pausa para dizer, com toda a clareza: "Eu odeio o mal".

Charlie diz: "Eu também".

Quando essas meninas entraram — com sua mãe bonita de cabelos escuros — Charlie me contou ter ouvido falar que o pai conseguiu reduzir seu tempo de prisão delatando um homem inocente. *Eu odeio o mal.* Que nome dar a um governo com leis tão rigorosas sobre maconha que um homem tem de delatar outro para poder sair da prisão a tempo do quinto aniversário de sua filha?

As meninas parecem tão à vontade com o pai — ansiosas para se sentar em seu colo, rir de suas caretas engraçadas, cortejar a sua já concedida atenção —, mas essa desenvoltura parece enganadora. Elas devem associar este lugar a longas viagens pelas estradas, um medo nebuloso, homens uniformizados e a tristeza da mãe.

Chegam duas idosas brancas. Uma delas pendura sua bengala cor-de-rosa no espaldar da cadeira. A bengala combina com seu batom. Às duas mulheres vem se juntar por fim um grande interno negro. Charles observa meu rosto. Ele sorri: "Não é o que você estava esperando?". Ele me conta que essas mulheres estão criando os filhos do homem. Elas lhe mostram fotografias. Elas lhe compram um saco de pretzels. Caitlin, a pequena que odeia o mal, tenta pegar a bengala cor-de-rosa. "Não é um brinquedo!", grita a mãe. A velha não parece perceber. Enfia calmamente dois dedos cobertos de um pó laranja num saco de Cheetos, leva outro a seus lábios secos pintados e observa seu amigo alto fitar o rosto mudado do próprio filho.

Charlie e eu passamos as primeiras horas falando sobre seu caso. Ele apresenta algumas teorias sobre Nordlander: provavelmente Nordlander foi um garoto que teve a cabeça enfiada numa privada, enquanto alguém dava descarga; talvez ele pense que Charlie foi o garoto que deu descarga. Eu me sinto cada vez mais nervosa. Por que isso? Sinto que estou no meio de uma história que Charlie já contou — o que é provavelmente verdade, mas é também a história por trás de sua prisão. É a história que modela tudo na sua vida. Claro que ele desejaria continuar a contá-la.

Sinto uma pressão criar uma separação entre meu ponto de vista e o que aconteceu a Charlie — tornar-me autora, e ele o tema —, mas também sinto que é um ato de violência discordar dele a respeito de sua própria vida. Quero falar da vida dele *aqui*. Quero falar sobre quem ele se tornou neste lugar, o que a prisão despertou nele. Mas compreendo que meu interesse trai o privilégio da minha liberdade: a vida aqui dentro é *novidade* para mim; para Charlie é a realidade dia após dia. Para mim, é interessante. Para ele, terrível.

Charlie satisfaz minha curiosidade. Ele me conta que dorme num beliche num quarto aberto dividido em cinquenta cubículos, como o escritório de uma corporação, só que as divisórias são blocos de concreto e ninguém pode sair. Ele me conta sobre a moeda do mercado negro (selos) e onde as brigas em geral acontecem (na sala de tv e na quadra de basquete). Ele me conta como a vida é diferente no outro lado da rua, na prisão de segurança média, onde ele ouviu dizer que bolas de futebol cheias de cocaína são jogadas por cima do muro e os guardas são pagos para pegá-las. Os caras *do outro lado da rua* têm dono ou são alugados. Os atos de sexo não são vistos como homossexuais. "Chupar um pau aqui no campo, é porque você quer", explica Charlie. "no outro lado da rua, é porque você precisava do dinheiro ou foi forçado." Ele está falando mais baixo para que as velhas atrás de nós não escutem.

Não consigo entender se escutar tudo isso me aproxima de Charlie ou simplesmente ilumina o abismo entre nós. Estou aprendendo seu mundo ou apenas lendo com atenção seus detalhes específicos memoráveis, fazendo compras como uma turista na loja da prisão? Às vezes Charlie diz: "Estou lhe dando isto", antes de contar uma anedota. Sua vida na prisão só é minha como seu legado. Eu lhe dou atenção e ele me dá outra coisa — não a moeda dos selos, mas sim aspectos específicos, acesso à sua intimidade — ou a textura de sua vida, ao menos — concedida por meio de detalhes.

Charlie é generoso com esses detalhes específicos. Ele me conta que passou dois dias correndo 220 quilômetros ao redor da pista de cascalho da prisão em julho passado. Programou o tempo para que coincidisse com a Ultramaratona Badwater, uma corrida *lá fora* — através do terreno plano e crestado do Vale da Morte —, que Charlie completou cinco vezes. Charlie só parou de correr os circuitos para a contagem obrigatória, e depois para dormir. Hoje em dia ele organiza um grupo de ginástica: um rapaz chamado Adam, um rapaz chamado Butterbean e o único judeu no campo, Dave, que tem uma mulher presa e um bebê de seis meses que nasceu na prisão. Butterbean perdeu 23 quilos desde que começou a treinar com Charlie. Adam, mais de 45 quilos.

Mas Charlie não é popular com todo mundo. Ele me conta que alguns dos rapazes brancos não gostam que ele não goste do racismo deles; e um rapaz negro o chamou de "branco capitão do mato filho da puta" depois que o UNC venceu o Duke* em março passado. O cara era fã do Duke, e Charlie andara tripudiando. Mas Charlie em geral age com tato. Ele sabe que tem de deixar os negros mais velhos acalmarem os jovens, quando estão jogando pôquer em voz muito alta; um branco de meia-idade não tem nada de mandar que os rapazes fiquem quietos. Mas ele também me conta que não tem medo de provocar o outro. Você tem de ser estúpido — apenas um pouquinho — se não quiser ser maltratado, empurrado de um lado para o outro.

Não ser empurrado de um lado para o outro é um conceito relativo, quando o governo determina onde seu corpo pode e não pode estar.

* Times de basquete americanos. (N. T.)

"Sou fácil de ser ignorado aqui", diz Charlie. Ele aprendeu que os fins de semana são especialmente difíceis — as pessoas estão ocupadas com suas próprias vidas e não estabelecem contato como de costume. É o que ele sente principalmente nas sextas-feiras. Lembro como ele descreveu as sextas na sua carta: quadrados de peixe desconhecido, dominós desordeiros à noite, nenhuma corrida a aguardar no dia seguinte. Ele não consegue fazer nem as coisas menores, mais simples — enviar uma mensagem, por exemplo, ou deixar um recado no telefone de alguém, ou ter uma conversa que não seja pontuada pelo constante anúncio automatizado de seu encarceramento. Ele vive em outro mundo, e falar com ele sempre envolve falar através da fronteira entre esse mundo e aquele que chamamos *nosso*, o que chamamos aqui fora, o que chamamos real.

Charlie me conta sobre sua noção de "mobilidade interior", algo que pegou de Jack London, que consiste basicamente apenas no seguinte: ir a algum outro lugar, quando não é permitido ir a lugar nenhum. Para Charlie, a mobilidade interior significa ler livros, mas também significa seguir sua imaginação em outros lugares, outros roteiros: "Não encaro isso como fantasia", diz ele, "em que sempre acabo nu com a mulher bela". É alguma coisa mais sagaz, menos realização de um desejo e mais tornar-se vulnerável à circunstância — uma das muitas liberdades sutis que este lugar proíbe: a liberdade de ser influenciado por muitas estruturas, muitos roteiros, em vez de enfrentar o único contexto duradouro do encarceramento. O princípio da mobilidade interior tem dois gumes, oportunidade e consequência: "Sou livre para tirar um cochilo quando quiser, ir correr quando quiser, apaixonar-me, pular de um edifício ou comer bolo até vomitar", diz ele. "A regra mais importante da minha mobilidade interior é que devo seguir a pista até onde ela vai dar e às vezes isso não vai terminar bem." Essa articulação do desejo me fascinou — seguir a pista *até qualquer lugar*, não apenas até um lugar bom. O encarceramento não tira simplesmente a capacidade de conseguir o que se deseja, tira a liberdade de se lascar — empanturrar-se de bolo, pular de algum lugar alto demais ou transar com as pessoas erradas.

Charlie me conta que parou de pedir que os amigos viessem visitá-lo porque era doloroso demais vê-los partir. *Queria Que Você Estivesse Aqui* é apenas um Band-Aid sobre *Queria Que Eu Estivesse Aí. Queria Que Você Estivesse Aqui* nunca é o bastante. Quando ele me conta como esse momento de partida dói, ambos sabemos que não estamos isentos. Não importa o quanto falamos ou sobre o que conversamos — não importa como Charlie descreve bem a prisão ou como escuto bem o que ele diz — a nossa visita vai chegar ao fim. Cada momento que passamos juntos gesticula para esse momento de partida — como o ponto de fuga numa pintura, tudo se refere a ele. Confessá-lo de nada adianta para dissolvê-lo.

Três horas é apenas outra hora do dia, mas é também o seguinte: a diferença entre mim e Charlie, entre nossas roupas e os jantares que vamos comer à noite, entre o número de pessoas com que vamos entrar em contato na próxima semana, entre aquelas liberdades que o Estado considerou apropriadas para o corpo dele e para o meu. Cada rapaz aqui dentro tem um sonho para quando sair, Charlie me diz: um rapaz quer vender vídeos de exercícios baseados em sua rotina de boa forma física; outro rapaz quer administrar um barco de venda de sorvetes e doces.

Três horas é quando um de nós parte, o outro fica. Três horas é o fim da fantasia de que o mundo dele estava aberto ou de que eu cheguei a entrar nele. Quando a verdade é que jamais ocupamos o mesmo espaço. O espaço não é o mesmo para uma pessoa que escolheu estar ali e para quem não fez essa escolha.

O descaso aqui é quase inimaginável — e não é apenas o descaso da equipe de Beckley mas do próprio mundo — o mundo que continuou suas atividades diárias, enquanto mantinha todos esses homens invisivelmente depositados em outro lugar, em muitos dos cantos mais obscuros da nação. No lado de fora, pode-se pensar sobre a prisão por um momento e depois pode-se pensar sobre outra coisa. Aqui dentro, é a todo momento. É impossível ignorar.

A contagem na névoa chega às três horas — num dia perfeitamente claro — e alguns de nós exercemos nosso direito de desaparecer e outros são lembrados de que já não podem fazê-lo. Um homem exerce seu direito de correr 540 vezes ao redor de uma pista de cascalho. O que acontece quando se confina um homem cuja vida é movimento? Acho que isto, esses circuitos.

Talvez hoje à noite eu sonhe com aqueles infindáveis acres de paisagem lunar além das linhas de beleza. Talvez eu encontre aquele estranho de novo. Talvez ele volte ao restaurante engordurado. Talvez eu lhe compre uma Coca--Cola, ou um biscoito do tamanho de seu rosto, e talvez ele possa representar todo homem que já teve uma história e eu possa representar todo mundo que já escutou com bastante atenção. *Sou fácil de ser ignorado aqui dentro.* Vou propor a esse estranho toda pergunta simples que qualquer pessoa já fez a outra pessoa. Vou fazer tantas perguntas a ponto de dissolver a retórica e as divisórias de concreto; vou lhe fazer tantas perguntas a ponto de torná-lo visível de novo, tantas perguntas que teremos de permanecer no sonho daquele restaurante para sempre.

As contagens na névoa acontecem quando o céu se torna opaco e o movimento parece possível, quando as fronteiras entre os livres e os de quarentena são mais difíceis de perceber — jamais dissolvidas, apenas ocultas — e por isso as contas chegam com maior urgência: aqueles que fizeram algo errado são contados; aqueles que nada fizeram de errado são contados ao lado deles, e em torno de todo o perímetro há uma linha sustentada por armas — ou a ameaça das sentenças aumentadas — e essa linha se estende como uma cicatriz através de uma terra já marcada de cicatrizes. A prisão é uma ferida que mantemos enfiada naquelas regiões do país que não têm como rejeitá-la, que precisam de seus empregos ou renda, que devem suportar a violência silenciosa de sua presença física — seus cartazes de alerta "Não Dê Carona a Ninguém", suas cercas de arame farpado — assim como um lugar deve suportar a retirada dos cumes de suas montanhas e a pilhagem de seus veios: porque uma retórica poderosa insiste que só podemos nos livrar de nossas antigas cicatrizes tolerando novas.

Viagens da dor (II)

Ex-votos

FRIDA KAHLO USOU COLETES de gesso durante a maior parte de sua vida, porque sua coluna era fraca demais para se sustentar. Ela os pintava, claro, cobrindo-os com retalhos colados de tecido e desenhos de tigres, macacos, pássaros emplumados, uma foice e um martelo vermelhos cor de sangue, bondes como aquele cujo corrimão se cravou em seu corpo quando ela tinha dezoito anos. Os coletes continuam até os dias de hoje em sua célebre casa azul — os espelhos neles embutidos refletindo de volta nosso olhar, suas colagens estrangulando o mundo inteiro. Numa delas, um círculo aberto foi entalhado no gesso como uma claraboia perto do coração.

Charles Baxter encontrou certa vez o que ele chamou de "o último encanto" numa cena de Sherwood Anderson, uma mulher correndo nua na chuva, mendigando a atenção de um velho surdo. "O seu corpo", ele escreve, "seu último encanto semiótico, ou vulnerabilidade, ou segredo precioso — todas essas coisas, mas não será reduzido a um único significado —, transporta a carga de seu desejo, e torna-se o registro da extinção."

Os coletes de Frida endureceram ao redor de um desejo inexprimível. Ainda moldam uma mulher invisível, ainda nua em sua carência, ainda chamando surdos na chuva. Eu os considero belos. Ela teria dado tudo, talvez, para ter um corpo que os tornasse irrelevantes.

Frida Kahlo e Diego Rivera se casaram em 21 de agosto de 1929. Ela tinha 22 anos, ele 43. Ela costumava chamar os dois "pareja extraña del país del punto y la raya", o par estranho do país do ponto e da linha. Em seu diário, ela os desenha como Nefertiti e seu consorte, Aquenáton. Aquenáton tem um coração inchado e costelas como garras ao redor do peito. Tem testículos que parecem um cérebro, um pênis que parece o seio oscilante de sua amante. Abaixo está escrito: "Os dois geraram um menino de rosto estranho". Nefertiti carrega nos braços o bebê que Frida nunca teve.

Encontramos Diego como um vírus nas páginas do diário. "Diego, nada se compara com tuas mãos... A concavidade de tuas axilas é meu abrigo... Eu te roubei e não choro mais. Estou apenas brincando... Meu Diego: Espelho da noite." Em um momento: "Aquele que vê a cor", e embaixo disso, sobre si mesma, "Aquela que veste a cor". Às vezes apenas "Diego". Ou "Diego, início. Diego, construtor. Diego, meu pai, 'meu marido', meu filho".

"Hoje Diego me beijou", ela escreveu certa vez, depois riscou o que tinha escrito.

Foi também em agosto, 24 anos depois do casamento, que Frida finalmente perdeu a perna. Debilitada pela pólio, com fraturas em onze lugares pelo acidente com o bonde, a perna sucumbiu à gangrena e foi amputada. Ela morreu no ano seguinte, como se essa perda — depois de tantas outras — fosse por fim o que não conseguia suportar. Ela tinha perdoado seu corpo por tantas traições, só para vê-lo ser arrancado dela em pedaços. Ganhou uma perna de madeira, mas o fato de que bebia tornava seu equilíbrio complicado.

Frida amava seus médicos. Ela lhes agradece mais de uma vez em seu diário: "Gracias al dr. Ramón Parres, gracias al dr. Glusker, gracias al dr. Farill, gracias al dr. Polo...". Ela lhes agradece pela integridade, inteligência, afeto. Associa sua ciência com a cor verde. A tristeza é também verde, assim como as folhas e a nação da Alemanha. Ela tem todo um vocabulário da cor. Marrom é toupeira e folhas tornando-se terra. Amarelo brilhante é para a roupa de baixo dos fantasmas.

Ao pegar um ônibus aos dezoito anos, Frida ficou perto de um artesão que carregava uma sacola de ouro em pó. Quando o bonde os atingiu, a sacola se rompeu pela força da colisão e o corpo de Frida, arruinado sobre o concreto, foi coberto pelo que a sacola continha. Ouro era a luz do sol sobre o asfalto. Ouro era o brilho do metal através de uma ferida aberta. Magenta, por outro lado, era a cor do sangue. "El más vivo y antiguo", dizia Frida — o tom mais vivo, mais antigo. "Aquele que vê as cores." Frida era aquela que tinha de vesti-las.

Frida tinha uma coleção de ex-votos, pinturas oferecidas como agradecimento aos santos. Essas pequenas cenas mostram anjos pairando sobre o enfermo e aquele que foi salvo, seus corpos minúsculos enrolados em posturas prostradas de gratidão ou sofrimento. Legendas manuscritas oferecem resumos tão breves (*Fui esmagada por um cavalo; o cavalo foi surpreendido por uma cobra*) que parecem mordaças pregadas sobre as histórias completas. Os ex-votos estão cheios da esperança de Frida, sua obstinação: o seu era um corpo atraído quase gravitacionalmente para o ferimento, mas suas pinturas apontam sem cessar para a graça.

Duas páginas de seu diário, uma diante da outra, mostram um par de cálices combinando, cada um com o rosto de uma mulher: lábios cheios, nariz largo, olhos fixos com lágrimas enrodilhadas caindo de seus cantos. Um rosto está zangado, violeta e vermelho, ferido e com matizes de sangue, e a legenda diz: *No me llores*. Não chorem por mim. Não me lamentem. O outro rosto é branco como alabastro com manchas coradas nas bochechas: *Si, te lloro*. Eu choro por ti. Eu te lamento. Deixo de lamentar. Estou apenas brincando.

Não me lamentem. A que foi ferida não se permitirá chorar. Mas ainda assim, ela chora.

SERVICIO SUPERCOMPLETO

PERTO DO INÍCIO DE SALVADOR, o relato de 1982 escrito por Joan Didion sobre um Estado repressivo no auge da guerra civil, Didion vai a um shopping center. Ela está à procura da verdade de um país guardada naqueles corredores, e também de pastilhas para purificar sua água. Não encontra as pastilhas, mas acaba encontrando outras coisas: foie gras importado e toalhas de praia estampadas com mapas de Manhattan, fitas cassete de música paraguaia, garrafas de vodca embrulhadas junto com copos elegantes. Ela escreve:

Aquele era um shopping center que encarnava o futuro para o qual El Salvador estava sendo presumivelmente salvo, e registrei tudo obedientemente, este sendo o tipo de "cor" que eu sabia como interpretar, o tipo de ironia indutiva, o detalhe que devia iluminar a história. Enquanto escrevia, compreendi que já não estava interessada nesse tipo de ironia, que esta era uma história que não seria iluminada por tais detalhes, que esta era uma história que não seria talvez iluminada de modo algum.

Sua inteligência desencava uma verdade ao mesmo tempo desconfortável e cristalina: em meio a uma guerra que você não pode ver, você ainda quer olhar. Quer entrecerrar seus olhos agudos e penetrantes diante de qualquer coisa que possa encontrar. Porque seu assunto é o medo, e medo não é algo com um cheiro ou matiz particular, é apenas algo no ar que dificulta a respiração. Não vai responder a qualquer nome, quando você o chamar para a luz.

Toda noite em El Salvador, as pessoas estavam sendo recolhidas em caminhões e assassinadas. Seus corpos jogados em lixões, enquanto Didion continuava olhando uma fila de vodcas importadas, pensando: *O quê?* Apenas apontando para elas, porque estavam ali, e que direito elas tinham?

A ironia é mais fácil que o silêncio desesperado, porém mais corajosa que a fuga. O problema é que às vezes o dedo treme na hora do gesto, não há razão em apontar, e talvez nem se possa apontar para nenhum lugar — ou ao menos para nada visível.

Eu me vi frequentemente no papel que Didion põe de lado — o ser errando pelo corredor do centro comercial, pilhando detalhes, o ser que vem em busca de pastilhas para purificar a água e sai levando o CliffsNotes[*] do sofrimento de um país já com a etiqueta do preço. Mais especificamente, ao ler Didion, eu me vejo num supermercado boliviano em 2007, tomando notas:

Os Beatles dublados cantando nos alto-falantes: Hola, Jude. *Um dos corredores dedicado inteiramente a leite enlatado.* Bella Holandesa *com uma camponesa holandesa corada. Cereais feitos especialmente para velhos e atletas —* ancianos e deportistas *— e uma caixa de* estrellas de avena, *como o* Cracklin' Oat Bran *que eu costumava comer sem parar na escola superior, só que: Estrelas! Sacos de* mayonesa *do tamanho de bebês,* 2.900 *centímetros cúbicos, e uma caixa de* Sopa Naranja *feita de abóbora e cenoura em pó. Toda uma fileira de*

[*] Resumo de obras literárias. (N. T.)

saladas enlatadas: Ensaladas de California e Rusa, *ambas cheias de "aromas na-turales".* Qualquer coisa que anuncia salsa americana contém vinho branco. *Dos anúncios pessoais no* Correo del Sur: *Yousselin é magra e discreta. Janeth oferece "servicio supercompleta con una señorita superatractiva!".*

Dois meses mais tarde, o mesmo jornal, *Correo del Sur*, apresentou uma matéria sobre um grupo de trabalhadoras sexuais em greve em El Alto, a cidade de barracões de tijolos escarrapachada sobre o altiplano acima de La Paz. Os bares e bordéis onde essas mulheres tinham sido vandalizadas. Elas se sentaram em protesto por muitos dias no lado de fora de uma clínica de saúde local. *Servicios supercompletos.* Elas costuraram os lábios com fio de linha.

Revejo minhas notas: salada enlatada e abóbora em pó. Tenho dificuldade em me lembrar do motivo. A metonímia dá de ombros. A metáfora também. O espaço branco entre os detalhes esmaga qualquer significado que supostamente teriam, qualquer prazer que estivessem destinados a propiciar.

Podemos declarar os fatos. Podemos tirar os olhos das toalhas de praia e dizer: o exército salvadorenho matou mil pessoas na vila de Mozote. Ou, quatro trabalhadores da igreja foram estuprados. Ou, o governo dos Estados Unidos deu ao exército que fez essas coisas 1,5 milhão de dólares por dia. Mas esses fatos também estão alinhados nas prateleiras, necessariamente escolhidos e arranjados, com um valor atribuído por explicações caprichosamente afixadas no lugar onde deveriam estar os preços.

Assim, persistimos. Dizemos, mais uma vez: aquelas mulheres bolivianas costuraram seus lábios por dias. Enfiaram agulha e linha pela pele para impedir a fala, para mostrar o que a fala lhes tinha feito.

Mil metros abaixo de El Alto — em La Paz durante janeiro — os bolivianos celebram um festival tradicional chamado Alasitas. Por três semanas, os mercados ao redor do Parque Urbano ficam cheios de objetos minúsculos, tudo minúsculo: cavalos minúsculos, computadores minúsculos, diplomas minúsculos, casas minúsculas, jipes minúsculos, lhamas minúsculas e filés de lhama minúsculos, passaportes minúsculos. As pessoas compram modelos do que mais precisam: uma nova casa, um novo animal para a fazenda, bastante comida para todo o ano. Oferecem seus figurinos em miniatura a um homem em miniatura — Ekeko, o anão, o deus aimará da abundância, um boneco fumante envolto num manto de lã brilhante. Elas prendem com alfinetes seus desejos em miniatura no poncho em miniatura do deus.

Tomamos frequentemente o diminuído pelo mimoso, mas não há nada gracioso nem exótico na força daquilo que é requisitado aqui, daquilo a que é dado forma. Imagino os conteúdos do shopping center de Didion arranjados como uma dessas mostras, os objetos afixados a um imenso poncho estendido sobre os imensos ombros do céu, um tecido brilhante revestido com vodca e foie gras.

Seria um painel de sonhos materiais, ou materiais sonhados — *o futuro para o qual El Salvador estava sendo presumivelmente salvo* — um horizonte impossível de luxos ao final da privação. Seria um mapa ilimitado, essa exibição do desejo, amplo demais para ser visto em sua totalidade. Mas o que acontece é o seguinte — você *pode* vê-la aqui, no Parque Urbano, porque é pequena. São apenas objetos comuns que você pode segurar na palma da mão. Nenhuma ironia por quilômetros. Esses detalhes do desejo oferecem menos iluminação que insistência — no sonho, no delírio, ou em ambos: um deus anão com sua carga de orações minúsculas, um desenho ilimitado finalmente visível na sua totalidade, na sua escala.

O coração partido de Jame Agee

Em muitas noites daquele outono, fui a um bar onde o chão era coberto de cascas de amendoim, e ali bebia e lia James Agee. A bebida alcoólica infiltrava a visão traumática de Agee em todo o meu ser, contorcia-me para me deixar maleável à perda, e eu não tinha medo de pensar assim — *maleável à perda* — porque estava bêbada, e bêbada significava que o sentimento era não só permissível, mas imperativo. Era ilimitado.

Acaba que *Elogiemos os homens ilustres* não era sobre homens famosos. Era sobre percevejos, toucados nupciais embolorados e casas de fazenda como mamilos rachados sobre a terra. Era sobre o desejo de Agee de trepar com uma das mulheres a respeito das quais estava escrevendo. Além disso, era sobre culpa. Era principalmente sobre culpa.

Originalmente, foi um artigo de revista que saiu do controle. Em 1936, a revista *Fortune* encomendou a Agee um artigo sobre meeiros no sul profundo, e, em vez disso, ele lhes deu a escura noite espiritual da alma. Eles rejeitaram. Ele escreveu mais quatrocentas páginas.

É um livro difícil de classificar: tem seções que não parecem pertencer ao mesmo grupo: discussão de preços do algodão, macacões jeans, a alma como um anjo pregado na cruz: usa dois pontos da maneira como esta frase os emprega: irracionalmente. É tão arrastado e belo que você tem vontade de sacudi-lo pelos ossos de seus ombros magníficos e fazê-lo parar. Mas a dificuldade do encerramento é uma das obsessões da obra: o sem fim da labuta e da fome. Tenta contar uma história que não vai terminar.

Eu estava tentando, à época em que li o artigo, contar uma história minha. Eu acabara de retornar à América depois de viver na Nicarágua, onde tinha sido assaltada e esmurrada no rosto certa noite, bêbada. Meu nariz fora quebrado, depois parcialmente consertado por um cirurgião caro de Los Angeles. Eu tinha me mudado para New Haven, onde parecia que todo mundo estava sempre sendo roubado na rua. Eu tinha medo de caminhar sozinha à noite. "Quase tudo é cruelmente manchado", escreveu Agee, "nas tensões da necessidade física." Absorvemos uma noção sobre o sofrimento — que ele deve nos expandir, nos tornar porosos — mas isso não aconteceu comigo. Eu me sentia encolhida. O dano tornou-se medo. Tornou-se uma insistência. Eu lia Agee, que pensava em sua própria culpa quando devia estar pensando em três famílias no Alabama, e eu pensava em mim mesma quando devia estar pensando em Agee.

Ou então, eu pensava em todo mundo que não era eu, de volta às ruas de Granada. Pensava nos meninos a quem eu tinha dado aulas em algumas tardes — viciados em cola e sem lar, com os narizes escorrendo e as calças frouxas — surpreendendo-os quando andavam sem rumo pelas cantinas da Calle Calzada à cata de dinheiro e companhia. Pensava em Luis, que adormecera nos degraus da casa em que eu morava — e em como eu não o convidara a entrar à noite, apenas o acordara, cutucara seu ombro, porque ele estava bloqueando a porta. Examinei essa memória em busca das costuras visíveis de uma moral: O que deveria ter feito? Talvez Agee continuasse a escrever por estar igualmente à procura do alinhavo de uma moral. Talvez fosse por isso que ele não conseguia parar.

Eu adorava ficar triste por Agee porque sua tristeza não era minha. Meu rosto era claustrofóbico e Agee era outra coisa. Ele era algo que eu não era. *A tragédia é de segunda mão.* Faulkner escreveu isso. O que significava, para mim: famílias no Alabama sentiam mais dor do que a que eu jamais sentiria, e eu podia dar as caras num bar sujo e admiti-lo. Não bastava, mas era alguma coisa. Ele escreve sobre o trabalho diário de uma mulher nos campos de algodão:

> [...] como é possível deixar bem claros [...] os muitos processos da labuta cansativa que cria a forma de cada um dos dias de sua vida; como deve ser calculado o número de vezes que ela fez essas coisas, o número de vezes que ela ainda deve fazê-las; como é concebível dizer em palavras o que existe na realidade, o peso acumulado dessas ações sobre ela; e o que esse acúmulo causou ao seu corpo; e o que causou à sua mente, ao seu coração e ao seu ser.

Empatia é contágio. Agee a contrai e passa para nós. Ele quer que suas palavras se entranhem em nós como "a mais profunda e a mais ferrenha angústia e culpa". Elas se entranharam; elas se entranham; elas se prendem como lascas, imóveis, nas palmas abertas suplicantes deste ensaio. Se fosse possível, afirma Agee, ele não teria usado palavras: "Se pudesse, eu não escreveria nada aqui". Dessa maneira, somos preparados para as quatrocentas páginas de escrita que se seguem. "Um pedaço do corpo arrancado pelas raízes", ele continua, "talvez fosse mais pertinente."

Agee não oferece a realidade. Apenas conjectura como essa realidade poderia parecer — uma descrição adequada, *o que esse acúmulo causou* — e suspende essa possibilidade nas margens de seu livro: tudo o que ele não consegue manejar. Ele quer mapear algo quebrado. Sobre a questão da pobreza e seu efeito sobre a consciência, ele é impiedoso: "O cérebro é silenciosamente arrancado e esquartejado". Seu livro faz o mesmo com a história, partindo-a em pedaços e recompondo-a em fragmentos: a casa, a aurora, os animais, os homens, comunismo, crianças. Ele chama sua obra "o esforço de perceber simplesmente a cruel radiância do que é".

O que é, ao que parece, estava quebrado, assim Agee quebrou seu livro para adaptá-lo. O tema mantém a estrutura em sua servidão. A pobreza despedaça a consciência — dissolvida em necessidade e estrangulamento corporal — e Agee despedaça a narrativa. *Arrancado e esquartejado.* Ele não acha que fará justiça a seus temas: "Tenho certeza de que quaisquer esforços, no que se segue, segundo o que tenho falado, serão fracassos". Ele se engasga com suas palavras, interrompido pelas vírgulas e orações de suas desculpas. Ele gagueja aqui. Ele gagueja com frequência.

Acho difícil falar sobre ser ferida. Continuo tentando transformar a experiência em algo maior do que é, aquele momento único na rua, torná-lo parte de um padrão. O padrão mais simples era a culpa. Minha mão estivera sobre o ombro de um menino adormecido, sacudindo-o para acordá-lo. O que o concreto faz você sonhar? Sonho com aquele menino em círculos. Sonho com o lugar onde minha mão estava. Eu poderia pensar para sempre sobre o homem que me atacou — como ele tinha pouco dinheiro, muito provavelmente, como deve ter feito diferença para ele vender minha pequena câmera digital onde quer que tenha vendido minha pequena câmera digital, essa câmera que eu teria lhe dado de bom grado apenas para impedir que sua mão batesse no meu rosto.

Agee foi a algum lugar para ver a pobreza, e tentou assumir o dano em si mesmo, despi-lo de suas metáforas e chegar a uma verdade rasgada e crua por baixo — "o sentimento literal pelo qual as palavras *um coração partido* já não são poéticas, mas apenas a descrição mais precisa possível". O que se quebrou em mim naquele outono não era poesia. Meu rosto não se prestava a metáforas ou aberturas de lentes. Era apenas a descrição precisa de onde tinha estado a mão de um sujeito.

Não parece correto dizer que Agee se arriscava no sentimentalismo. Melhor dizer que ele sentia seu cheiro a um quilômetro de distância, e mesmo assim agarrava-se a ele com unhas e dentes. Ele o estendia diante de si como uma obscenidade, forçando todo mundo a ver como esse ultraje o levara à vergonha de tal hipérbole. Eu me sentia infectada por ele.

De que adianta a culpa? Agee perguntava. Nós perguntamos. Gostamos do som da pergunta. Ela põe um dedo grosseiro na batida do coração dentro de nós que não deixa de disparar, uma pulsação quebrada por solidariedade. Ela nos faz falar. Ela nos faz falar sobre nós mesmos. Ela nos faz confessar. Queremos purgar algo que nem mesmo a confissão vai justificar. Aquele menino dormindo. Agee bebia quando escrevia e eu bebia quando o lia. Agee jogava-se aos pés de seus temas e eu não conseguia sequer me atrever a caminhar sozinha à noite, com meu nariz quebrado e meu coração de batida irregular e precipitada pela vodca. Você fica bêbado e depois fica sentimental, ou então você fica bêbado e é atacado. Eu dizia a mim mesma que havia algo denso e significativo em meu medo — uma experiência ganha, o resíduo de um contato, uma cruel radiância — mas, na verdade, não havia nada senão meus braços cruzados sobre o peito, enquanto eu caminhava por ruas vazias, ninguém vindo atrás de mim no escuro.

Meninos perdidos

O PRIMEIRO FILME COMEÇA COM BICICLETAS resgatadas de um riacho lamacento. Estamos na mata. Homens, com água suja pelas canelas, movem-se desajeitadamente em camisas de botão, falando com sotaques estropiados do Arkansas, dizendo: "Não deixe ninguém entrar aqui", como meninos defendendo um forte, cercado por fita amarela, exceto que não são meninos; não há meninos, esse é o xis da questão. Os meninos estão mortos. Dizem que meninos os mataram.

A polícia está de pé sobre três corpos tão incrivelmente pálidos e magros no chão, amarrados como porcos pelos cadarços de seus sapatos, sua pele de fantasma coberta de folhas verdes. Eles parecem "crianças trocadas" adormecidas. *Changeling* significa uma criança roubada por espíritos, ou então o demônio deixado em seu lugar. Três meninos foram mortos em maio de 1993, e em seu lugar três demônios foram encontrados, entregues como sacrifício.

As tomadas iniciais do filme estalam com o ir e vir do rádio da polícia. Os policiais não sabem o que fazer com esses corpos. O filme é cinzento e turvo; a qualidade visual parece colhida do estranho purgatório pouco depois de acordar, quando você tenta lembrar a si mesmo que tudo o que sonhou — uma morte, uma culpa, alguns destroços — não é real. Essa esperança frustrada adensa a luz cinzenta.

Aos poucos, a música aumenta sob as vozes da polícia. Já nem dá para escutar os homens, mas é possível ver as linhas mais escuras da água nas suas calças, até onde chapinharam na lama do riacho. Dois dos meninos morreram afogados. Um sangrou até morrer nas margens. A música é do Metallica, os primeiros acordes de "Welcome Home (Sanitarium)". Seu volume cresce obstinadamente, obscurecendo os sons da investigação. Soa como um garoto aumentando o estéreo em seu quarto para abafar o som da voz do pai além da porta.

O caso

Eis o que aconteceu: três meninos foram mortos, outros três foram acusados e três filmes foram feitos, por dois homens que passaram mais de quinze anos perseguindo a história.

Em 6 de maio de 1993, Steven Branch, Christopher Byers e Michael Moore foram encontrados num trecho de mata atrás de um restaurante de estrada numa cidade de Arkansas chamada West Memphis. Três adolescentes — Jessie Misskelley Jr., Jason Baldwin e Damien Echols — foram detidos e acusados de assassinato em primeiro grau. Os assassinatos foram considerados rituais satânicos e Damien foi chamado de satanista. Ele e Jason eram conhecidos por usar roupas pretas, gostar de heavy metal e desenhar magos. O cabelo deles era longo. Odiavam seu lugar de origem. Eram adolescentes, basicamente, acusados de um crime brutal a partir de evidências em grande parte circunstanciais. Dois cineastas nova-iorquinos, Joe Berlinger e Bruce Sinofsky, decidiram fazer um filme — e depois uma sequência, e mais tarde um terceiro filme — para mostrar ao mundo como esse trio — logo famoso como os Três de West Memphis — foi parar na prisão e lá permaneceu. A trilogia, chamada *Paradise Lost*, acompanha os acusados em seus julgamentos originais, suas apelações e os anos de seu encarceramento.

O terceiro filme já estava em fase de pós-produção quando algo inesperado aconteceu: os homens entraram com algo chamado apelação Alford[*]

---

[*] Apelação com base numa defesa Alford. O fundamento ou doutrina Alford é uma forma de confissão de culpa numa corte criminal dos Estados Unidos, em que o réu reconhece que a promotoria tem provas suficientes para garantir a condenação, mas não admite ter cometido o crime. (N. T.)

em 19 de agosto de 2011, e foram libertados. Era basicamente o Estado admitindo ter errado sem admitir ter errado. A libertação aparece como um epílogo no último filme — e, embora surja de um emaranhamento legal cansativo que o filme torna compreensível, ainda assim parece um milagre inexplicável: um final que poderia ter sido rotulado de inacreditável, se os filmes não fossem tudo menos documentários.

O LUGAR

VEEM-SE MUITAS RODOVIAS em *Paradise Lost*. Veem-se muitas rodovias porque West Memphis tem muitas rodovias. A cidade está situada na área em que duas das maiores estradas interestaduais do país — a I-55 e a I-40 — cruzam no rio Mississipi. A Memphis real está no outro lado do fluxo de água. Atualmente a renda média per capita é pouco menos de 20 mil ao ano.

O filme parece fascinado pelas artérias macadamizadas da cidade. A câmera está sempre se precipitando ao longo das linhas que elas rasgam, sobre terrenos de concreto e telhados beges de shopping centers, parques de trailers e caminhões de entulho nos acostamentos sujos. O Metallica cria a trilha sonora para todas essas tomadas panorâmicas, emprestando música à feiura de tudo, à mesmice, à ironia de ser apanhado pobre numa terra cheia de rodovias que vão para todos os outros lugares. Essas vistas aéreas começam a contar a história debaixo desta história, que é uma história sobre a pobreza. É uma história sobre casas móveis de largura dupla em abandono, fumantes inveterados, cercas de arame, ervas daninhas crescendo por entre cabines de caminhão enferrujadas, bairros construídos em torno da realidade das rodovias, meninos que passam o tempo em lojas de conveniência e invadem os trailers com suas namoradas, mães de cabelos crocantes por causa do gel, mães viciadas em pílulas, e todo mundo com dentes tortos. Apenas os dentes dos advogados e dos policiais são direitos.

Esta é uma história sobre as famílias do "lixo-branco" ajoelhando-se junto aos túmulos de seus filhos. Esta é uma história sobre pessoas que se sentiam invisíveis antes que esta tragédia as colocasse em evidência. É uma história sobre meninos que não podem pagar suas próprias roupas e sua própria representação legal. Eles aceitam tudo que o Estado lhes entrega, e continuarão a fazê-lo por anos — até um conjunto de filmes possibilitar que comecem a agir de outra maneira.

A madrasta de Jessie resume a situação com precisão: "Se tivéssemos dinheiro", diz ela, "você acha que esses meninos teriam sido atormentados?".

A MATA

OS CORPOS FORAM ENCONTRADOS num trecho de floresta chamado Robin Hood Hills, uma faixa verde luxuriante aninhada ao lado de um lava rápido numa parada de caminhões à beira da estrada. A mata fica bem perto da rodovia, mas é suficientemente grande para que alguém ali se perca. O éden decaído do mundo superdesenvolvido circunda o éden decaído dessa mata. Robin Hood Hills deveria invocar um alegre bando de bandidos fora da lei, mas toda vez que escuto esse nome, penso em Peter Pan. Minha mente insiste no conto de fadas que melhor se aplica ao caso, isto é: Peter Pan significa Terra do Nunca, onde os meninos nunca se tornam homens.

Meninos é uma palavra que confunde quando se tenta contar esta história: três meninos acusados de matar três meninos, seis personagens dividindo a custódia da juventude, mas não da inocência.

"Não são meninos, esses que assassinaram nossos garotos", diz o pai de uma das vítimas. "Deixaram de ser meninos quando planejaram isso."

Os trailers do filme mostram uma grade de três colunas e duas linhas com as fotos: retratos escolares dos meninos mortos formando a linha de cima, retratos de delegacia dos acusados embaixo. A insistência visual nesse alinhamento geométrico — nas notícias, nos jornais — provém da mesma fome de respostas que acabou incitando a condenação: a compulsão de encontrar uma solução simétrica para toda essa confusão. Três vítimas, três assassinos. Uma grade de três colunas por duas linhas é compreensível como uma planilha. As pessoas desejam alguma teia de correspondência, por mais cruel que seja, algo capturado e enquadrado por ângulos retos, endireitado, ordenado — num fotograma, seis fotogramas, finalmente imóveis, finalmente ordenados.

OS ACUSADOS

POR QUE DAMIEN, JASON E JESSIE foram detidos? Jessie confessou, foi essa a razão, e implicou os outros dois. Pode ser difícil perceber a mentira de uma confissão, mas a de Jessie parece bastante frágil no contexto. Ele foi levado para a delegacia por nada e tratado como um criminoso; tem um QI de 72, o que mal lhe confere a capacidade mental de uma criança de seis anos; foi interrogado durante doze horas sem parar, e apenas os últimos 41 minutos estão gravados. Ele erra ao falar de alguns detalhes importantes antes de ser orientado a endireitá-los. Ele diz que os assassinatos aconteceram por volta do meio-dia, quando os meninos ainda estavam na escola, até ser encurralado a admitir que o crime aconteceu realmente à noite.

Sei que confissões falsas acontecem todo dia. Fico horrorizada com isso, claro, e com o fato de que muitos não conseguem admitir, não conseguem *aceitar*, que elas acontecem, e horrorizada com o sistema judiciário que deixa que aconteçam, que coage para que aconteçam — e ainda assim, apesar de tudo, é difícil negar como é convincente escutar uma voz confessando um crime. A contragosto eu me sinto convencida, ao ouvir a gravação reproduzida durante o julgamento de Jessie. Como poderia deixar de ser verdade? Por que alguém pronunciaria palavras que não queria dizer? "A cultura ocidental", diz o teórico literário Peter Brooks, "tornou o discurso confessional uma marca de autenticidade de primeira qualidade, *par excellence* o tipo de discurso em que o indivíduo autentica sua verdade interior." Uma verdade interior autenticada: doze horas, alguns policiais tentando fazer o seu trabalho.

Depois de sua condenação, oferecem a Jessie uma sentença reduzida para repetir sua confissão no julgamento de Damien e Jason. Ele recusa. Poderia reaver anos de sua vida, e ele diz não.

* * *

Jessie é pequeno. Em certo momento, seu advogado de defesa se refere a ele como "o pequeno Jessie". *Pequeno Jessie*. Ainda não grande o bastante para ser um matador de meninos. Ele é ananicado pelos policiais que o escoltam até o tribunal. Ele é ananicado pelo seu próprio terno. O pai de Michael Moore se pergunta por que o dinheiro do contribuinte financiou ternos para os acusados. "Eles estão na cadeia", diz ele, "deviam usar roupas da cadeia." Esta é a tautologia tentadora da acusação: culpados até que se prove o contrário. Usem roupas da cadeia até decidirmos se merecem outra coisa.

Jessie usa roupas que não são do seu tamanho. Ele parece estar brincando de se fantasiar com roupas de adulto. Parece o menino pequeno que ele perdeu o direito de ser. Tem cabelos encrespados, resmunga e ainda há um pouco de alegria e malícia em seu sorriso, quando este aparece. Em sua cela, ele guarda cartões Hallmark de sua família alinhados numa prateleira. Lê as mensagens com uma voz trêmula e penosa, pronunciando cada sílaba. Está a meio caminho entre o menino da escola e o homem; dispôs de pé, escorada, a foto de uma garota de biquíni tirada de uma revista.

Quando Jessie fala com o pai pelo telefone da prisão, a conversa é arrevesadamente banal ("Como vai?" "Tudo bem." "Tudo bem?" "Sim, estou bem."), mas acaba chegando ao assunto de um ferimento numa das mãos. Jessie deu um soco na privada metálica de sua cela. Ele está preocupado porque um osso pode estar quebrado. O pai diz: "Se você consegue movê-lo, não está quebrado". Há um evidente carinho profundo entre eles. Em certos momentos, o sr. Jessie ainda ri. A câmera chega perto de seu riso, de seus dentes tortos. Um pai sente prazer em falar com o filho pela linha telefônica, apesar de tudo.

Numa entrevista, perguntam a Jessie o que ele faz à noite. "Apenas choro muito", diz ele. "E depois vou dormir."

Na época de seu julgamento, Jason Baldwin parece jovem demais para a puberdade, mais ainda para a pena de morte. É de partir o coração. O cabelo é loiro-claro como uma aura ao redor de sua cabeça, algo parecido com fotos de espíritos do século XIX. Quando o observo, me sinto quase abalada diante de sua fragilidade — os dentes tortos como os da mãe, uma mulher macilenta cuja voz parece mascar seu próprio som. E nesses momentos de dor por Jason, no auge da minha tristeza, é que me pego perguntando: e se eles realmente cometeram o crime? Vislumbro um lampejo aterrorizante dos meninos na mata, fazendo tudo aquilo de que são acusados — e sinto uma ponta de culpa, como se os tivesse traído simplesmente por duvidar de sua inocência por um momento.

Mas essa é a questão: não faço ideia. Posso olhar as evidências, mediadas por um documentário, e me sentir indignada; posso olhar a decisão final da corte que derruba, a bem dizer, sua própria decisão, e posso sentir confirmada a indignação; posso olhar o rosto desses meninos e sentir a força da verdade no que dizem; mas não posso jamais *saber*. Ninguém pode saber, exceto eles — e a pessoa que cometeu o crime, se essa pessoa estiver por aí. Então sinto meu coração se partir por uma verdade de que não posso ter certeza absoluta. É uma estranha espécie de vertigem: uma reação afetiva lançada contra uma incerteza epistemológica.

Durante sua primeira entrevista na cadeia para o filme, Jason toma um refrigerante Mello Yello e come uma barra de chocolate Snickers. Essa é de certa maneira a parte mais triste da cena — até mais triste do que as coisas que ele diz —, pensar que essas guloseimas não são nada, em face de tudo o mais, mas ainda assim as únicas coisas que ele tem para escolher todos os dias. A empatia é mais fácil quando chega aos dados particulares concretos. Não consigo me imaginar na prisão, mas consigo me imaginar escolhendo um lanche. Por isso sou atraída para a realidade da barra de chocolate de Jason — e, uma vez perto desse detalhe, me sinto de repente dominada pela divisão que a torna irrelevante: a linha divisória essencial entre o encarceramento de Jason e a minha liberdade. Agora ele também está livre, e eu me pergunto o que ele come. Eu me pergunto do que ele sentiu mais falta.

Mas na tela, ainda na cadeia, o que ele podia fazer era apenas beber um refrigerante amarelo-xixi. Ele diz que não poderia matar um animal ou uma pessoa. Fala sobre sua iguana. É seu animal de estimação predileto. Compreendo o detalhe da iguana como um exemplo de construção editorial: como é que você pode ver um menino que parece ter dez anos falando sobre sua iguana e acreditar que ele é um assassino? Percebo que os cineastas estão essencialmente forjando esse momento — o modo como ele proclama a inocência de Jason mais efetivamente, afetivamente, do que seu próprio desmentido — mas sou também cúmplice da visão que me oferecem. Acredito no que Jason diz sobre sua iguana. Acredito no que ele diz sobre não matar aqueles meninos. Seu advogado lhe pergunta: O que ele quer fazer quando o julgamento terminar? Talvez ir à Disneylândia, diz. Ele nunca viajou a não ser para algumas fontes naturais nas redondezas. Soa como fontes de herói [*Hero springs*] no seu resmungar, embora seja possível que ele tenha dito apenas fontes de água quente [*Hot springs*]. Quero imaginar Jason Baldwin numa viagem. Quero estar dentro de sua cabeça quando ele escutar "Inocente", e quero acompanhá-lo num avião até Anaheim. Este é um dos delírios que o documentário inspira: se está tudo editado, se é tudo artefato, não poderia tomar outro rumo? Não poderia haver outro final?

No banco das testemunhas, Damien é indagado a respeito de seu nome. Foi ele próprio que adotou esse nome. A pergunta que não lhe fazem é: "Você se chamou assim por causa do diabo?". Mas a possibilidade está claramente sobre a mesa. Revela-se que Damien escolheu esse nome em homenagem ao padre Damien, um padre católico que cuidava de leprosos no Havaí e por fim morreu dessa doença. Seria bom encontrar algum paralelo aqui — uma iluminação, ao menos uma transição —, mas não há paralelo. O réu Damien não cuidou de leprosos. Sua tragédia não reside no heroísmo de sua vocação, mas na ausência dela — o espaço negativo, aquelas vidas não vividas, isto é: a definição do próprio encarceramento.

Damien poderia ter cuidado de qualquer um, em qualquer lugar, mas ele foi mantido num único lugar, num único *aqui*, onde ele não cuidava de ninguém. Não que sua vida não acontecesse na prisão — ele fala lindamente de sua prática de meditação e de suas leituras, de suas relações com outros homens no corredor da morte —, mas essa vida poderia ter acontecido em outra parte. Ela assombra sua história como mil margens vazias.

Em 2005, Damien publicou com seus próprios recursos um livro de memórias chamado *Almost Home* [Quase em casa]. A capa mostra uma foto de seu rosto, descolorida e de olhos bem abertos, por trás de colunas de letras verticais que invocam as linhas duras das barras da prisão. O tom é direto e envolvente, agudo com *insights* e o peso inquietante de dados específicos, casinhas no quintal e sexo clandestino. Como acontece com a barra de chocolate de Jason, o sentimento se precipita para detalhes particulares: os nomes dos animais de estimação, o amor juvenil por Cyndi Lauper, um padrasto que certa vez deu um soco no chihuahua da família, Pepper, porque o cachorrinho pulou na cama enquanto ele estava rezando.

O tom das memórias é estranhamente leve e cheio de humor, mas Damien escreve com uma inteligência emocional impiedosa. É muitas vezes difícil de ler. Da mãe de coração partido que vemos no filme, ele diz: "Ela sabe muito pouco sobre mim, mas inventa histórias para que possa parecer mais próxima do que na verdade é. Com isso ela ganha mais atenção". Sobre sua namorada na época da prisão, a mãe de seu filho: "Não houve muito namoro, nem cenas de sedução... Comecei a dormir com [ela] só porque estava lá". Eu me lembro dela dos filmes — ruiva e bonita, zangada —, distraída brincando de cavalinho com o bebê no seu colo, e correndo da sala do tribunal na hora das sentenças. Damien sabe a história que poderia contar sobre essa garota — a história que, de muitas maneiras, esperamos: uma paixão inocente obscurecida pela tragédia, um amor juvenil quebrado pelas circunstâncias. Mas ele rejeita essa linha de história carregada de sentimento e, em seu lugar, conta a que aconteceu.

Sob certos aspectos, ler as memórias parece uma traição aos filmes — ver a mãe de Damien ser retratada como algo mais que apenas uma mulher agoniada, ver a mãe do filho de Damien ser revelada como algo mais que uma madona sofredora, ver o próprio Damien ser exposto como alguém grosseiro. Isso me tornou consciente do que eu já sabia, em algum nível, sobre todos esses rapazes, ou sobre mim mesma em relação a eles: por querer que sejam inocentes, preciso que sejam santos.

Os pais

Pam Hobbs, mãe de Steve Branch, é uma mulher bonita e nervosa que usa vestidos de estampa floral para ir ao julgamento. Ela parece perturbada pela dor. Numa entrevista com um repórter da televisão local, ela aparece com o uniforme de escoteiro-mirim do filho drapeado sobre a cabeça como um turbante. Está convencida, nesse momento, de que o crime foi satânico e de que os acusados são culpados. "Você viu os monstros?", diz ela. "Eles parecem punks."

A câmera passa diretamente para a sequência de meninos brincando num trepa-trepa e rodando num gira-gira, depois vira panoramicamente para uma fileira de balanços vazios. Eles se enroscam e rangem como se acabassem de ser abandonados, ou ainda guardassem fantasmas.

Os pais de Michael Moore, Todd e Dana, parecem uma dupla de bibliotecários. Eles têm uma filha chamada Dawn. Certa vez, Steve Branch comprou uma pedra-da-lua para ela. Quando são entrevistados, Todd Moore fala para alguém ao lado da câmera. Dana, por sua vez, olha para o marido quando fala. Ela quer a confirmação dele em seu luto. Todd quer saber se seu filho gritou por ele na mata.

Isso foi em 1993. Os Moore ainda estão por aí hoje em dia, em algum lugar — ainda cozinhando e comendo seu jantar, tirando a mesa, adormecendo e sonhando. Provavelmente, em alguns de seus sonhos o filho ainda está vivo. Eles vão de carro para o trabalho e depois para casa, veem comédias e riem, ou não, e o filho — o filho ainda está na segunda série.

Steve, Michael e Chris: cada um chegou à posição de Lobo nos escoteiros-mirins. Michael usava seu uniforme mesmo quando não estava nas reuniões. Steve tinha uma tartaruga de estimação que provavelmente viveu mais tempo que ele. Chris foi apelidado de Verme porque não conseguia parar quieto.

Requisitos para a insígnia de Lobo incluem andar como um caranguejo, andar como um elefante, saltar como um sapo; dobrar uma bandeira americana; aprender quatro maneiras de barrar a disseminação de resfriados; começar uma coleção, qualquer coleção; fazer o café da manhã e depois limpar tudo; visitar um sítio histórico na comunidade. Tento adivinhar que marco esses meninos poderiam ter visitado em West Memphis, um lugar que a história parece ter excluído de seus arquivos: talvez a Eighth Street, conhecida como "Beale Street West" por sua cena de blues da era da Depressão, ou a ponte Hernando DeSoto, uma infraestrutura maciça que ajuda os caminhões a seguirem seu caminho para algum outro lugar. É o que a maior parte da infraestrutura de West Memphis faz: ajudar as coisas a chegar a algum outro lugar. Talvez os meninos apenas se sentassem ao lado da rodovia para ver as jamantas passarem rolando.

Eles completariam 29 anos neste ano, um ano menos que eu.

Melissa e Mark Byers, a mãe e o padrasto de Chris, são os mais estranhos dentre os pais das vítimas. Melissa, sobretudo, parece zangada. Para ela, a conversão da dor em fúria tem sido rápida e absoluta, e as câmeras cristalizam essa alquimia num praguejar roteirizado. Ela deseja aos acusados todo tipo de violência. Diz que gostaria de roer a pele do rosto de Damien. "Odeio esses três", diz ela. "E. As. Mães. Que. Os. Geraram." Ela bate os dedos como um metrônomo.

Quando Jessie está deixando a sala do tribunal certo dia, Melissa grita: "Jessie querido!". Sua voz de falsete presumivelmente imita a voz do homem que, ela espera, vai estuprá-lo. Ela se vira para a câmera: "Vou lhe mandar uma saia pelo correio". Sua voz soa venenosa, mas também calculada — não que a raiva não seja autêntica, mas ela construiu um modo muito particular de expressá-la. Está representando sua dor para um conjunto de câmeras que não vão parar de segui-la por ali, e seu desempenho talvez torne difícil acreditar na existência de uma dor real por baixo. Mas existe. Uma parte minha quer sentir raiva dela, e sinto que os cineastas querem dar espaço a essa raiva. Outra parte minha lembra: o filho dela morreu. Esse é provavelmente o único fato certo em léguas.

Há também o seguinte: Melissa Byers é muito provavelmente uma mulher que se sentiu invisível e desrespeitada durante toda sua vida. O mundo nunca deu a mínima para nada que ela tivesse a dizer. Agora, de repente, ele quer saber.

Com base numa impressão superficial, Mark Byers daria um tema perfeito de documentário. Ele é descaradamente bizarro e furioso com qualquer coisa, em particular com os adoradores do demônio que mataram seu filho. É um homem alto com uma grande barriga e um corte de cabelo mullet. Há um quê de tortuoso em seu rosto, como o resíduo de uma paralisia. Ele diz ter um tumor no cérebro. Uma de suas camisas prediletas é dividida em listas e estrelas. Sua performance de patriotismo é notável pelo desejo que transparece na sua pessoa de se apresentar como alguém bom, de ser admitido na cultura da "decência" à qual jura lealdade. (A Realização número dois de um Lobo dos Escoteiros: *Com outra pessoa, aprenda a dobrar a bandeira americana.*) Byers gosta de falar palavrão — não apenas xingar, mas também rogar pragas, num tom bem alto e bíblico. Ele fala da luta entre anjos e demônios. Refere-se frequentemente aos acusados usando seus nomes completos: "Damien Echols, Jason Baldwin, Jessie Misskelley, espero que o amo de vocês, o diabo, carregue todos vocês em breve". Ele jura que vai fazer suas necessidades corporais sobre os túmulos dos três.

Alguns anos depois dos assassinatos, ele retorna a Robin Hood Hills com um chapéu de caubói e um macacão, usando um machete para cortar o caminho pela grama alta que cresceu onde antes se encontrava a cena de um crime. A grama avançou, sugere a cena, mas Byers está exatamente no mesmo lugar. Ele é tão chegado a executar rituais — para um público, ou então para si mesmo — que ficou impaciente para cumprir sua promessa antes do tempo: *Vou cuspir nos seus túmulos,* quando os meninos presos ainda nem estão mortos. Ele forma montes de grama e diz que são tumbas. Encharca-os com fluido de isqueiro. "Meu pequeno vai pisotear a garganta de vocês", anuncia ao espírito dos acusados — que são, a essa altura, os condenados. É uma profecia estranha: *Meu pequeno vai pisotear...* Ele ressuscita seu filho de oito anos como uma criatura vingativa, dominada tão profundamente pela raiva quanto ele próprio.

Ele acende um cigarro e depois deixa cair o fósforo. As chamas fazem a grama seca crepitar, e Byers as tritura com os saltos de suas botas de caubói. Ele parece compelido por algo muito interior e fora de seu controle, mas a cena dá a impressão estranha de ser um filme B. É como alguém tentando fazer um filme caseiro sobre o inferno. "Você queria comer os testículos do meu pequeno?", Byers pergunta ao ar. "Queime, seu filho da puta. Queime."

Ao final da cena, a encenação de Byers parece apenas cansativa. Ele apavora demais o espectador. Cansa observá-lo. Imagino que ele também se cansou. Está furioso com todo mundo: com a mulher que deu aulas a Jessie para seus exames do GED,[*] com as pessoas que dizem que o sistema judiciário é corrupto, com as pessoas que dizem que o sistema judiciário não é corrupto. Está furioso com um *eles* sempre mutante. Sua vida é toda para eles. Eles o assombram. O *Eles* o assombra.

Ele tem um modo enervante de oscilar entre uma desorientação ferida e uma raiva possessa. Às vezes há uma lentidão triste nas suas maneiras, e em outros momentos uma raiva roteirizada, mas uma sensação de esforço contínuo, uma espécie de luta para obter algo, é comum entre esses modos de ser. É como um mau ator desempenhando o papel do pai sofredor. Essa aura constante de performance é a razão de eu achar que ele seria na verdade um tema difícil, mesmo que à primeira vista pareça perfeito. Ele passa a impressão de estar se esforçando muito para fingir ser algo que realmente *é*: um pai que perdeu o filho. É difícil confiar em qualquer brecha de emoção viva por baixo da emoção forçada que ele interpreta — o absurdo de sua indignação furiosa que lhe rouba precisamente a simpatia que pensa poder provocar.

Há uma cena em que Byers e Todd Moore se agacham no campo e se revezam para atirar numa abóbora. Por alguns momentos, Byers rouba a cena como de costume, chamando o nome de cada menino para matá-lo: "Oh, Jessie!", "Jason! Me mande um beijo!". Há uma ferocidade obstinada na maneira como Byers invoca a possibilidade de os meninos serem estuprados na prisão, como se ele tivesse conquistado o direito de imaginá-lo — até de sentir prazer em imaginá-lo. Mas, como acontece com grande parte da sua raiva, isso parece estranhamente rançoso. Ele está desempenhando um papel. Todd Moore está tentando aprender o roteiro. "Que espécie de alcance temos naquele tribunal?", ele pergunta, inspecionando o fuzil, como um aprendiz da

---

[*] General Education Development, órgão que fornece um atestado do ensino médio completo. (N. T.)

arte alquímica de Byers — a cruzada para transformar a tristeza em vingança, para transformar três meninos mortos em seis.

Eu me sinto traída por Moore. Queria que ele fosse o pai por quem minha simpatia pudesse ser completa. Em lugar disso, ela é corrompida por essa terrível tristeza causada pelo impulso da desforra — como nós a desejamos e como ela nos deforma, como desbasta tudo até sobrar apenas um campo vazio, uma abóbora crivada de balas, o claro *zim, zim, zim* de cada tiro.

A RAIVA

QUANDO VI ESSES FILMES NA adolescência, bebi até me embriagar. Queria sentir as coisas sem refletir a seu respeito. A raiva armava dentro de mim uma agitação sentimental urgente o suficiente para corresponder ao que eu tinha visto. Esses cineastas são curadores da indignação; eles confiam aos espectadores uma injustiça que dói manter. Então você procura algum lugar onde depositá-la. Algumas pessoas começaram um movimento de protesto — *Libertem os Três de West Memphis* — enquanto outras deram milhões de dólares para sua defesa. Eu fiquei bêbada e fingia ser advogada. Proferia discursos apaixonados para os espelhos de meu corredor. *Isto não é justiça!* Articulava argumentos conclusivos para o nada.

Claro, essa não é toda a história. Porque eu sabia que uma parte de mim estava feliz com isso. Com o fato? Com a injustiça. Alguma parte de mim gostava de se sentir enfeitiçada pela injustiça. Eu me insurgia contra ela e me sentia modelada por essa oposição.

Gostamos de quem nos tornamos em resposta a uma injustiça: dessa maneira fica fácil escolher um lado. Nossa capacidade de sentir afeto, raiva, é invocada como um músculo que não estávamos inteiramente cientes de possuir.

Ou acho que deveria dizer: *eu*. Por que projetar a vergonha dessa curiosidade basbaque em todo mundo? Não quero sugerir que não estivesse genuinamente perturbada, ferida, doída por causa desses meninos — pensei neles nos dez anos seguintes, e escrevi várias cartas a Jason na prisão, nunca respondidas — mas admito que uma parte minha sentia prazer com esses filmes. Eu não gostava do que estava acontecendo, mas gostava de quem eu era enquanto via acontecer. Fornecia-me a evidência de minha inclinação para a empatia.

Naquela época, quando treinava para representar a advogada de defesa dos acusados, eu não pensava muito nos meninos que tinham morrido. Foi só anos mais tarde que encontrei os laudos de suas autópsias on-line. Todos os três foram encontrados nus, cobertos de lama e folhas. Todos os três apresentavam pele enrugada de "lavadeira" nas mãos e nos pés por causa de sua submersão na água.

Seus corpos estão catalogados em termos de lesões — cortes, ferimentos e fraturas no crânio, esfoladuras e contusões, "abrasões semilunares" acima dos lábios, embaixo das orelhas, fezes ao redor do ânus, o resíduo de um medo inimaginável. O peso de seus órgãos é listado em gramas. O pulmão direito de Christopher pesava dez gramas mais que o esquerdo; o de Stevie também. Os laudos da autópsia prosseguem, numa linguagem assustadoramente fria, entre descrições dos corpos e descrições de seus danos: "A íris dos olhos estava verde. As córneas claras... Larvas de mosca presentes na região periorbitária esquerda". A linguagem às vezes se torna lírica. O laudo toxicológico a respeito de Christopher inclui a seguinte informação sobre seu pênis: "Colônias de bactérias. Uns poucos vestígios fantasmas de glóbulos vermelhos". *Vestígios fantasmas*. Toda descrição bela da violência se torna — na sua beleza — uma violação do objeto.

A palavra *comum* aparece em lugares estranhos. Talvez, nesses documentos, ela soasse estranha em qualquer lugar. O laudo de Steve Branch apresenta seu corpo num resumo: "O tórax e o abdômen eram comuns, sem traços especiais, à exceção dos ferimentos descritos abaixo. O pênis apresentava ferimentos descritos abaixo. As extremidades superiores e inferiores não apresentavam anomalias salvo os ferimentos... descritos abaixo". Ele pesava trinta quilos e era loiro. O corpo era comum à exceção das maneiras como fora brutalizado. Estava nu salvo por um item: "Havia uma tira de pano, símbolo de amizade, ao redor do pulso direito".

Por que não passei mais tempo pensando nesses meninos, quando escutei pela primeira vez a história de suas mortes? Talvez porque eles não pudessem mais exigir reparação. Então senti raiva pelos meninos que ainda podiam ser salvos.

De certa maneira, eu senti raiva assim como os pais das vítimas sentiram raiva, só que os objetos da minha raiva eram diferentes. Se você é um jurado, ou uma mãe, ou um cidadão normal de uma cidade normal, quando você é atingido por uma atrocidade, como testemunha ou vítima, você tem de purgá-la ou descarregá-la de algum modo. Assim, você fica amedrontado. Joga essa dor onde quer que ela cole. Você lhe dá um sentido da melhor forma possível. Os pais queriam que os três homens fossem para a prisão; queriam que eles sentissem dor, queimassem, morressem. Fico zangada com sua intolerância, sua recusa a considerar qualquer opção além da culpa, sua insistência na narrativa mais fácil possível como unguento para a dor. Quanto mais insistem em seu direito à vingança, menos simpatia sinto por eles.

Ao me enfurecer com eles, suspeito que faço exatamente o que odeio no sistema: procurar um bode expiatório. Os rostos deles oferecem receptáculos convenientes para guardar minhas noções independentes sobre uma injustiça que não pode ser explicada. Os indivíduos são alvos mais fáceis que um sistema judiciário sem rosto e grande demais para odiar. Lembro a mim mesma: esses pais estão apenas culpando os sujeitos que a sociedade ordenou que culpassem. O que é outra baixa do sistema judiciário — não apenas rouba a liberdade de três meninos, mas rouba a dor de três famílias, insistindo para que transformem essa dor em alguma outra coisa. A polícia e os tribunais — com sua convicção, em ambos os sentidos da palavra inglesa,* sua certeza e seu veredicto — convidavam essas famílias a trocar o perdão pela vingança.

Com as famílias das vítimas, eu me descobria dando guinadas malucas entre a raiva e a culpa. Sentia uma grande tristeza pelo que devia ser a sua dor — forçando-os a viver dentro de tanta raiva por cima de sua inimaginável perda. Perderam seus filhos, e em troca era-lhes oferecida a oportunidade de se tornarem cúmplices de um incêndio criminoso.

* *Conviction*: convicção e condenação num julgamento. (N. T.)

Coivara é o nome do que acontece quando as pessoas tacam fogo na terra para que ela se torne produtiva. É uma devastação controlada, como submeter à radioterapia células cancerosas que se rebelam contra o corpo, ou amputar um pé enegrecido pela gangrena. Anos atrás as bruxas eram queimadas como os campos. Seus corpos mantinham a queimada controlada. Seus corpos guardavam o mal como receptáculos, para que o mal não fosse compreendido como algo difundido em outros corpos, em todo mundo.

O JULGAMENTO

FOI O IMPERATIVO DA EFICIÊNCIA que acusou esses meninos, e foi a mecânica do orgulho que os condenou. Gary Gitchell, o inspetor chefe da polícia de West Memphis, é a face dessa eficiência. Numa entrevista coletiva no início do primeiro filme, quando lhe perguntaram qual seria a força de seu caso numa escala de um a dez, ele responde: "Onze". Ele fala "onze" e as pessoas aplaudem. Todos riem.

É um onze que o estado de Arkansas vai derrubar, dezoito anos mais tarde, quando libertar esses meninos já então homens. Mas no documentário, o *onze* permanece, imortalizado para sempre. As pessoas riem desse onze, porque precisam muito dele. Riem em busca de alívio. Querem acreditar no que as palavras de Gitchell sugerem sobre o sistema judiciário e a natureza do delito — elas precisam acreditar que, para toda tragédia irrefutável, existe um modo irrefutável de endireitar as coisas.

"Acho que os policiais simplesmente não conseguem descobrir quem cometeu o crime", diz o sr. Jessie, pouco depois da prisão do filho. Ele está sentado numa cadeira reclinável. Tem um rosto vermelho e as mãos sujas. É um mecânico. Parece calmo. Quando Jessie for libertado, anos mais tarde, pai e filho vão se afastar das festividades públicas e fazer apenas um churrasco. Mas o sr. Jessie, apanhado nesse momento, não sabe sobre esse churrasco — não sabe o que vai acontecer; nem quantas noites vão se passar no meio tempo. Durante dezoito anos de telefonemas, seus dentes vão se mostrar quando ele ri. A câmera já sabe disso, e aproxima o espectador de seu rosto para mostrar algo animal em seu riso — não algo brutal, mas algo que tem a ver com sobrevivência. Dói estar assim tão perto da simples existência de sua boca, do branco de seus dentes.

Essa atenção íntima é uma constante nesses filmes; torna o mundo retratado mais denso e faz com que ele doa. As próprias bicicletas retiradas do riacho são exibidas depois dos veredictos, sendo guardadas numa van — presumivelmente prestes a serem enfiadas para sempre em algum depósito escuro de evidências. Ou a câmera se demora por um momento a mais sobre a privada de aço na cela de Jessie — a mesma que machucou seu punho, mas não o fraturou. *Se você consegue mover, não está quebrado.* Se consegue respirar na prisão, ainda está vivo. Se mostra os dentes, está rindo, se consegue rir, está sobrevivendo.

De rica textura, esse trabalho da câmera força a empatia a se derramar em todas as direções, mesmo até onde não se pretende que vá. Ao chegar tão perto de todo mundo, você sente pena de qualquer um. Os ângulos são rigorosos e perceptivos, captando tremores de dor no rosto dos pais durante o julgamento, ou lampejos fissurados de dúvida num dos policiais de Gitchell no banco das testemunhas — um movimento repentino dos olhos, um momento de pânico por ter dado uma mancada, revelando uma rachadura no sistema — outro testemunho de que todo mundo aqui está nervoso, inclusive os policiais, que parecem tão presunçosos. Todo mundo está com medo de alguma coisa.

Os filmes também são fantásticos em captar momentos estranhos de trivialidade, a textura desconcertantemente casual de ser condenado à morte por um crime que não se cometeu. Não é viável que a vida seja experimentada com uma gravidade terrível a cada momento. Os filmes apreendem essa realidade. Sentado com seus advogados, Damien examina um ponto fraco no seu testemunho. Ele estava sonhando acordado, explica, e prestando apenas meia atenção na pergunta.

"Talvez eles lhe apliquem apenas meia morte", responde o advogado.

Damien ri. A câmera se aproxima dele, como se perguntasse: como é que ele pode rir? E depois se demora ali por um momento, como se sugerisse, até insistisse, uma vez que nenhuma resposta poderia ser apropriada, no sentido de esperada ou adequada, uma vez que *apropriada* já não significa nada aqui — como ele poderia não rir? Quem se importa se ele ri?

Como adolescentes sendo filmados, Damien e Jason dão risadinhas quando se lembram da noite em que foram presos. Estavam vendo TV no sofá. "Os porcos entraram com violência", diz Damien, e eles sacodem a cabeça, como se ainda não pudessem acreditar. Riem. *Onze.* As pessoas riem. Parte disso ainda é um filme para Damien e Jason, mesmo no julgamento ainda é um pouco absurdo — e, por um momento de absurdo redentor, não está realmente acontecendo. Eles tentaram se esconder num quarto e apagaram as luzes. Mas os policiais não quiseram saber de ir embora. Nem por outros dezoito anos.

O LAÇO

A AMIZADE ENTRE ESSES MENINOS transparece como algo sentido profundamente. Na audiência que lhes concede a liberdade, Jason vai apresentar uma declaração em que ele não acredita, admitindo culpa legal, para salvar a vida de Damien. (Damien foi o único dos três no corredor da morte.) Damien lhe agradece por essa boa vontade na entrevista coletiva. Pela primeira vez em quase vinte anos, eles se abraçam. É difícil imaginar qual seria a sensação desse abraço, até que ponto íntimo ou inadequado — tocar o corpo de um homem que perdera sua vida, exatamente como você perdera a sua, mas ainda estava vivo, exatamente como você, e agora livre. Eles se inclinam em meio aos microfones, desajeitadamente, para se abraçar.

Damien fecha suas memórias com um momento simples: avistando Jason na prisão. Era 2005. Estavam os dois na Varner Unit, uma prisão perto de Pine Bluff. Passaram anos sem contato até Jason aparecer inesperadamente certo dia, no outro lado de uma parede de vidro. "Ele levantou a mão e sorriu", escreve Damien, "depois desapareceu, como um fantasma." É uma cena triste porque nada acontece. É o que eles têm, só o que têm: uma parede de vidro, uma das mãos levantada — um deles fantasmagórico e o outro assombrado.

Quando eram meninos, Damien e Jason tinham um mundo inteiro para repudiar. Havia fliperamas para brincar, horários para desrespeitar e parques de trailer para matar aula, e havia música bem violenta para dar ressonância a cada ruptura. Muita música: Slayer, Metallica, Megadeth. Muito volume. Nas memórias de Damien, os únicos relacionamentos que emergem intatos são sua amizade com Jason e a paixão dos dois pela música. Eles viviam para a música. Havia sempre dois meninos agachados num quarto, esperando que os deixassem sozinhos, loucos por um som.

Muitas vezes imaginei a minha vida com uma trilha sonora. Como todos imaginamos. Escutava a música intumescendo minhas histórias de vida, elevando o descontentamento comum às alturas do drama trágico. Penso nesse intumescimento, enquanto Metallica vibra por baixo dos panoramas da história de Damien: trailers esparramados e jamantas enevoadas, a fita amarela da polícia batendo na brisa. A Damien foi dada uma trilha sonora, provavelmente a que ele sempre escutou, mas por razões que nunca tinha imaginado — e que não podia lhe servir de consolo durante os dias de encarceramento, porque ele não tinha acesso a um estéreo na prisão. Ela não podia guardar suas emoções, aprofundá-las ou abrandá-las — só consegue fazer essas coisas para *nós*, agora, enquanto vemos um filme sobre a vida de Damien. As cordas revoltas do Metallica são menos a trilha sonora da história de Damien que a trilha sonora de *nossa* história da história dele, isto é: a história de nossos corações partindo-se por ele.

O MOTIVO

UMA DAS BRILHANTES TRAIÇÕES NARRATIVAS de *A sangue frio*, de Truman Capote, o avô de todo verdadeiro crime erudito, é que os criminosos no centro da história, os homens que mataram uma família inteira, parecem não ter nenhum motivo além de dinheiro. Isso passa a sensação de uma segunda morte: faz com que as mortes pareçam sem sentido, afastando a possibilidade de qualquer estrutura afetiva. O assassino no centro do livro, Perry Smith, é descrito como "capaz de desferir, com ou sem motivo, os golpes mortais mais frios". *Com* ou *sem*, esse um-ou-outro casual, é aterrorizante.

De certa maneira, é mais fácil se existe um motivo para a tragédia — luxúria, ciúme, ódio ou vingança. Encontramos nessas explicações um teor emocional proporcional à gravidade do ato. Há algo que reconhecemos como humano, um motivo para o qual podemos dirigir nossa fúria, mas que também podemos compreender, em algum nível primário, como uma extensão de nós mesmos.

"Não vejo motivo", diz uma voz desencarnada no primeiro filme, enquanto a câmera vagueia pelo chão da floresta — aproximando-se da terra como se caçando esse dado, o motivo perdido, aninhado em raízes de árvore enredadas ou enterrado numa vala de riacho que há muito secou. Os pais precisam de uma explicação. Assim como os repórteres. Assim como os promotores. Não existe motivo aparente, por isso encontram-se motivos. A imprensa fala em "orgia satânica". Os pais parecem convencidos de um culto ao diabo. Damien chama West Memphis de "Segunda Salem".

"Contamos histórias a nós mesmos para viver", escreveu Joan Didion, querendo dizer que pessoas amedrontadas precisam de motivos. Querendo dizer que todo mundo precisa.

Um pregador lembra-se de Damien dizendo que ele não poderia ser salvo. Ele não absorvera a Bíblia em seu coração. Damien se autoidentifica como um wiccano — o que no banco do tribunal ele explica ser "basicamente um envolvimento íntimo com a natureza". Ao escutá-lo falar assim, não posso deixar de pensar na mata. Penso nos três meninos por terra, amarrados como porcos. Não escuto culpa, mas escuto o tecido conectivo do imaginar — como, diante de uma tragédia, queremos juntar as peças de qualquer maneira em que possam se encaixar. Gasto muito tempo pensando sobre o que se passa na mente dos jurados. Quem são eles? Do que têm medo? O que um veredicto de culpado proporciona que a inocência não teria oferecido?

Os filmes exigem um ponto de vista semelhante a surfar no trem como imperativo ético — quando você se acha bem dentro do sulco da dor de alguém, aí de repente um solavanco o joga dentro da dor de outro. Essa empatia é acentuada pelo fato de que, nos filmes, a empatia é rara. O que é compreensível. Os pais desses meninos sofrem profundamente com os detalhes. *Pele enrugada de lavadeira. Larvas de mosca. Vestígios fantasmas.* Como poderia uma mãe viver com esses detalhes? A raiva os incendeia como combustível. Um homem esmaga o fogo com suas botas de caubói.

Esses pais de luto estão presos em casulos de raiva, a única estrutura em que encontram proteção. Não têm muita energia sobrando para a compaixão. Usam suas pragas como vestimentas. *E as mães que os geraram.* Essas mães estão sofrendo também.

Os condenados são os únicos que expressam muita compaixão. Damien pensa o tempo todo nos três meninos que morreram. "Eles não fizeram nada para merecer o que lhes aconteceu", diz ele. Damien tem ele próprio um filho, nascido poucos meses depois de sua prisão.

"Às vezes sinto raiva", diz Jason, depois de anos na prisão, "mas não há ninguém a quem dirigi-la."

Ele reconhece explicitamente o que outros apenas encenam: o problema da tragédia sem um vetor, a raiva sem objeto ou receptáculo. Há um momento, no primeiro filme, quando perguntam a Jason o que ele diria para as famílias das vítimas. Ele sacode a cabeça em silêncio, tímido — parecendo, mais do que nunca, um menino a quem perguntaram por qual menina tem uma queda. Ele diz, por fim, tranquilamente: "Não sei". Esse parece um momento surpreendente de *retidão*, num mundo em que todos parecem tão absurdamente seguros do que têm a dizer a todos. Parece correto alguém confessar que não sabe entre vozes tão rápidas a chegar a uma conclusão, tão ansiosas para agarrar a estabilidade da acusação e da indignação, o talismã do demônio ou do bode expiatório. Agora eis um menino, que dizem ter matado um menino, dizendo: *Não sei.*

Anos mais tarde, numa das sequências filmadas, ele tem algo a dizer. Tem *algo* — o que significa, tem o quê? Tem o fato duradouro do encarceramento, incontáveis surras, uma clavícula quebrada.

Agora ele diria às famílias das vítimas o seguinte: ele compreende por que elas o odeiam. Mas ele é inocente. Ele também odiaria alguém, se um dos que morreram tivesse sido seu irmão mais novo. Mas ele é inocente. Ele diz isso duas vezes.

Por que gosto tanto de Jason? Meu coração procura ir ao seu encontro de um modo que não busca os outros. Para início de conversa, ele parece tão jovem, mesmo quando começa — no segundo e terceiro filmes — a ficar careca. Além disso, ele se parece um pouco com meu irmão. *Se tivesse sido meu irmão peque-no*, disse ele. Funciona assim. O parentesco encerra bondade, é uma espécie de memória muscular. Talvez seja por isso que não aguento ver o rosto dele atrás do vidro do carro de patrulha, tornando-se menor enquanto ele é levado para longe do veredicto. Talvez seja por isso que não aguento vê-lo entrar no banco traseiro, movendo-se tão graciosamente com suas algemas, já bem adaptado por meses de prática. Dói observar a fluência de um corpo aclimatado a seus grilhões.

O EPÍLOGO

O TERCEIRO FILME NA TRILOGIA TEM o subtítulo de *Purgatório*. Assim foi chama-do antes que chegasse a graça redentora de seu final. Nessa versão do purgató-rio, certas coisas continuam as mesmas. O escritório do promotor público ainda alega *onze*. Os meninos ainda alegam inocência. Mas outras coisas mudaram: agora John Mark Byers também pensa que eles são inocentes. Novas evidências genéticas o convenceram. Seu caminhão exibe um adesivo com WM3 na janela traseira. Ele canta a mesma canção de indignação incontrolável, mas sua letra é diferente: *Eles são inocentes*, ele diz agora. *É uma injustiça*. Ele está mais velho. É impossível esquecer suas botas de caubói sobre o chão da floresta, no segundo filme, pisoteando a terra para apagar as fogueiras que ateou nos túmu-los. *Vocês queriam comer os testículos do meu pequeno*. É impossível dizer se ele mudou de opinião apesar ou por causa de sua personalidade, se sua mudança no coração é uma renegação de sua atuação anterior ou simplesmente o ato se-guinte. Melissa Byers morreu. Pam Hobbs não sabe ao certo se os meninos são inocentes, mas acha que eles merecem um novo julgamento. Não vemos Todd e Dawn Moore. Eles não querem mais saber de documentários.

Sinofsky e Berlinger começaram a produzir esse terceiro filme em 2004. Durante longos intervalos, oito ou nove meses, não filmaram nada. Não havia nada para filmar. O que era parte do que eles queriam demonstrar: para esses meninos, não havia nada acontecendo. Jessie mandou fazer a tatuagem de um relógio no topo de sua cabeça careca. O relógio não tinha ponteiros. O tempo estava parado. De certa maneira, é claro, não estava. Damien se casou com uma mulher com quem se correspondia havia anos. Eles realizaram uma cerimônia budista na prisão. Jason disse às câmeras que ainda estava vivendo sua vida. "Você aproveita ao máximo as cartas que recebeu no jogo", disse ele, algo em que aprendeu a acreditar, porque não conseguiria sobreviver acreditando em outra coisa.

O epílogo do epílogo

UM DOS PRIMEIROS E ÚNICOS HOMENS acusados de bruxaria nos Estados Unidos foi John Floyd, de Massachusetts. Ele tinha sete filhos e um pedaço de terra num lugar chamado Rumney Marsh. Em 1692, foi jogado numa prisão subterrânea mais tarde conhecida como a Masmorra das Bruxas de Salem. A acusação era mais ou menos a seguinte: uma menina desmaiou depois de segurar um pano em que ele passara a mão. Séculos mais tarde, passou a ser a seguinte: três meninos usaram roupas pretas, e as pessoas desmaiaram. Tocaram a música de que gostavam, e as pessoas desmaiaram. Três crianças sangraram, e as pessoas desmaiaram. Um monumento em Danvers, dedicado aos acusados de bruxaria, diz: "Diga que você é filho do diabo e não será enforcado". A apelação Alford que libertou Damien, Jason e Jessie significava essencialmente que eles se declaravam culpados embora mantendo sua inocência. Admitiam oficialmente que o júri tivera evidências suficientes para julgá-los culpados.

Eis o fato engraçado sobre este caso: os filmes não documentavam simplesmente a história, eles também faziam parte dela. Na física, eles dão a isso o nome de efeito do observador: não se pode observar um processo físico sem influenciá-lo. Os filmes revelaram o caso perante o olhar público, azucrinaram muitas das pessoas envolvidas e angariaram para os condenados um monte de simpatizantes famosos que financiaram sua defesa por anos. Essa não era uma história sobre três garotos pobres sendo colhidos por uma desgraça e depois retificando-a. Essa era uma história sobre três garotos sendo colhidos por uma desgraça, depois conseguindo muito dinheiro e depois retificando-a. Em outras palavras: sem esses filmes, esses homens jamais teriam sido libertados. Em outras palavras: os filmes acabaram documentando um final que ajudaram a escrever.

Jason resistiu à apelação Alford a princípio, não querendo admitir — depois de todos esses anos — algo que ele não tinha feito. Ele aceitou a apelação para salvar a vida de Damien. *Diga que você é filho do diabo e não será enforcado*. O mal precisa ser confessado para ser contido. A confissão fixa a possibilidade do delito, traça seu contorno no corpo de uma única faca enferrujada retirada do fundo do lago de um parque de trailers, aprisiona-a dentro da circunferência de uma tatuagem num escalpo careca — o tempo parado, o mal confinado num corpo, três corpos, e esses corpos confinados num lugar. Até serem libertados. Esses corpos, pelo menos. Ainda nos resta este fato humano, esta necessidade de transformar a tristeza tão inequivocamente — tão insistente e cruelmente — em culpa.

Nossos corações se elevam no epílogo do último filme, seu *deus ex machina, ex curiam, ex odeum*. O deus saído da máquina, do tribunal, do teatro. Vemos Damien partir com sua esposa. Vemos Jason reunido com sua mãe, que parece ainda mais macilenta do que há vinte anos. Sabemos que Jessie vai comer um churrasco com seu papai, e finalmente tatuar alguns ponteiros no seu relógio (marcando uma da tarde, a hora em que ele saiu da sala do tribunal itinerante). Sabemos que os outros dois vão festejar — como dizem, uma festa de estrelas do rock — com Eddie Vedder num hotel de Memphis. Esses fatos simples parecem milagres impossíveis. Ficamos famintos querendo saber detalhes específicos: Qual é a sensação da luz solar para esses garotos? E que dizer do vinho? Ou do hambúrguer? A liberdade de escolher como passar os momentos comuns de cada dia? Jason chegará a ir algum dia à Disneylândia? Levará seus filhos? Terá filhos para levar? Podemos perguntar: Para onde seguiram esses meninos, quando foram soltos da Varner Unit do Departamento de Correções de Arkansas? Podemos perguntar: Quem permanece?

A grandiosa teoria unificada da dor feminina

> *A jovem mulher no ônibus com um rosto devastado e os olhos intensos de alguma bela espécie de macaco… virou-se para mim e disse: "Acho que estou ficando com dor de garganta. Você consegue sentir?".*
>
> ROBERT HASS, "IMAGES"

VEMOS ESSAS MULHERES feridas por toda parte:

Miss Havisham usa seu vestido de noiva até ele se consumir. *A noiva dentro do vestido nupcial tinha murchado como o vestido.* O cabelo de Belinda é cortado — *o cabelo sagrado seccionado/ Da bela cabeça, para sempre, para sempre!* — e depois ascende aos céus: *teu cabelo arrebatado/ Que acrescenta à esfera brilhante fausto renovado!* O amor rejeitado de Anna Karenina dói tanto que ela salta na frente de um trem — livrar-se de um homem era apenas cair nas mãos de outro homem, e esse nem sequer ficou por muito tempo. A Violetta de *La Traviata* olha seu rosto pálido no espelho: tuberculosa e encantadora, um fantasma de alabastro com olhos febris. Mimi está morrendo em *La Boheme*, e Rodolfo declara que ela é bela como a aurora. *Você se enganou na imagem,* ela lhe diz. *Deveria ter dito "bela como o pôr do sol".*

As mulheres empalideceram todas por *Drácula*. O sangue de Mina é drenado, depois ela é obrigada a se tornar cúmplice na festa: *A mão direita dele agarrou-a pela nuca, forçando o rosto dela para baixo até o peito dele. A camisola branca de Mina estava manchada de sangue… A atitude dos dois tinha uma semelhança terrível com a de uma criança forçando o focinho de um gatinho num pires de leite.* Maria nas montanhas confessa seu estupro a um soldado americano — *fizeram-me coisas lutei até quando já não podia mais ver* — e depois submete-se à sua proteção. "Ninguém pôs a mão em você, coelhinho", diz o soldado. O contato de sua mão purga todo outro contato que aconteceu antes disso. Ela é outro gatinho em mãos masculinas. Como é mesmo a história? Livrar-se de um homem é apenas cair nas mãos de outro. Também cortam o cabelo de Maria.

A agonia de Sylvia Plath a abandona num holocausto particular: "Uma máquina, uma máquina/ Resfolegante a me carregar como uma judia". E o fantasma de seu pai representa o maquinista do trem: "Toda mulher adora um fascista/ A bota na cara, o bruto/ Bruto coração de um bruto como você". Toda mulher adora um fascista, ou então um guerrilheiro matador de fascistas, ou então uma bota na cara desferida por qualquer um. Blanche DuBois usa um vestido de baile sujo e depende da bondade de estranhos. "A noiva dentro do vestido havia murchado como o vestido." Os homens a estupraram, se revelaram gays e morreram a seu lado. As direções de palco finais a tornam luminescente: "Ela tem um brilho trágico com seu penhoar de cetim vermelho permitindo a visão das linhas esculturais de seu corpo". Seu corpo é *permitido*. Significando: recebeu permissão para existir pela tragédia, teve permitida sua porção maculada de brilho.

A dor das mulheres transforma-as em gatinhos, coelhinhos, crepúsculos e deusas sórdidas de cetim vermelho, torna-as pálidas, manchadas de sangue e mortas de fome, abandona-as em campos de extermínio e envia madeixas de seus cabelos para as estrelas. Os homens as colocam nos trens e embaixo de trens. A violência as torna celestiais. A idade as envelhece. Não podemos desviar o olhar. Não podemos parar de imaginar novas maneiras de lhes causar dor.

Susan Sontag descreveu o auge de uma lógica "niilista e sentimental" do século XIX, que descobria encanto no sofrimento feminino: "A tristeza tornava alguém 'interessante'. Era um sinal de refinamento, de sensibilidade, ficar triste. Isto é, ser fraca". Esse encanto correspondia em grande parte à doença: "A tristeza e a tuberculose tornaram-se sinônimos", ela escreve, e ambas são cobiçadas. A tristeza era interessante e a doença era sua criada, propiciando não só a causa, mas também sintomas e metáforas: uma tosse exasperante, uma palidez lívida, um corpo emaciado. "A criatura melancólica era superior: sensível, criativa, um ser à parte", ela escreve. A doença era "uma fraqueza elegante... simbolizava uma vulnerabilidade atraente, uma sensibilidade superior [e] tornava-se cada vez mais a aparência ideal para as mulheres".

Certa vez fui chamada de habitante das feridas. Foi um namorado que me chamou assim. Não gostei de como soou a expressão. Isso se passou há alguns anos e ainda não me recuperei. (Foi uma ferida; eu nela permaneço.) Escrevi a um amigo:

> Tenho essa vergonha e indignação de dois gumes a respeito de meus males e doenças corporais — maxilar, nariz destruído por um soco, taquicardia, pé quebrado etc. etc. etc. Por um lado, sou do tipo: Por que esta droga acontece comigo? E por outro lado, do tipo: Por que caralhos estou falando tanto sobre isso?

Acho que falo sobre isso porque aconteceu. O que é a outra face complicada da crítica de Sontag. Podemos ter transformado a mulher ferida numa espécie de deusa, romantizado sua doença e idealizado seu sofrimento, mas isso não significa que ela não aconteça. As mulheres ainda têm feridas: corações partidos, ossos quebrados e pulmões avariados. Como falar dessas feridas sem glamorizá-las? Sem fortalecer um antigo mito que transforma o trauma feminino em constelações celestes dignas de culto — "teu cabelo arrebatado/ Que acrescenta à esfera brilhante fausto renovado" — e espia morbidamente qualquer colapso de uma dama? *Colapso de uma dama*: um sabor de aristocracia, uma figura desolada movendo-se encantadora e furtiva nas sombras.

No momento em que começamos a falar sobre mulheres feridas, arriscamos modificar seu sofrimento, que deixa de ser um aspecto da experiência feminina para tornar-se um elemento da constituição feminina — talvez sua consumação mais refinada, mais frágil. O antigo grego Menandro disse certa vez: "Mulher é uma dor que nunca vai embora". Ele provavelmente queria dizer apenas que as mulheres significavam encrenca. Mas suas palavras têm um sentido oblíquo que invoca a possibilidade de que ser mulher *requer* sofrer;

que a dor é o incessante companheiro e pré-requisito da consciência feminina. Essa é uma noção tão antiga quanto a Bíblia: *Aumentarei enormemente tuas dores na hora do parto; com dor darás à luz teus filhos.*

Um estudo de 2001 chamado "A menina que chorou a dor" tenta compreender o fato de que os homens, mais do que as mulheres, tendem a ser medicados quando se queixam de dores a seus médicos. É mais provável que as mulheres recebam sedativos. Essa tendência é particularmente infeliz dada a evidência de que as mulheres experimentariam a dor de modo mais agudo; algumas teorias atribuem essa assimetria a diferenças hormonais entre os gêneros, ou potencialmente ao fato de que "as mulheres experimentam com mais frequência dores que são parte de seus processos biológicos normais (por exemplo, menstruação e parto)" e assim podem se tornar mais sensíveis à dor porque têm de "distinguir entre as dores biológicas normais e as dores potencialmente patológicas"; os homens não precisam fazer essa distinção. Apesar desses relatórios de que "as mulheres são biologicamente mais sensíveis à dor que os homens, [seus] relatos de dor são levados menos a sério que os dos homens". *Menos a sério* quer dizer, mais especificamente, "ser mais provável que seus relatos de dor sejam desconsiderados por serem 'emocionais' ou 'psicogênicos' e, portanto, 'não reais'".

Uma amiga minha sonhou certa vez com um acidente de carro que deixou todos os pedaços quebrados de seu Pontiac cobertos de um pólen laranja brilhante. "Meu analista me pressionou muito para que eu interpretasse a imagem", ela me escreveu, "e finalmente deixei escapar: minhas feridas são férteis! E isso se tornou uma das pedras de toque e um dos gritos de guerra da minha vida."

O que é fértil numa ferida? Por que residir numa delas? As feridas prometem autenticidade e profundidade; beleza e singularidade, a propriedade de ser desejável. Elas invocam simpatia. Sangram bastante luz para facultar a escrita. Produzem cicatrizes cheias de histórias e afrontas que se tornam gritos de guerra. Elas se abrem sobre os frutos fumegantes de máquinas avariadas e polvilham essas máquinas com cores.

Mesmo assim — além e abaixo de seus frutos — elas ainda doem. Os benefícios de uma ferida nunca se livram da própria; eles apenas florescem com sua ajuda. É perigoso pensar nelas como escolhas. Talvez uma expressão melhor seja *apelo da ferida*, isto é: as maneiras como uma ferida pode seduzir, como promete o que raramente propicia. Minha amiga Harriet me disse certa vez: "Dor representada ainda é dor".

Depois de tudo o que eu disse, como posso lhes contar sobre minhas cicatrizes? Tenho uma bolha de tecido branco franzido no tornozelo, a área da qual o médico arrancou um verme. Tenho linhas tênues mais para cima, na base da perna, onde costumava me cortar com uma navalha. Tenho um nariz que foi quebrado por um cara na rua, mas não dá para ver o que ele fez porque dinheiro foi pago para que ninguém percebesse. Agora meu nariz tem apenas uma pequena linha onde foi cortado e arrancado do meu rosto, depois costurado de novo no seu lugar. Tenho parafusos no maxilar superior que só os dentistas veem nas radiografias. O cirurgião disse que os detectores de metal poderiam começar a apitar por mim — ele provavelmente disse *para* mim, apesar de eu ter escutado *por* mim, como o dobrar de sinos —, mas eles nunca apitaram, jamais apitam. Tenho um pedaço de tecido perto da minha aorta que envia sinais elétricos que não deveria enviar. Meu coração se partiu terrivelmente quando eu tinha 22 anos, e eu quis usar uma camiseta anunciando a desgraça para todo mundo. Em vez disso, fiquei tão bêbada que caí no meio da Sexta Avenida e esfolei toda a pele do joelho. Então dava para vê-la, já não era preciso a camiseta — ver *alguma coisa*, aquele bulbo sangrento embaixo do jeans rasgado, embora não se pudesse saber o que significava. Tenho leves marcas de pneu na arcada plantar da vez em que um carro passou por cima do meu pé. Por algum tempo tive uma cicatriz no braço, um encantador crescente violeta em relevo, e certa vez um estranho me perguntou sobre a marca. Eu lhe contei a verdade: tinha batido por acaso num tabuleiro da padaria onde trabalhava. O tabuleiro estava quente, expliquei. Tinha acabado de sair do forno. O homem sacudiu a cabeça. Disse: "Você tem de arrumar uma história melhor que essa".

Ferida Nº 1

Minha amiga Molly sempre quis cicatrizes:

> Eu era fissurada por Jem & a banda rival dos Holograms, os Misfits, quando tinha cinco anos, e queria ter uma cicatriz bacana como os Misfits, que era apenas maquiagem, acho eu, mas a mamãe me pegou olhando no espelho do banheiro... tentando cortar meu rosto com uma vareta pontuda para conseguir uma bela ferida diagonal no rosto...

Por fim ela as conseguiu:

> Tenho duas cicatrizes na boca causadas pelo labrador de meu irmão (Stonewall Jackson, ou Stoney abreviado) que me mordeu duas vezes em seis anos, a primeira quando eu tinha seis e ele era um filhote, e depois com mais gravidade quando eu tinha doze. Precisei levar pontos as duas vezes, primeiro dois pontos e depois vinte e poucos... Eu sabia muito bem que nunca mais seria uma menina bonita no sentido tradicional, que havia agora uma violência real marcando seu território no meu rosto, e eu teria de começar o ensino médio adaptando minha personalidade a esta nova menina com uma cicatriz saliente subindo toda torcida a partir de sua boca.

Ela escreveu um poema sobre o cachorro: "era como se ele pudesse cheirar o sangue/ na minha boca. Nenhum de nós/ podia deixar de sentir". Como se a violência fosse seu destino e também algo finalmente partilhado, nada que pudesse deixar de ser sentido, o retorcido da intimidade numa cicatriz. O cachorro percebia uma ferida que já estava ali — uma boca cheia de sangue — e era atraído para ela; o dano canino liberou o que já estava latente. "Ele esteve na minha coceira", continua o poema, "e retirou a podridão. Deixou-me/ com a boca cheia de amor."

Ferida Nº 2

Uma pesquisa no Google sobre a expressão *Eu odeio quem se corta* produz centenas de resultados, a maioria dos quais tirados de salas de bate-papo: *Não estou nem aí. Tipo, por que eles fazem isso e eles dizem que não conseguem parar e tipo, não é como se a lâmina te controlasse ...* [sic]. Existe até um grupo no Facebook chamado "Eu odeio quem se corta": *este grupo é para quem odeia esses garotos emo que exibem seus cortes e acham engraçado se cortarem* [sic]. Odiar quem se corta cristaliza um desdém mais amplo pela dor, que é compreendida como algo representado em vez de algo legitimamente sentido. Em geral são as pessoas que se cortam (os habitantes das feridas!) que são odiados, e não simplesmente o próprio ato de se cortar. Os sujeitos são repudiados, não apenas os verbos do que fizeram. Os apologistas do cortar-se — *Olhe para além dos cortes e para a alma, então poderá ver quem realmente somos* — fortalecem na verdade esse sentido de cortar-se como um tipo de personalidade em vez de mera disfunção. Cortar-se torna-se parte da identidade, parte do eu.

Uma pesquisa no Google sobre a expressão *Pare de odiar quem se corta* produz apenas um único resultado, uma postagem num painel de mensagens chamado Coisas Que Você Deseja Que as Pessoas Parem de Odiar. *Falando sério, o que eles menos precisam é de um troll idiota chamando eles de emos por se cortarem/queimarem etc.* Emo é o código para afeto como encenação: o espetáculo triste. As pessoas dizem que quem se corta age assim apenas para chamar a atenção, mas por que *apenas* se aplica nessa frase? Um grito para chamar a atenção é apresentado como o crime máximo, decisivo ou trivial — como se a *atenção* fosse inerentemente um desejo egoísta. Mas querer atenção não é um dos traços mais fundamentais do ser humano — e dar atenção, uma das dádivas mais importantes que podemos conceder?

Há uma enquete on-line intitulada "Você se corta de verdade ou só pra se divertir?" cheia de declarações com que se pode concordar ou não: *Não sei como é realmente o sentimento interior quando a gente tem problemas, apenas adoro ser o centro das atenções.* As gradações tornam-se mais sutis dentro do tabu: alguns se cortam pela dor, outros para se exibir. O ódio por quem se corta — ou ao menos por esses que fazem dos cortes um espetáculo — tenta traçar uma fronteira entre a dor autêntica e a fabricada, como se não fôssemos todos uma mistura complicada de feridas de que não podemos nos desvencilhar e feridas que não podemos deixar de sentir; como se a própria escolha não fosse sempre uma mescla de caráter e ação. Até que ponto escolhemos sentir alguma coisa? A resposta, a meu ver, não é nada satisfatória — escolhemos, e não escolhemos. Mas o ódio pelas pessoas que se cortam insiste desesperadamente em nossa capacidade de escolha. As pessoas querem acreditar em aperfeiçoamento pessoal — é um éthos americano, vencer na vida por seus próprios méritos — e aqui temos o equivalente da mobilidade decadente afetiva: cortar-se como um fracasso em se sentir melhor, como a dependência deliberada de uma espécie de assistência compassiva — tomando um atalho para a credibilidade da dor sem realmente senti-la.

Eu costumava me cortar. Agora sinto vergonha de admitir esse ato, porque parece menos a demonstração de alguma dor que sofri, e mais a admissão de que desejei me machucar. Mas sinto também irritação com essa minha vergonha. Não havia nada falso nos meus cortes. Eram o que eram, nem horripilantes nem produtivos. Eu sentia vontade de cortar minha pele, e o corte era a expressão desse desejo. Não há nenhuma mentira nisso, apenas uma tautologia e uma pergunta: o que me levava a querer me cortar afinal? Cortar-se era ao mesmo tempo pergunta e resposta. Eu me cortava porque minha infelicidade parecia nebulosa e elusiva, e eu achava que ela talvez pudesse possuir a forma de uma linha no meu tornozelo. Eu me cortava porque tinha curiosidade de saber qual seria a sensação de me cortar. Eu me cortava porque precisava desesperadamente ratificar um sentido instável do eu, e a infelicidade encarnada me parecia um plano arquitetônico.

Gostaria de viver num mundo em que ninguém quisesse se cortar. Mas também gostaria que, em vez de desdenhar os cortes e as pessoas que se cortam — ou dar de ombros, *apenas angústia juvenil* —, pudéssemos dirigir nossa atenção para as necessidades não satisfeitas por baixo do apelo desses atos. Cortar-se é uma tentativa de falar e uma tentativa de aprender. As maneiras como provocamos o sangramento ou a dor psíquica — machucando-nos com navalhas, fome ou sexo — são também seduções do conhecimento. O sangue vem antes da cicatriz; a fome antes da maçã. *Eu me machuco para sentir* é o clichê do quem se corta, mas é também verdade. Sangrar é experimento e demonstração, escavação, o interior revelado — e a cicatriz permanece como resíduo, a dor transformada em prova. Não acho que se cortar seja algo romântico ou articulado, mas acho realmente que manifesta um desejo, e isso me leva a conjecturar se poderíamos chegar a um lugar onde a prova já não fosse necessária.

Ferida nº 3

Recontando um momento ruim no desenrolar de sua anorexia, Carolyn Knapp descreve que estava na cozinha e tirou a camisa, sob o pretexto de mudar de roupa, para que sua mãe pudesse ver seus ossos com mais nitidez:

> Queria que ela visse como os ossos de meu peito e ombros estavam salientes, e meus braços tão esqueléticos, e eu queria que ela tivesse essa visão para lhe dizer algo que não poderia ter começado a comunicar nem a mim mesma: algo sobre a dor... um amálgama de desejos enterrados e medos calados.

Sempre que leio relatos do corpo anoréxico como um sistema semiótico (conforme Knapp, "descrevendo na carne uma dor que eu não conseguia comunicar em palavras") ou uma criação estética ("a vida interior [...] como uma escultura de ossos"), sinto uma cautela familiar. Não é apenas pela familiaridade dessas metáforas — osso como hieróglifo, clavícula como grito — mas pelo modo como elas correm o risco de realizar a mesma valorização que afirmam refutar: atribuindo eloquência ao corpo faminto, uma espécie de graça lírica. Tenho a impressão de já ter escutado isso antes: a autora ainda sente nostalgia da crença de que passar fome poderia tornar articulada a angústia. Eu costumava escrever liricamente sobre meu próprio distúrbio alimentar, recorrendo a osso-como-linguagem, documentando o gradual espetáculo silencioso de minhas partes emergentes — nó dos dedos, esporões e costelas. É o que uma amiga chama de "rituais de inspeção"; ela descreve a sensação de gostar de "ver as veias e os tendões tornando-se visíveis."

Mas por baixo dessa cautela — *devemos estilizar?* — lembro que passar fome é dor, além e debaixo de qualquer expressão estilizada: há uma dor na sua raiz e uma obsessão presente em cada momento de sua realização. O desejo de falar sobre essa obsessão pode ser tanto sintoma como cura; tudo torna a apontar em última análise para a dor — até mesmo e especialmente essas tentativas de se agarrar à nostalgia ou à abstração.

O que aprecio nesse espetáculo dos ossos de Knapp na cozinha é que, ao fim e ao cabo, não funciona. Sua mãe não repara no esqueleto dentro da camisola. O assunto surge apenas mais tarde, à mesa de jantar, quando Knapp bebe vinho demais e diz aos pais que tem um problema. O comovente grito silencioso dos ossos à luz do sol na cozinha — essa anorexia elegíaca, levemente mítica — é superado pelo Merlot e a confissão desmazelada.

Se substituir as palavras pelo corpo revela uma relação atormentada com a dor — fazer mal a si mesmo mas também calar sobre o dano, sugerindo-o sem dizê-lo —, então conseguir que essa estratégia "funcione" (a mãe acabando por notar os ossos) confirmaria de certo modo a lógica: deixe que seu corpo fale por você. Mas aqui ele não fala. Queremos que nossas feridas falem por si mesmas, Knapp parece estar dizendo, mas em geral acabamos tendo de falar por elas: *Olhe aqui.* Cada um de nós deve viver com uma boca cheia de pedidos, e cheia de dor. Como era mesmo a frase? *Boca cheia de amor.**

INTERLÚDIO: NO EXTERIOR

TIPOS DIFERENTES DE DOR INVOCAM termos diferentes de arte: mágoa, sofrimento, agonia, trauma, angústia, feridas, dano. *Dor* é um termo geral e mantém os outros debaixo de suas asas; *machucado* conota algo ameno e frequentemente emocional; *angústia* é o termo mais difuso e o mais propenso a ser descartado como algo nebuloso, sem origem, auto-indulgente, afetado. *Sofrimento* é épico e sério; *trauma* implica um evento devastador específico e liga-se frequentemente a *dano*, seu resíduo. Enquanto as feridas se abrem para a superfície, o dano acontece na infraestrutura — de forma muitas vezes invisível, muitas vezes irreversível — e o dano também carrega a implicação de valor diminuído. *Ferida* implica *in media res*:** a causa do ferimento é passado, mas a cura não foi realizada; vemos essa situação no tempo presente de sua consequência imediata. As feridas sugerem sexo e abertura: uma ferida marca o limiar entre o interior e o exterior; marca o ponto em que o corpo foi penetrado. As feridas sugerem que

* Referência a "Mouthful of Love", canção da banda de rock norte-americana Young Heart Attack. (N.T.)

** Expressão latina que significa "no meio das coisas". Essa expressão chegou até nós pela *Ars Poetica*, de Horácio. Nessa obra, ela se refere a uma técnica literária em que a narrativa começa no meio da história, em vez de no início. (N. T.)

a pele foi aberta — que a privacidade foi violada na formação da ferida, uma brecha na pele, e pelo ato de espiar para dentro dela.

FERIDA Nº 4

NUM POEMA CHAMADO "The Glass Essay" [O ensaio de vidro], sobre o fim de um caso amoroso, Anne Carson descreve uma série de assombrações:

> Each morning a vision came to me.
> Gradually I understood that these were naked glimpses of my soul.
>
> I called them Nudes.
> Nude #1. Woman alone on a hill.
> She stands into the wind.
>
> It is a hard wind slanting from the north.
> Long flaps and shreds of flesh rip off the woman's body and lift
> And blow away on the wind, leaving
>
> An exposed column of nerve and blood and muscle
> Calling mutely through lipless mouth.
> It pains me to record this,
>
> I am not a melodramatic person.[*]

Esse movimento final — *Sinto dor ao registrar isso, não sou uma pessoa melodramática* — executa ao mesmo tempo um anúncio e um desmentido da dor: dói, odeio dizer isso. O ato de admitir uma ferida cria outra: *Sinto dor ao registrar isso.* Ainda assim, a poeta deve registrar, porque o eu ferido não consegue expressar nada audível: *A chamar em silêncio por uma boca sem lábios.*

---

[*] "Toda manhã uma visão me aparecia./ Aos poucos compreendi serem vislumbres nus da minha alma.// Eu os chamava de Nus./ Nu nº 1. Uma mulher sozinha sobre um morro./ De pé imóvel ao vento.// É um forte vento oblíquo que vem do norte./ Longos fiapos e farrapos de carne se rasgam do corpo da mulher/ elevam-se e desaparecem ao sopro do vento, deixando// Uma coluna exposta de nervos, sangue e músculos/ A chamar em silêncio por uma boca sem lábios./ Sinto dor ao registrar isso,// Não sou uma pessoa melodramática." (N. T.)

Se uma ferida é onde o interior se torna exterior, eis uma mulher que é quase inteiramente ferida — *uma coluna exposta de nervos, sangue e músculos*. Ao longo do poema, ela é seguida por mais doze visões feridas: uma mulher numa gaiola de espinhos, uma mulher perfurada por folhas de grama, um baralho de cartas de carne perfurado por uma agulha de prata: *As cartas vivas são os dias da vida de uma mulher*. A carne de uma mulher pode ser jogada como uma partida de bridge, ou removida de seu corpo como carne de porco desfiada após ter seu coração partido. Cada Nu é um estranho, surpreendente e devastador quadro de dor. Não nos é permitido permanecer numa única imagem; passamos itinerantes de uma para outra.

Carson nos dá um 14º nu em "Teresa of God" [Teresa de Deus]. "Teresa vivia num cubo preto pessoal./ Eu a via bater na parede a cada movimento que fazia." Teresa morre quando seu coração é "rasgado", e sua morte é uma resposta à constante rebelião e angústia de sua vida: "A seu coração Deus enviou resposta". "A seu coração Deus enviou resposta." Os poemas não fecham com sua morte, entretanto, mas com a impossibilidade de representá-la: "Fotografias do evento/ tiveram de ser falsificadas... quando a lente não parava de derreter". A lente derretendo significa que Teresa não pode ser imortalizada num único quadro, num único Nu, numa única postura ferida. Em vez disso, o seu sofrimento exige nossa imaginação — nossa invenção e nosso reconhecimento necessário da "falsificação" e fabricação — cada vez que tentamos imaginar como ela sofreu.

Ferida Nº 5

Eis a versão de CliffsNotes:[*] garota fica menstruada, garota fica assustada, garota é alvo de zombaria. A mãe da garota nunca lhe disse que ela sangraria. Garota é eleita rainha do baile estudantil e recebe um balde de sangue de porco sobre a cabeça, exatamente quando as coisas começam a melhorar. *Garota*

---

[*] Resumo de obras literárias. (N. T.)

fica alguma coisa; garota é alvo; garota recebe. Não que coisas lhe sejam dadas, mas coisas continuam a lhe acontecer, até não acontecerem mais — até que ela comece a fazer aos outros o que eles lhe fizeram, ferindo todos os que já a feriram, movendo o mundo com sua mente, regendo os objetos do mundo como uma orquestra.

Carrie, de Stephen King, enquadra a própria menstruação como uma possível ferida: um sangramento natural que Carrie compreende erroneamente como trauma. Carrie se agacha num canto do chuveiro do vestiário enquanto as outras meninas a golpeiam com tampões, entoando *Tampone! Tampone!* Até a professora de ginástica repreender Carrie por ficar tão abalada com o simples fato de seu período menstrual: "Cresça", diz ela, "levante-se". O imperativo implícito: incorpore esse sangramento como sangue inevitável. Uma mulher real aceita a menstruação como algo natural. A mãe de Carrie, por outro lado, considera "a praga do sangue" uma evidência clara do pecado original. Ela bate na cabeça de Carrie com um panfleto chamado *Os pecados das mulheres*, enquanto faz Carrie repetir: "Eva foi fraca, Eva foi fraca, Eva foi fraca".

Acho que *Carrie* tem algo útil para nos ensinar sobre a anorexia. A doença nunca aparece no enredo do livro, mas vemos as raízes plausíveis de uma lógica anoréxica — assumir a vergonha desse sangramento e fazê-lo desaparecer, negar a maldição de Eva e a vulnerabilidade intrínseca de querer —querer conhecimento, querer homens, querer qualquer coisa. Ficar menstruada é uma espécie de ferida; não ficar é outra. Uma amiga fala da "ausência de sangue onde o sangue deveria estar". Passar fome é uma ferida autoinfligida que previne outras feridas, que limpa o sangue do chuveiro. Mas Carrie reage à vergonha da fertilidade transformando-a numa arma. — Ela não se livra do sangramento; ela é batizada com ele. Ela não fere a si mesma. Ela fere todos os demais.

A premissa de *Carrie* é como pornografia para a angústia feminina: e se você pudesse pegar o quanto é difícil ser uma garota — a malícia das falsas amigas, as traições de seu próprio corpo, o terror do olhar público — e transformar todas essas dificuldades num superpoder? A telecinesia de Carrie atinge o ápice de seu poder no momento em que ela é encharcada de vermelho, no momento em que ela se torna uma ferida viva — como se tivesse acabado de receber a menstruação por cima de todo o corpo, na frente de todo mundo, como se ela estivesse dizendo: *Fodam-se*, dizendo, *agora sei como lidar com o sangue*.

FERIDA Nº 6

ROSA DARTLE É UMA BRUXA com uma cicatriz. "Uma cicatriz antiga", diz David Copperfield, protagonista do romance dela. "Eu prefiro chamá-la de costura."

Quando Rosa era jovem, o menino que ela amava — o sinistro e egoísta Steerforth, que não correspondeu ao seu amor — acabou se irritando tanto com ela que lhe atirou um martelo na cara. O martelo retalhou a boca de Rosa. "Ela conserva a marca desde então", admite Steerforth, mas ela não a suporta em silêncio. "Ela leva tudo a ponta de faca", diz ele. "Ela é puro gume."

Rosa fala literalmente por uma ferida aberta: a cicatriz está fechada, mas sua boca está quase sempre aberta. A própria cicatriz é uma linguagem. Como David a descreve:

> [...] a parte mais suscetível de seu rosto [...] quando ela empalidecia, aquela marca se alterava primeiro [...] alongando-se até seu pleno comprimento, como uma marca em tinta invisível aproximada do fogo [...] mostrando então toda a extensão da ferida infligida pelo martelo, assim como eu a tinha visto quando Rosa se tornava passional.

Prefiro chamá-la de costura: a feiura a mantém unida, junta a pele como se fosse tecido, empresta-lhe forma. Expressa o machucado embaixo: ela foi desprezada pelo primeiro homem a quem amou (desprezada com um martelo!) e agora não significa nada mais para ele senão uma "mera mobília desfigurada... sem olhos, sem ouvidos, sem sentimentos, sem lembranças". *Sem olhos, sem ouvidos, sem sentimentos*. Apenas uma cicatriz. Ela ainda tem isso: "sua linha branca cortando através dos lábios, tremulando e latejando quando ela falava".

Sua cicatriz não a torna compassiva ou solidária, entretanto, apenas amarga e vingativa. Concede-lhe a sensibilidade da percepção aguda, mas não do calor humano. Quando Steerforth despreza outra mulher, Rosa sente um prazer extasiado, quase sexual, com a dor dessa mulher. Quando alguém conta a Rosa sobre a situação difícil da mulher — "ela teria batido a cabeça contra o piso de mármore" —, vemos Rosa "reclinar-se em seu assento, com uma luz de júbilo no rosto, ela parecia quase acariciar os sons". Rosa quer uma companheira em seu dano: "Eu teria mandado açoitar esta garota até morrer", diz ela. Ela tampouco consegue sentir simpatia pela mãe de Steerforth — outra mulher que ele abandonou. David fica chocado: "Se você pode ser tão empedernida a ponto de não sentir nada por essa mãe afligida...".

Rosa o interrompe para dizer: "Quem sente por mim?".

FERIDA Nº 7

AGORA TEMOS UM PROGRAMA na TV chamado *Girls*, sobre garotas que sentem dor mas negam constantemente suas dores. Elas brigam sobre o aluguel, rapazes e traição, iogurte caseiro e as maneiras como a autopiedade estrutura suas vidas. "Você é uma ferida grande e feia!", uma grita. A outra grita em resposta: "Não, você é a ferida!". E assim elas lançam suas rajadas, de um lado para o outro: *Você é a ferida; você é a ferida.* Elas sabem que as mulheres gostam de reivindicar monopólios de feridas, e elas se esgoelam por isso.

Essas garotas são menos feridas que pós-feridas, e vejo suas irmãs por toda parte. Elas não estão mais nessa. *Eu não sou uma pessoa melodramática.* Deus ajude a mulher que o é. O que chamarei "pós-ferida" não é uma mudança no sentimento profundo (compreendemos que essas mulheres ainda sentem dor), mas um afastar-se do afeto ferido — essas mulheres estão cientes de que "estar ferida" é algo exagerado e superestimado. Elas desconfiam do melodrama, por isso permanecem antes insensíveis ou sagazes. As mulheres pós-feridas brincam sobre estarem feridas, ou ficam impacientes com as mulheres que sentem dor demais. A mulher pós-ferida se comporta como se evitasse certas acusações: não chore alto demais, não pose de vítima, não represente o velho papel de novo. Não peça remédios contra dor de que você não precisa; não dê a esses médicos mais uma razão para duvidar das outras mulheres sobre suas mesas de exame. As mulheres pós-feridas transam com homens que não as amam e depois sentem-se um pouco tristes com isso, ou parecem ter apenas um sentimento blasé a respeito, acima de tudo recusam-se a se importar com isso, recusam-se a sentir dor por isso — ou então mostram-se constantemente conscientes da postura que adotaram, caso se permitam essa dor.

A postura pós-ferida é claustrofóbica. É cheia de cansaço, dor tornada implícita, sarcasmo rápido no encalço de qualquer coisa que possa parecer autopiedade. Vejo-a em escritoras e suas narradoras femininas, muitas histórias sobre mulheres vagamente insatisfeitas que já não detêm plenamente seus sentimentos. A dor está por toda parte e em nenhum lugar. As mulheres pós-feridas sabem que as posturas de dor favorecem concepções limitadas e fora de moda da feminilidade. Sua dor tem uma nova linguagem nativa falada em vários dialetos: sarcástico, apático, opaco; sereno e inteligente. Elas se guardam contra aqueles momentos em que o melodrama ou a autopiedade poderiam abrir as costuras cuidadosas de seu intelecto. *Eu prefiro chamá-la de costura.* Nós nos suturamos. Levamos tudo a ponta de faca.

Ferida Nº 8

NUMA RESENHA DE *Collected Poems* de Louise Glück, Michael Robbins a chama de "uma poeta maior com um alcance menor". Ele especifica esse alcance como a dor: "Cada poema é A Paixão de Louise Glück, estrelando a dor e o sofrimento de Louise Glück. Mas alguém envolvido na produção sabe escrever muito bem". Eu provavelmente discordaria de *cada* na frase de Robbins, ou da condescendência embutida em *estrelando*, mas no final estou mais interessada na sua conjunção. *Mas* sugere que Glück só pode ser uma poeta importante *apesar* de sua fixação no sofrimento, que esse *alcance menor* é o que sua inteligência e talento deve constantemente superar.

Robbins me frustra e fala por mim ao mesmo tempo. Eu me vejo numa situação difícil. Estou cansada da dor feminina e também cansada das pessoas que estão cansadas dessa dor. Sei que a mulher sofrida é um clichê, mas também sei que muitas mulheres ainda sofrem. Não gosto da proposição de que as feridas femininas envelheceram; eu me sinto ferida por ela.

Eu me senti particularmente ferida pela brilhante e poderosa poeta que visivelmente titubeou durante uma oficina de escrita em Harvard, quando comecei a recitar Sylvia Plath. Ela tinha nos pedido que cada uma memorizasse um poema e eu escolhera "Ariel", que se fazia sentir como seu 13º verso, *black sweet blood mouthfuls* [gosto de doce sangue negro], feroz, surpreendente, sofrido e livre.

"Por favor", disse a mulher brilhante e poderosa, como se ela própria estivesse com dor. "Estou cansada de Sylvia Plath."

Tive esse terrível sentimento de que toda mulher que sabia alguma coisa de qualquer coisa estava cansada de Sylvia Plath, cansada de seu sangue e abelhas e do nível de autopiedade narcisista requerida para comparar seu pai a Hitler — mas eu tinha ficado para trás. Não recebera a mensagem intelectual para as garotas: Não Leia as Garotas que Choram a Dor. Eu ainda estava fitando Plath que fitava sua própria pele sangrando, pele que ela tinha cortado com uma faca: *What a thrill — my thumb instead of an onion.* [Que emoção — meu polegar em vez de uma cebola]. Sylvia e eu ainda estávamos obcecadas pela densidade de uma ferida — *thumb stump, pulp of heart* [toco de polegar, polpa de coração] —, emocionadas e envergonhadas por causa dela.

FERIDA Nº 9

ESCUTEM ESTE SONHO:

> O cômodo era pequeno, mas continha todas as mulheres em que você poderia pensar, e todos os homens de que sentiu medo em toda a sua vida, ao passar na rua ou apenas imaginar, e todos os homens que você mais amou... Havia facas e garotas esfoladas vivas e mantidas vivas, e uma mulher gritando mas tentando rir de tudo para outra. "Olha só o que fizeram com o meu rosto!" — e havia amputações executadas bem ali, os membros cortados... e todas as coisas que podem ser feitas a uma pessoa, inclusive arrancar e rasgar tudo que nem sabíamos que amamos numa pessoa.

Eis como o sonho termina: as garotas acabam esfoladas a ponto de se tornarem intercambiáveis — "apenas sangue por tudo, como animais virados pelo avesso", como o nu de Carson — e jogadas do prédio, com os espectadores atirando tinta sobre seus corpos em queda. Eles se transformam em todas as cores do arco-íris. Eles se transformam em arte.

Eles se transformam, especificamente, num livro chamado *Como uma pessoa deveria ser?*. Sua narradora, Sheila, é uma das espectadoras e também uma das garotas. (Ela também partilha o nome com a autora, Sheila Heti.) Ela sente dor, mas também faz troça de como distorcemos toda dor para torná-la a pior dor — *a pior dor possível* — o pior círculo do inferno. Os superlativos são apenas outra maneira de provar a dor — uma abstração em vez da linha de um corte sobre a pele. O sonho apresenta uma mulher ciente de como as garotas tentam transformar a dor numa piada. Ela faz piada dessa tendência. Está de pé diante de você — tremendo e sangrando, como um monstro numa jaula — e aumentando o volume do estéreo da dor, pressionando os globos oculares dos leitores com a força de sua mente. Corpos em carne viva tornam--se artefatos pintados. O vocabulário superlativo do sofrimento continua a expandir a envergadura da dor.

Na faculdade, fiz aulas de defesa pessoal com um bando de outras garotas. Tínhamos de seguir a ordem do círculo formado e contar ao grupo nosso pior medo. Essas instruções criaram uma estranha estrutura de incentivo. Quando se reúnem muitas garotas de Harvard num círculo, cada uma quer contar algo melhor do que contou a garota antes dela. Por isso a primeira garota disse: "Ser estuprada, eu acho", que é o que todas estavam pensando. A seguinte aumentou a aposta: "Ser estuprada... e depois assassinada". A terceira parou para pensar, depois disse: "Talvez ser estuprada por uma gangue". A quarta teve tempo para pensar, já tinha antecipado a resposta da terceira. Disse: "Ser estuprada por uma gangue e mutilada".

Não recordo o que o restante de nós conseguiu apresentar (Escravas brancas? Filmes snuff?),* mas lembro de pensar na estranheza da situação — estávamos todas sentadas ali tentando ser a melhor da classe, a que fantasiava o pior estupro, nessa representação exclusivamente feminina de uma sessão de *brainstorming* a respeito de crime de ódio misógino. Dávamos risadas. Nossas risadinhas — claro — eram também sobre nosso medo: *Uma mulher gritando e tentando rir de tudo para outra.*

Sempre que conto essa história como uma anedota, penso sobre as outras garotas naquele círculo. Eu me pergunto se alguma coisa terrível já aconteceu com qualquer uma delas. Saímos daquele ginásio sujo para começar o resto de nossas vidas, para entrar no mundo e conhecer todos os homens que iríamos temer, ao andar na rua ou apenas imaginar.

FERIDA Nº 10

CRESCI SOB O FEITIÇO DE MULHERES fatais danificadas: Tori Amos e Ani DiFranco, Björk, Kate Bush, Mazzy Star. Elas cantavam sobre todas as maneiras em que uma mulher podia sentir dor: *Sou uma fonte de sangue em forma de garota. Quando eles estão em busca de sangue, eu sempre doo. Somos feitas para sangrar, cicatrizar, curar, sangrar de novo e transformar cada cicatriz numa piada. Cara, é melhor você rezar para que eu comece a sangrar logo. Você blefou para entrar na minha boca, por trás de meus dentes, chegar até minhas cicatrizes.*

---

* Filmes pornográficos que mostram o assassinato real de um dos participantes, como, por exemplo, ao final de um ato de sadismo. (N. T.)

Eu já lhe contei como parei de comer, quando você parou de telefonar? Você só é popular com anorexia. Às vezes você não passa de carne, garota. Vim para casa. Estou com tanto frio.

Eu chamava minhas favoritas pelo primeiro nome: Tori e Ani. Tori cantava "rosas de sangue" repetidas vezes, e eu não fazia ideia do que essa expressão significava, exceto que a dor e a beleza estavam de certo modo conectadas. De vez em quando suas canções faziam perguntas: *Por que ela desceu engatinhando a profunda ravina? Por que nos crucificamos?* As próprias canções eram respostas. Ela entrou engatinhando na profunda ravina para que nos perguntássemos por que ela entrou engatinhando na profunda ravina. Nós nos crucificamos para poder cantar sobre isso.

O "Experimento IV" de Kate Bush descreve um plano militar secreto para projetar "um som que pudesse matar alguém". *Dos gritos dolorosos das mães aos berros aterrorizantes, nós o gravamos e introduzimos em nossa máquina.* A canção seria letal, mas também uma canção de ninar: "Poderia passar o sentimento de se apaixonar/ poderia passar um sentimento tão ruim/ poderia passar um sentimento tão bom/ poderia fazer você adormecer". Claro que a canção soava exatamente como a canção que descrevia. Escutar era muito ruim e muito bom. Eu sentia que me apaixonava. Nunca tinha me apaixonado. Era uma *voyeuse* e um vândalo — flexionando os músculos doídos de meu coração ao me imaginar com dores que nunca tinha sentido.

Inventei sonhos acordados terríveis para impor a essas canções a gravidade do melodrama: alguém que eu amava morria; eu era chamada ao leito de morte de um acidente de carro: tinha um namorado famoso e ele me traía e eu tinha de criar nosso filho — ainda melhor, nossos muitos filhos — sozinha. Aquelas canções me davam cicatrizes para eu experimentar como roupas. Eu queria adormecer com seu acalanto; eu queria ser morta e ressuscitada.

Mais do que qualquer coisa, eu queria ser morta pelo "Swandive" de Ani: "Vou dar meu melhor mergulho de cisne/ nas águas infestadas de tubarões/ Vou arrancar meu tampão/ e começar a *jorrar por tudo*. Se ser uma mulher quer dizer sangrar, ela vai sangrar. Ela vai se ferir. Carrie sabia como fazer; ela nunca se tamponou. Ela jorrou por tudo. "Não me importo se eles me comem viva", canta Ani, "tenho coisas melhores para fazer que sobreviver." Coisas melhores como: martírio, rir por último, escolher o fim, cantar uma canção sobre sangue.

Eu escutava "Swandive" anos antes de ficar menstruada, mas já estava pronta para me atirar. Estava pronta para usar minha menarca como arma. Esperava o dia em que pudesse atirar minha feminilidade aos tubarões, porque eu tinha por fim alguma feminilidade para chamar de minha. Mal podia esperar ser introduzida nas fileiras dessa frustração feminina — a menstruação como o fardo, a carga lunar, o tíquete de saída do Éden, as chaves para o reino da autenticidade. Sangrar entre os tubarões significava ser elegível para os homens, o que significava ser elegível para a esperança, a perda, a degradação, a objetificação, o desejo e o ser desejada — todo um mundo de maneiras de quebrar a cara.

Anos mais tarde eu trabalhava numa padaria onde minha patroa gostava de tocar uma lista de músicas que ela chamava de nossa "Playlist Ferida". Cantarolávamos junto com Sade e Phil Collins. Misturávamos a massa veludo vermelho da cor de corações de cartum. Minha chefe disse que, ao escutar essas canções, ela imaginava ser abandonada por algum amante cruel no acostamento de uma rodovia empoeirada — "com apenas minha mochila e meus óculos escuros", ela me disse, "e meu cabelão".

Comecei a procurar mais mulheres cantando sobre feridas. Pedi sugestões ao meu namorado. Ele me mandou uma mensagem com instruções: *Entra no Google com "você me cortou e abriu e continuo a sangrar". Melhor passagem do sublime ao trivial no ar.* Encontrei Leona Lewis: "Você me cortou e abriu e eu/ Continuo a sangrar, continuo, continuo a sangrar amor/ Continuo a sangrar, continuo, continuo a sangrar amor/ Continuo a sangrar, continuo, continuo a sangrar amor". Cada refrão retorna, ao final, ao tema principal: "Você me cortou e abriu". A letra poderia estar lamentando ou afirmando o amor; confiando na possibilidade de se apaixonar por alguém no rescaldo da ferida, ou então sugerindo que o amor está na própria ferida — que o sentimento solidifica e coagula no sangue derramado, outra versão da lógica de quem se corta: *eu sangro para sentir.* Sangrar é a prova e a casa da paixão, sua residência e protetorado. Esse tipo de coração partido que sangra não é um sentimento que deu errado, é um sentimento que deu certo — a emoção destilada em sua forma mais pura, mais magnífica. *Melhor passagem do sublime ao trivial no ar*. Bem, sim, é. *Transforme toda cicatriz numa piada*. Já transformamos.

E se algumas de nós quisermos levar nossas cicatrizes a sério? Talvez algumas de nós não tenham recebido o memorando — não tenham recebido a mensagem de nossos namorados — sobre o que conta como passagem do sublime ao trivial. A piada de um homem é um registro no diário de outra garota. O sofrimento de uma mulher é o ensaio de outra mulher. Talvez esse sangramento ad nauseam seja produzido em massa e pareça ridículo — *Tampone! Tampone!* —, mas talvez seu caso não esteja terminado. *A mulher é uma dor que nunca vai embora*. Continue a me cortar e abrir; eu continuarei a sangrar. Salvar Leona Lewis significa insistir em que não temos jamais o direito de descartar o banal, o pobremente expresso ou claramente ridículo, o desgastado, o exagerado ou estrategicamente executado.

No guia do grupo de leitura de meu primeiro romance, confessei: "Frequentemente me sinto como um DJ misturando várias letras de angústia adolescente feminina". Fiquei tão cansada de resumir o enredo, sempre que as pessoas me perguntavam do que é que se tratava, que comecei a dizer simplesmente: *Mulheres e seus sentimentos*. Quando me denominei uma DJ que mixava angústias, foi um golpe antecipado. Eu sentia que tinha de me defender contra alguma acusação hipotética que seria atirada sobre meu livro pelo mundo em geral. Eu estava tentando concordar com Ani: não deveríamos ter de transformar toda cicatriz numa piada. Não deveríamos ter de ser sagazes, nem voltar atrás, nem nos questionar ao dizer: *Essa merda dói*. Não deveríamos ter de negar — *sei, sei, a dor é antiga, outras garotas sofreram* — para nos defender da antiga litania de acusações: performática, deplorável, impregnada de autopiedade, acumulando mágoas, provocando compaixão. A dor é o que você faz dela. Você tem de encontrar nela algo produtivo. Compreendi meu imperativo orientador da seguinte maneira: continue a sangrar, mas descubra um pouco de amor no sangue.

Ferida Nº 11

CERTA VEZ ESCREVI UMA HISTÓRIA a partir daquela ferida aberta que Yeats chama "na loja de osso e trapo da emoção". Nesse caso particular, a minha loja tinha sido saqueada por um poeta. Ele e eu tivemos alguns meses gloriosos de outono em Iowa — houve cervejas geladas sobre uma velha ponte, vinho num cemitério, poemas deixados sobre travesseiros — e pensei que estava apaixonada, que talvez me casasse com ele, mas de repente tudo acabou. Ele terminou. Eu sabia que isso não era uma ocorrência inusitada no mundo, mas nunca tinha acontecido comigo. Continuei tentando compreender. Algumas noites antes do fim, sentindo-o afastar-se, eu tinha falado com ele por muito tempo sobre o distúrbio alimentar que eu tivera quando mais jovem. Honestamente, não consigo lembrar por que fiz isso — se queria senti-lo perto de mim, se queria que ele demonstrasse interesse solidarizando-se comigo, se apenas queria me forçar a confiar nele falando de algo que parecia sugerir que eu já confiava.

Depois que ele se foi, decidi que essa conversa talvez tivesse algo a ver com a razão de ele ter partido. Talvez ele tivesse sentido repulsa — não necessariamente pelo distúrbio alimentar, mas por minha clara tentativa de garantir sua atenção narrando-o. Eu estava desesperada por uma *razão* — primeiro, porque queria compreender nosso rompimento, e depois porque me dava conta de que qualquer história que eu escrevesse sobre nós pareceria superficial, se nosso rompimento não tivesse um motivo catalisador. A dor sem causa é uma dor em que não confiamos. Assumimos que foi deliberada ou fabricada.

Eu tinha medo de escrever uma história sobre nós porque um coração partido parecia uma história que já fora contada vezes demais, e minha versão parecia horrivelmente banal: embriagar-me até ficar inconsciente e partilhar meus sentimentos em momentos fugazes de lucidez, dormir com caras e depois chorar em seus banheiros. Cair na Sexta Avenida no meio da noite e mais tarde mostrar meu joelho machucado para qualquer um que quisesse vê-lo. Fiz com que algumas pessoas me dissessem que eu era mais atraente que o meu ex. Fiz com que outras pessoas me dissessem que ele era um babaca, ainda que não o fosse.

Não foi para escrever sobre esse tipo de coisa, disse a mim mesma, que eu tinha vindo participar da Oficina de Escritores em Iowa. Talvez a tristeza pudesse ser "interessante", mas não quando se mostrava assim. A narradora que eu descreveria na minha história — uma mulher consumida pela autopiedade, afogando suas mágoas na bebida, entregue a uma autodestruição sexual temerária, obcecada pelo homem que a tinha abandonado — não parecia um tipo particularmente atraente ou poderoso de mulher para se levar em consideração ou ser. E, no entanto, ela era eu.

Talvez um coração partido e bêbado fosse a coisa mais estúpida sobre a qual eu poderia escrever, mas essa era precisamente a razão pela qual eu queria escrever a respeito. Eu queria escrever contra meus sentimentos de vergonha quanto à minha premissa — sua banalidade e sopro de autopiedade, o modo como sua própria estrutura sugeria uma protagonista definida quase exclusivamente em termos de seus relacionamentos nocivos com os homens. A história não só *pareceria* ser sobre deixar os homens usurparem a identidade de uma mulher, ela *seria* de fato sobre isso. Meu próprio melindre me incitava a prosseguir: talvez a autodestruição no rescaldo de um coração partido fosse uma dor banal, mas era a *minha* dor banal, e eu queria encontrar uma linguagem para ela. Eu queria escrever uma história tão boa a ponto de meus hipotéticos futuros leitores reconhecerem como profundo um tipo de tristeza feminina que eles descartariam como performático, exagerado ou autoindulgente. Havia também interesses práticos. Eu tinha um prazo para a oficina. Percebendo que só conseguia pensar no término, eu não via como poderia escrever uma história sobre qualquer outra coisa.

Escrevi o final primeiro. Era uma afirmação: *Eu tinha um coração. Ele permaneceu.* Gostei porque parecia verdadeiro e otimista (meu coração ainda está aqui!), mas também triste (meu coração ainda-aqui dói constantemente!). Pus a conversa sobre o distúrbio alimentar na história para que os leitores pudessem apontar para ela — se precisassem apontar para alguma coisa — e dizer: *Oh, talvez tenha sido por isso que ele foi embora.* Eu também queria que o distúrbio alimentar esclarecesse que o impulso da minha protagonista para a autodestruição não fora causado mas reativado pelo rompimento, que ressuscitara o cadáver de uma dor mais antiga: uma sensação permanente de inadequação que poderia se ligar ao corpo ou a um homem, um impulso que — como um míssil orientado pelo calor — sempre farejava meios pelos quais poderia ferir ainda mais.

Eu percebi que essa dor sem causa — inexplicável e aparentemente intratável — era meu verdadeiro tema. Um tema frustrante. Não podia ser atribuído a nenhum trauma; ninguém podia ser culpado por ele. Como essa tristeza nebulosa parecia se ligar a ansiedades femininas (anorexia, cortar-se e obsessão pela atenção masculina), comecei a compreendê-la como inerentemente feminina, e por ser tão injustificada pelas circunstâncias, começou a parecer inerentemente vergonhosa. Cada uma de suas manifestações autodestrutivas parecia meio-escolha, meio-maldição.

Nesse sentido, eu me dava conta de que o rompimento estava me dando um gancho em que dependurar um desassossego muito mais indefinido e mutável — e não tão facilmente analisável. Uma parte de mim sabia que minha história tinha imposto ao rompimento uma lógica causal que não existira. Meu ex já estava se afastando, antes que eu tivesse lhe confessado qualquer coisa. Mas eu reconhecia uma certa tendência em mim mesma — um desejo de constranger os homens descrevendo coisas que tinham sido difíceis para mim — e queria punir essa tendência. A punição envolvia imaginar maneiras de minhas confissões repelirem os homens que deveriam chamar para mais perto. Quando me punia por esse motivo, eu também restaurava a estrutura consoladora da ordem emocional — *porque fiz isso, isto aconteceu; porque isto aconteceu, senti dor.*

Nesse meio tempo, eu estava nervosa a respeito da oficina. Seria enaltecida como um gênio? Compreendida em silêncio como patética? Escolhi minha roupa com cuidado. Ainda me lembro de um dos primeiros comentários. "Essa personagem tem um emprego?", perguntou um rapaz, parecendo contrariado, e disse que talvez fosse um pouco mais fácil simpatizar com a protagonista se ela trabalhasse.

Interlúdio: no exterior

Acontece que essa história foi a primeira que publiquei. Às vezes recebo notas de estranhos sobre o texto. Uma mulher no Arizona até mandou tatuar parte da história nas costas. Os homens dizem que ela os ajuda a simpatizar mais com certas tendências femininas. Esses homens me escrevem sobre seus relacionamentos: mulheres que antes pareciam vacas temerárias, dizem eles, começam a parecer outra coisa. Um rapaz de uma fraternidade universitária escreveu para dizer que agora ele "captava" melhor as garotas. Espero que tenha querido dizer: compreendia. Outro rapaz disse: "Sempre tive curiosidade sobre a psicologia de mulheres que tendem ao desejo de serem dominadas".

Um corretor de imóveis havaiano escreveu sobre sua irmã pequena. Ele nunca se compadecera dos relacionamentos dolorosos que a irmã tinha com homens. "Tenho certeza de que seu objetivo não era educar os homens sobre as nuances psicológicas das mulheres", escreveu, mas ele sentia que conseguia lidar melhor com as tendências autodestrutivas da irmã depois de ler a história — "um fiapo de compreensão", disse ele. Fiquei emocionada. Minha dor tinha voado para além dos confins de sua loja de osso e trapo. Agora tinha uma casa de praia no Pacífico.

Eu não diria que escrever essa história me ajudou a superar mais rápido o rompimento; provavelmente teve o efeito contrário. Acabei transferindo aquele ex para o reino da lenda — uma espécie de adereço mítico ao redor do qual eu construíra essa versão sofredora de mim mesma. Mas a história me ajudou a tecer o rompimento no meu senso de identidade de tal modo que acabou sendo sentido no lado de fora, apontado para as vidas e a dor de outros.

E, no entanto… eu ainda me pergunto se o meu ex leu a história? Claro que sim.

Ferida Nº 12

No verão depois de meu primeiro ano de faculdade, minha boca ficou fechada com fios metálicos por dois meses, enquanto meu maxilar se recuperava de uma operação. A articulação fora danificada num acidente — eu tinha caído de uma trepadeira na Costa Rica, a seis metros do chão da floresta nublada — e certos ossos tinham sido furados para adquirir novas formas e depois novamente unidos por meio de parafusos. Os fios metálicos mantinham tudo no lugar. Eu não conseguia falar ou comer. Esguichava bebidas energéticas geriátricas na pequena abertura entre os dentes e o fundo de minha boca. Escrevia notas em pequenos blocos amarelos. Lia muito. Já então pensava em documentar minha experiência para a posteridade. E já tinha em mente o título de minha memória: *Autobiografia de uma face*.

Foi assim que descobri Lucy Grealy. Sua memória, *Autobiography of a Face*, é a história de seu câncer na infância e o permanente desfiguramento facial. Li o livro numa tarde e depois reli tudo mais uma vez. Seu drama central, para mim, não era a recuperação da doença alcançada por Grealy; era a história de sua tentativa de forjar uma identidade que não fosse inteiramente definida pela ferida da sua face. A princípio ela não conseguia ver sua face a não ser como um local de dano, a que tudo mais se referia:

> Essa singularidade de significado — eu era o meu rosto, eu era a feiura — embora por vezes insuportável, também... se tornou a plataforma de lançamento a partir da qual levantar voo... Tudo levava a ela, tudo recuava a partir dela — minha face como um ponto de fuga pessoal.

Esses são os perigos de uma ferida: que o eu seja engolido por ela ("ponto de fuga pessoal") ou incapaz de ver fora de sua gravidade ("tudo levava a ela"). A ferida pode esculpir o eu de um modo que limita a identidade em vez de expandi-la — que obstrui a visão (do sofrimento de outras pessoas, digamos) em vez de aguçar a acuidade empática. Carrie não faz favores a ninguém. Rosa Dartle é puro gume.

Grealy sempre desejara o lócus-identidade do dano mesmo antes que ele lhe acontecesse; e ficou feliz, em pequena, quando o trauma chegou pela primeira vez: "Fiquei excitada com a ideia de que havia realmente algo de errado comigo" — como Molly com uma navalha na bochecha, tentando fazer de si mesma uma desajustada. Anos mais tarde, Grealy ainda sentia um certo consolo nas suas cirurgias. Esses eram os tempos em que ela recebia cuidados mais diretos, e quando sua dor era estruturada para além da tortura mesquinha e nebulosa de sentir-se feia para o mundo. "Não foi sem uma certa dose de vergonha que eu tirava essa espécie de consolo emocional da cirurgia", ela escreve. "Isso significava que eu gostava das operações e que, portanto, eu as merecia?"

Na vergonha de Grealy, vejo o resíduo de certos imperativos culturais: ser estoico, ter a relação com a dor definida pela nota única da resistência. Esses imperativos tornam vergonhoso sentir qualquer ligação com a dor ou ter qualquer sensibilidade ao que ela tem a oferecer. O que amo em Grealy é que ela não tem medo de ser honesta a respeito de cada parte de sua dor: o modo como ela extrai algum consolo de suas cirurgias e sente um desconsolo com esse consolo; como ela tenta sentir-se melhor sobre a sua face — repetidas vezes — e simplesmente não consegue. Ela não consegue tornar a feiura produtiva. Ela não consegue tornar a ferida fértil. Ela só consegue sentir algum alívio no quanto ela dói, e no modo como esse sofrimento desperta o carinho dos outros. Nessa confissão, claro, a ferida torna-se *realmente* fértil. Produz honestidade. O livro é belo.

Quando criança, Grealy aprendeu a ser o que ela chama "uma boa paciente", mas o próprio livro recusa essa postura: ela não propõe falsas ressurreições do espírito. Ela insiste na tirania do corpo e seu dano. Sua situação era extrema, mas em silêncio dava forma e justificação à minha vida de então: minha própria existência definida pelo ferimento.

A maioria das resenhas negativas de *Autobiography of a Face* na Amazon focaliza a ideia de autopiedade: "Ela foi uma mulher triste que nunca chegou a ir além de sua dor pessoal", "Achei este livro extremamente triste e afogado em autopiedade", "Sinto como se ela só conseguisse pensar em si mesma, na sua total desgraça e dor por ser 'feia'".

Um homem chamado "Tom" escreve:

> Em todos os livros que já li, nunca encontrei ninguém gemendo e chafurdando em autopiedade dessa maneira tão terrível. Posso facilmente resumir todo o livro de 240 páginas em três palavras: Ai de mim... Além de uma mixórdia de lamentações, a autora não parece se decidir sobre nada. Primeiro ela diz não querer que sintam pena dela, depois passa a desprezar os outros por não conseguirem sentir sequer uma pitada de simpatia.

A mulher que Tom descreve, *chafurdando* em autopiedade e incapaz de decidir o que o mundo deve fazer a esse respeito, é exatamente a mulher que eu cresci com medo de vir a ser. Eu não caí na besteira — todas, ao que parece, não caíam nessa besteira — de me tornar uma *dessas* mulheres que posam de vítimas, cercam furtivas o leito do enfermo, apresentam sua dor como um cartão de visita. O que estou tentando dizer é: não acho que a atitude fosse apenas minha. Toda uma geração, a onda seguinte, cresceu fazendo todo o possível para evitar essa identidade: nós nos refugiávamos na autoconsciência, na autodepreciação, no esgotamento, no sarcasmo. A Garota Que Chorou a Dor: ela não precisa de remédios; ela precisa de um sedativo.

E agora nos descobrimos dilaceradas. Não queremos que ninguém sinta pena de nós, mas sentimos falta da simpatia quando ela não aparece. Sentir pena de nós mesmas tornou-se um crime secreto — uma espécie de masturbação vergonhosa — que afugentaria a simpatia de outros, se a deixássemos transparecer. "Como cresci negando a mim mesma qualquer sentimento que sugerisse autopiedade", escreve Grealy, "eu agora tinha de descobrir um jeito de lhe dar nova forma."

Qual seria essa nova forma? Fé, promiscuidade sexual, ambição intelectual. No pináculo: arte. Grealy apresenta esta última alquimia — dor-transformada-em-arte — como possibilidade, mas não como redenção. Parece provável que, apesar de tudo o que a ferida lhe proporcionou — perspectiva, a fortaleza da sobrevivência, uma reflexão perspicaz sobre a beleza —, Grealy ainda trocaria essas vantagens por um belo rosto. Essa confissão de sua vontade é seu maior dom de honestidade; ela não argumenta que a beleza seja mais importante do que a profundidade, apenas admite que poderia ter optado por ela — que era mais difícil viver sem a beleza.

Interlúdio: no exterior

Quando comecei a escrever este ensaio, decidi recorrer a uma multidão de fontes. Escrevi uma mensagem a algumas de minhas mulheres favoritas, pedindo que me contassem sobre seus pensamentos a respeito da dor feminina. "Por favor, não deixem de responder", escrevi, "pois eu me sentiria totalmente sozinha na minha obsessão pelo estado ferido do gênero." Elas responderam.

"Talvez óbvio demais", escreveu uma amiga da escola de teologia, "mas e a queda?" Ela apontou que Eva é definida pela dor do parto. Outra amiga sugeriu que dar à luz talvez modele as mulheres como um horizonte de expectativa. As mulheres tornam-se conscientes, ela especulou, imaginando uma dor futura para a qual seus corpos inevitavelmente as impelem.

Uma amiga descreveu sua formação "inteiramente, inteiramente obcecada em não ser vítima". Ela digitou *não ser vítima* em itálico. Outra amiga descreveu sua devoção juvenil à obra de Lurlene McDaniel, uma autora que escreveu sobre garotas doentes — tomadas pelo câncer, submetidas a transplantes de coração, bulímicas — que se tornavam amigas de garotas ainda mais doentes, garotas transfiguradas em anjos pela doença, e que sempre acabavam vendo essas garotas mais doentes morrerem. Esses livros ofereciam a oportunidade para uma empatia de dois eixos — a chance de se identificar com a mártir e com a sobrevivente, de morrer e viver ao mesmo tempo, de sentir simultaneamente a glória da tragédia e a segurança da vida que continua.

Recebi confissões. Uma amiga admitia que a dor feminina frequentemente parecia, a ela, "o fracasso de uma ética do carinho", e que seu ideal de dor feminina seria a Nossa Senhora sofredora: "a dor do carinho porque o objeto do carinho foi suprimido". Ela temia que esse ideal a tornasse uma misógina secreta. Outra amiga — Taryn, uma poeta — confessou que seu maior medo era que seus poemas viessem a ser lidos como transcrições solipsistas de um sofrimento privado, e que, por causa desse interesse pessoal, também ficassem registrados de algum modo como "femininos". Ela também temia que o primeiro medo a tornasse uma misógina secreta.

Uma amiga ficou tão perturbada pelo meu e-mail que esperou até a manhã seguinte para responder. Ela estava cansada, escreveu, de um fascínio social permanente por mulheres que se identificavam pela dor — mulheres que se feriam, bebiam demais ou dormiam com os homens errados. Ela estava mais do que *cansada*. Estava brava.

Acho que sua raiva propõe uma pergunta, e acho que essa pergunta exige uma resposta. Como representar a dor feminina sem produzir uma cultura em que essa dor é fetichizada a ponto de virar fantasia ou imperativo? *Fetichizar*: ser excessiva ou irracionalmente devotado a alguma coisa. Eis o perigo da feminilidade ferida: que sua invocação vá corroborar um culto da dor que continue a legitimar, quase legislar, ainda mais dor.

A parte difícil é que por baixo desse fascínio obsceno por mulheres que se ferem, praticam sexo ruim e bebem demais, há mulheres reais que se ferem, praticam sexo ruim e bebem demais. A dor feminina é anterior à sua representação, mesmo que suas manifestações sejam modeladas e torcidas por modelos culturais.

Fiar-se demais na imagem da mulher ferida é reducionista, mas rejeitá-la também o é — por não querer ver as variedades de necessidade e sofrimento que a produzem. Não queremos *ser* as feridas ("Não, você é a própria ferida!"), mas deveria nos ser permitido ter feridas, falar sobre o fato de que as temos, ser algo mais que apenas outra garota que tem uma ferida. Deveríamos poder fazer essas coisas sem desapontar o feminismo de nossas mães, e deveríamos poder representar as mulheres que sentem dor sem recuar a uma repetição voyeurística de antigos modelos culturais: outro adolescente emo que se corta embaixo das arquibancadas, outro míssil da feminilidade orientado pelo desejo de ferir, um corpo bêbado, machucado ou estéril, outro arquétipo afundado na embriaguez inconsciente por baixo dos lençóis.

Temos uma relação de duplicidade com a dor feminina. Ela nos atrai e nos revolta; sentimos orgulho e vergonha dela. Assim desenvolvemos uma voz pós-ferida, uma postura de entorpecimento ou uma muleta de sarcasmo que sugere a dor sem afirmá-la, que parece evitar certas acusações vislumbradas no horizonte: melodrama, trivialidade, chafurdar no sofrimento — um mandamento ético e estético: não valorize as mulheres que sofrem.

Você provoca um certo desdém ao decidir escrever sobre o sofrimento das mulheres. Você fica menstruada com tubarões ao redor — *uma coluna exposta de nervo e sangue* —, mas todo mundo acha que é um espetáculo estúpido. Você quer gritar, *eu não sou uma pessoa melodramática!* Mas todo mundo acha que você é. Você está disposta a sangrar, mas parece que está tentando se tornar sangrenta. Quando sangra desse jeito — por cima de todas as coisas, uma tentação para os tubarões —, você escuta que está corroborando a mitologia errada. Deveria ter vergonha de si mesma. *Tampone.*

Em 1844, uma mulher chamada Harriet Martineau escreveu um livro intitulado *Life in the Sick Room* [A vida no quarto doente]. Dez anos mais tarde, ela publicou uma autobiografia. Nesse segundo livro, ela condensa sua doença numa nota ao pé da página, explicando: "Não há nada de que tenha mais certeza: é insensato que pessoas doentes escrevam um diário". Ela não cometeu o erro de subordinar sua identidade de autora a seu status de mulher enferma, especialmente numa cultura ansiosa para ver as mulheres como inválidas em potencial. Talvez fosse justificável o medo de que sua doença seria compreendida como algo que limita o escopo de sua visão, que pudesse colocá-la de quarentena numa categoria literária. *Uma poeta maior com um alcance menor*: A Paixão da Inválida.

Lucy Grealy aprendeu a ser uma boa paciente, quando aprendeu que era possível falhar como doente. "Meus sentimentos de vergonha e culpa por não conseguir deixar de sofrer", ela escreve, "tornaram-se mais insuportáveis. A dor física parecia quase fácil em comparação." Às vezes damos outro nome a *não conseguir deixar de sofrer*: falamos em chafurdar no sofrimento. Chafurdar, v. intr.: rolar o corpo ao redor indolente ou desajeitadamente, como se na neve, água ou lama; deleitar-se, divertir-se. Este é o medo: que tornemos nossos corpos desajeitados se passarmos tempo demais lamentando o que lhes aconteceu; se nos deleitarmos com nossa dor como um mar infestado de tubarões; se usarmos a lama como tinta sobre nossos corpos sem pele.

Ferida Nº 13

Quando Molly Desajustada tinha 24 anos, um estranho arrombou seu apartamento no Brooklyn e tentou estuprá-la ameaçando usar uma faca. Ela conseguiu escapar — fugindo de seu estúdio nua, depois de uma luta de dez minutos — mas claro que isso não a livrou de anos de medo, anos de tentar compreender o que acontecera. "Impor uma narrativa verdadeiramente sensata a meu ataque", ela escreve, "mostrou-se impossível por causa de suas consequências." Ela foi morar com uma boa amiga, e elas viam filmes para ajudar a pegar no sono à noite:

> Nós nos concentrávamos no que queríamos ver, e acontece que eram, reflexivamente, histórias sobre mulheres em perigo, mulheres sem autonomia, garotas que desaparecem, senhoras sombrias sentindo dor por dentro e por fora. No metrô, eu me via escutando obsessivamente antigas baladas de assassinato como "Ele a apunhalou no coração e o sangue de seu coração jorrou".

Senhoras sombrias sentindo dor por dentro e por fora. Não me surpreende que Molly se sentisse atraída por elas. Talvez lhe proporcionassem visões de dores piores que a sua, ou a fizessem sentir-se menos sozinha, ou simplesmente lhe permitissem habitar sua própria dor ao apresentar um mundo em que a lógica da dor estava no centro das atenções.

Este ensaio não luta por esse mundo. Não critica simplesmente a voz pós-ferida, nem desconsidera as maneiras como a dor feminina é desconsiderada. Acredito que não exista nada vergonhoso em sentir dor, e pretendo que este ensaio seja um manifesto contra a acusação de chafurdar no sofrimento. Mas o ensaio é menos uma dupla negação, uma desconsideração da desconsideração, do que uma busca de possibilidades — a possibilidade de representar o sofrimento feminino sem reificar seu mito. Lucy Grealy descreve grande parte de sua vida artística como uma tentativa "de me conceder o direito complicado e necessário de sofrer".

Estou procurando o 13º nu, que aparece no final do poema de Carson:

Very much like Nude #1.
And yet utterly different.
. . .
I saw it was a human body

trying to stand against winds so terrible that the flesh was blowing off the bones.
And there was no pain.
The wind

was cleansing the bones.
They stood forth silver and necessary.
It was not my body, not a woman's body, it was the body of us all.
It walked out of the light.*

Esse Nu é como o primeiro Nu porque ela não é senão carne esfarrapada, mas aqui a "carne [é] soprada para longe" e sua nudez assinala resistência. A exposição do corpo é limpa e necessária. Não há dor. Os nervos desapareceram. O afastamento da dor requer um movimento para compartilhar algo comum: "para fora da luz" da particularidade e gênero humanos ("Não era o meu corpo, nem o corpo de uma mulher") e para dentro do Universal ("era o corpo de todos nós"). Caminhar para fora da luz sugere simultaneamente ser constituído por essa luz — caminhar a partir da substância de origem — e deixá-la para trás, abandonando o estado da representação visível. Assim que a dor é limpa e se torna prateada e necessária, já não precisa ser iluminada. A dor só vai além de si mesma quando seu dano muda do privado para o público, do solipsismo para o coletivo.

Uma amiga me enviou uma carta sobre a dor, escrita num papel quase translúcido. Ela sugeria que poderíamos ver nossas feridas como "lugares de condutividade onde a dor atinge nossa experiência e acende algo". Seu papel translúcido tinha importância. Eu podia ver o mundo

---

* "Muito parecido com o nº 1./ E no entanto completamente diferente./ .../ Vi que era um corpo humano// Tentando resistir contra ventos tão terríveis que a carne era soprada para longe dos ossos./ E não havia dor./ O vento// Estava limpando os ossos./ Eles surgiam prateados e necessários./ Não era o meu corpo, nem o corpo de uma mulher, era o corpo de todos nós./ Ele caminhava para fora da luz." (N. T.)

mais além de suas palavras: a mesa, meus próprios dedos. Talvez essa visibilidade — esse convite a ver partes em relação mútua — é o que a dor torna possível.

Não devemos esquecer que esse 13º Nu lembra o primeiro, aquele artefato primal da dor, cujo fantasma sangrento ilumina esses ossos prateados como uma aura, advertindo-nos de que a limpeza não pode acontecer sem alguma perda: *retirou a podridão, deixou-me com a boca cheia de amor*. Como Stevens e seus treze melros,[*] vemos a dor de cada ângulo: a nenhuma das posturas de sofrimento é permitida qualquer medida de tirania perceptiva. Não podemos ver o sofrer de uma única maneira; temos de considerá-lo a partir de treze direções, e isso é apenas o início — depois somos chamados a seguir essa figura saindo a passos largos da luz.

Seguimos essa figura para a contradição, para a confissão de que as feridas são desejadas e menosprezadas; que elas concedem poder e cobram um preço; que o sofrimento produz virtude e egoísmo; que a condição de vítima é uma mistura de situação e ação; que a dor é objeto de representação e também seu produto; que a cultura transcreve o sofrimento genuíno ao naturalizar seus sintomas. Seguimos esse 13º nu de volta às arquibancadas, onde uma garota está encenando uma Peça da Paixão com sua navalha. Devemos observar. Ela está sofrendo, mas isso não quer dizer que vá sofrer para sempre — ou que essa dor é a única identidade que ela pode possuir. Há um modo de representar a consciência feminina que pode testemunhar a dor, mas também testemunhar um eu maior ao redor dessa dor — um eu que se torna maior que suas cicatrizes sem renegá-las, que nem habita a dor nem está cansado dela, que está realmente se curando.

Vemos o que acontece quando a garota embaixo da arquibancada depõe a lâmina. Sofrer é interessante, mas melhorar também é. As consequências das feridas — a tensão e a luta de costurar a pele, os passos largos de ossos prateados — traçam o contorno das mulheres ao lado das próprias feridas. Glück sonha com "a harp, its string cutting/ deep into my palm. In the dream,/ it both makes the wound and seals the wound" [uma harpa,

---

[*] Menção ao poema "Treze maneiras de olhar para um melro", de Wallace Stevens. (N. T.)

sua corda cortando/ fundo na minha palma. No sonho,/ ela causa a ferida e fecha a ferida].*

Quando leio os poemas de Taryn, vejo a imaginação entrelaçando-se como uma trepadeira a partir do ferimento. Dá para ver pedacinhos de sua vida — uma grande cirurgia para retirar um tumor enrolado ao redor de seu fígado — mas o corpo de bruços de sua figura feminina ("ela está estendida suplicante") jamais é o único corpo à vista. A essa voz feminina jamais é permitido qualquer monopólio da dor. Os poemas são densos de tanto dano — os pássaros do jardineiro com seus ossinhos finos quebrados, uma corça gorda morta ("Seu odor delicioso!") — e as instruções de açougueiro: "Espalhe as costelas com um pedaço de pau... uma sanfona de ossos brilha embaixo. Revele a carne da pata. É como abrir um conjunto de portas francesas". Esses verbos são ações de abrir, fatiar, dividir, explorar, escavar, extrair. O dano não é feito pelo dano. É pela epistemologia ou então para o jantar. *Às vezes você não passa de carne, garota.* Enquanto outros talvez contemplem o próprio umbigo, Taryn está abrindo os umbigos de animais — *não o meu corpo, nem o corpo de uma mulher* —, mas seu olhar parece pessoal em sua vulnerabilidade. Ela oferece uma noção da violência intrínseca ao medo de viver num corpo — qualquer corpo, entre outros corpos —, uma consciência necessariamente embutida no corpo de todos nós, esse corpo feito de luz e dela se afastando.

Quero honrar o que acontece quando a confissão colide com instruções de açougueiro: encontramos uma admissão de feridas, mas também uma visão de manipulação de corpos sangrentos, arranjando e abrindo suas partes. Quero insistir em que a dor feminina ainda é inédita. É sempre inédita. Nunca é algo que já ouvimos.

É inédito quando uma garota perde a virgindade ou adquire uma dor no bricabraque de seu coração. É inédito quando começa a ficar menstruada ou quando faz alguma coisa para interromper a menstruação. É inédito se uma mulher se sente terrível a respeito de si mesma no mundo — em qualquer lugar, em qualquer tempo, sempre. É inédito sempre que uma garota faz um aborto, porque seu aborto nunca foi sentido antes e nunca será sentido de

---

* Trecho do poema "Fugue", de Louise Glück. (N. T.)

novo. Estou dizendo isso como alguém que fez um aborto, mas não fez o aborto de nenhuma outra mulher.

Certo, algumas notícias são maiores do que outras. A guerra é uma notícia maior do que uma garota ter sentimentos confusos sobre a maneira como um rapaz transou com ela e não telefonou. Mas não acredito numa economia finita de empatia; penso que prestar atenção rende tanto quanto o preço que cobra. Você aprende a começar a ver.

Acho que desconsiderar a dor feminina como excessivamente familiar ou de certo modo antiquada — duas vezes narrada, três vezes narrada, 1.001 noites narrada — mascara acusações mais profundas: que as mulheres sofredoras estão fazendo o papel de vítimas, enfraquecendo-se ou preferindo a autoindulgência à bravura. Acho que desconsiderar as feridas oferece uma desculpa conveniente: ninguém tem mais necessidade de lutar com o que escuta ou com o que diz. *Tampone*. Como se, de algum modo, nossa tarefa fosse habitar o cansaço das consequências da autoconsciência terminal, uma vez já narrada a história de toda a dor.

"Por muito tempo hesitei em escrever um livro sobre a mulher", é assim que Simone de Beauvoir começa um dos mais famosos livros já escrito sobre mulheres. "O tema é irritante, especialmente para as mulheres; e não é novo." Às vezes sinto como se estivesse batendo numa ferida morta. Mas digo: continue a sangrar. Apenas escreva para algo mais além do sangue.

A mulher ferida é chamada de estereótipo, e às vezes ela o é. Mas às vezes ela é apenas verdadeira. Acho que a possibilidade de fetichizar a dor não é razão para deixar de representá-la. A dor representada ainda é dor. A dor que se torna trivial ainda é dor. Acho que as acusações de serem clichê e representação oferecem álibis demais a nossos corações fechados, e quero que nossos corações estejam abertos. Foi só o que escrevi. Quero que nossos corações estejam abertos. De verdade.

Obras consultadas

Livros

Agee, James & Evans, Walker. *Elogiemos os homens ilustres.*
Bidart, Frank. "Ellen West". In: *The Book of the Body.*
Carson, Anne. "The Glass Essay", "Teresa of God". In: *Glass, Irony and God.*
D'Ambrosio, Charles. *Orphans.*
De Beauvoir, Simone. *O segundo sexo.*
Dickens, Charles. *David Copperfield.*
_____. *Grandes esperanças.*
Didion, Joan. *Salvador.*
_____. *Slouching Towards Bethlehem.*
_____. *The White Album.*
Dubus, Andre. *Meditations from a Movable Chair.*
Grealy, Lucy. *Autobiography of a Face.*
Hass, Robert. "Images". In: *Twentieth Century Pleasures.*
Hemingway, Ernest. *Por quem os sinos dobram.*
Heti, Sheila. *How Should a Person Be?*
Huggan, Graham. *The Postcolonial Exotic: Marketing the Margins.*
Keen, Suzanne. *Empathy and the Novel.*

KNAPP, Caroline. *Drinking: A Love Story.*

_____. *Appetites: Why Women Want.*

KUNDERA, Milan. *A insustentável leveza do ser.*

MALCOLM, Janet. *The Journalist and the Murderer.*

MANGUSO, Sarah. *The Two Kinds of Decay.*

MARTINEAU, Harriet. *Autobiography.*

MERLEAU-PONTY, Maurice. *Fenomenologia da percepção.*

NUSSBAUM, Martha C. *Cultivating Humanity: A Classical Defense of Reform in Liberal Education.*

_____. *Poetic Justice: The Literary Imagination and Public Life.*

PLATH, Sylvia. "Cut", "Ariel", "Daddy". In: *Ariel.*

POPE, Alexander. *The Rape of the Lock.*

PROPP, Vladimir. *Morfologia do conto maravilhoso.*

SCARRY, Elaine. *The Body in Pain: The Making and Unmaking of the World.*

SMITH, Adam. *Teoria dos sentimentos morais.*

SOLOMON, Robert. *In Defense of Sentimentality.*

SONTAG, Susan. *A doença como metáfora.*

_____. *Diante da dor dos outros.*

STEVENS, Wallace. "The Revolutionists Stop for Orangeade", "The Motive for Metaphor". In: *The Palm at the End of the Mind.*

_____. *The Necessary Angel.*

STOKER, Bram. *Drácula.*

TOLSTÓI, Lev. *Anna Karenina.*

VOLLMANN, William T. *Poor People.*

WALLACE, David Foster. *Graça infinita.*

WILDE, Oscar. *De Profundis.*

ZIZEK, Slavoj. *Primeiro como tragédia, depois como farça.*

ENSAIOS, ARTIGOS E HISTÓRIAS

BARTHELME, Donald. "Wrack". *New Yorker*, pp. 36-37, 21 out. 1972.

BOYLE, Molly. "How Murder Ballads Helped". *Hairpin*, 19 abr. 2012. Disponível em: <http://thehairpin.com/2012/04/how-murder-ballads-helped-me>.

DECETY, Jean. "The Neurodevelopment of Empathy in Humans". *Developmental Neuroscience*, vol. 32, n. 4, pp. 257-267, 2010.

GAWANDE, Atul. "The Itch". *New Yorker*, pp. 58-65, 30 jun. 2008.

HOFFMANN, Diane E.; TARZIAN, Anita J. "The Girl Who Cried Pain: A Bias Against Women in the Treatment of Pain". *Journal of Law, Medicine & Ethics*, vol. 29, n. 1, pp. 13-27, primavera 2001.

IRVING, John. "In Defense of Sentimentality". *New York Times*, 25 nov. 1979.

JEFFERSON, Mark. "What Is Wrong with Sentimentality?". *Mind*, vol. XCII, pp. 519-529, 1983.

JOHNSON, John A.; CHEEK, Jonathan M.; SMITHER, Robert. "The Structure of Empathy". *Journal of Personality and Social Psychology*, vol. 45, n. 6, pp. 1299-1312, 1983.

MORENS, David. "At the Deathbed of Consumptive Art". *Emerging Infectious Diseases*, n. 8, vol. 11, pp. 1353-1358, nov. 2002.

ROBBINS, Michael. "The Constant Gardener: On Louise Gluck". *Los Angeles Review of Books*, 4 dez. 2012.

RORTY, Richard. "Human Rights, Rationality, and Sentimentality". In: SHUTE, Stephen; HURLEY, Susan (Orgs.). *On Human Rights: The Oxford Amnesty Lectures*. Nova York: Basic Books, 1993.

TANNER, Michael. "Sentimentality". *Proceedings of the Aristotelian Society*, vol. 77, pp. 127-147, 1976-1977.

TOMPKINS, Jane. "Sentimental Power: *Uncle Tom's Cabin* and the Politics of Literary History". In: *Sensational Designs: The Cultural Work of American Fiction, 1790-1860*. Nova York: Oxford University Press, 1985, pp. 122-146.

WALLACE, David Foster. "The Empty Plenum: David Markson's *Wittgenstein's Mistress*". *Review of Contemporary Fiction*, vol. 10, n. 2, verão 1990.

ZAHAVI, Dan, and Soren Overgaard. "Empathy Without Isomorphism: A Phenomenological Account". In: *Empathy: From Bench to Bedside*. Cambridge, MA: MIT Press, 2012.

Obras musicais e dramáticas

Amos, Tori. "Blood Roses", "Jackie's Strength", "Silent All These Years".
Bjork, "Bachelorette".
Bush, Kate. "Experiment iv", "Wuthering Heights".
De Palma, Brian (Dir.). *Carrie*, 1976.
Difranco, Ani. "Buildings and Bridges", "Independence Day", "Pixie", "Pulse", "Swandive".
Dunham, Lena. *Girls*, 2012-2013.
Lewis, Leona. "Bleeding Love".
Puccini, Giacomo. *La Boheme*.
Verdi, Guiseppe. *La Traviata*.
Williams, Tennessee. *A Streetcar Named Desire*.

Mulheres consultadas para "A grandiosa teoria unificada da dor feminina"

Molly Boyle, Lily Brown, Casey Cep, Harriet Clark, Merve Emre, Rachel Fagnant, Miranda Featherstone, Michelle Huneven, Colleen Kinder, Emily Matchar, Kyle McCarthy, Katie Parry, Kiki Petrosino, Nadya Pittendregh, Jaime Powers, Taryn Schwilling, Aria Sloss, Bridget Talone, Moira Weigel e Jenny Zhang.

Agradecimentos

Sou grata às revistas em que estes ensaios apareceram pela primeira vez: "A isca do diabo" em *Harper's* (reimpresso em *The Best American Essays 2014*); "Contagem na névoa" em *Oxford American*; "Morfologia da agressão", "La plata perdida", "Meninos perdidos" e "Sublime, revisado" em *A Public Space*; "O horizonte imortal" e "O coração partido de James Agee" em *Believer* ("O coração partido de James Agee" reimpresso em *American Writers on Class*); "La frontera" em *vice*; "Nativo do bairro" em *Los Angeles Review of Books*; "Ex-votos" e "Servicio supercompleto" em *Paris Review Daily* (reimpresso em *Paper Darts*); "Em defesa da sacarina" em *Black Warrior Review*.

Foi uma honra trabalhar com muitos editores e colegas maravilhosos ao longo do caminho: James Marcus, Roger Hodge, Wes Enzinna, Olivia Harrington, Matthew Specktor, Andi Mudd, Heidi Julavits, Deirdre Foley-Mendelssohn, Rocco Castoro, Amber Qureshi, Max Porter em Granta UK, e claro Brigid Hughes em *A Public Space* — que acreditou no meu trabalho desde o início.

Tenho a sorte de ter uma agente incrível em Jin Auh, defensora e amiga incansável, e me sinto genuinamente abençoada por ela ter ajudado este livro a encontrar um lar em Graywolf. Agradeço a Fiona McCrae, Steve Woodward, Katie Dublinski, Anne McPeak, Michael Taeckens e sobretudo Jeff Shotts, que tem sido uma alma gêmea desde o primeiro momento em que depositou sua caneta verde neste manuscrito. Agradeço a meus conselheiros em Yale — Amy Hungerford, Wai Chee Dimock e Caleb Smith —, que foram prestativos e generosos para que eu equilibrasse meus mundos crítico e criativo.

É enorme a minha gratidão a todos os que leram partes (ou a totalidade) deste manuscrito ao longo do caminho: Nam Le, Colleen Kinder, Kyle McCarthy, Cat Moore, Michelle Huneven, Emily Matchar, Jen Percy, Merve Emre, Moira Weigel, Nadya Pittendergh e Ben Nugent; bem como àqueles amigos cujos insights e sabedoria sustentaram e inspiraram cada etapa de sua redação: Aria Sloss, Harriet Clark, Abby Wild, Sabrina Serrantino, Margot Kaminski, Miranda Featherstone, Charlotte Douglas. Sou grata à família Gorin por seu entusiasmo e apoio através dos anos. Um agradecimento especial a Charlie D'Ambrosio por seus insights sobre este livro e por seus belos ensaios eticamente atentos.

Sou grata à minha família, especialmente a meus irmãos e pais — em particular à minha mãe, a quem este livro é dedicado com admiração e amor.

Por fim: obrigada, DG. Este livro não existiria sem você.

Posfácio

Confissão e comunhão

É frequente que a escrita confessional ganhe críticas ruins. As pessoas a consideram absorta em si mesma, solipsista, autocomplacente. Quem deseja escutar mais uma trintona falando horas a fio sobre os danos que sofreu? Mas quando publiquei uma coletânea de ensaios "confessionais" nesta primavera, *Exames de Empatia*, cheios de material pessoal (um aborto, uma cirurgia do coração, um soco na cara desferido por um estranho) – comecei a sentir que a confissão poderia ser o oposto do solipsismo. Minhas confissões provocaram respostas. Suscitaram um coro como fogo se alastrando entre os arbustos.

Depois que o livro foi publicado, eu me vi transformada numa confessora involuntária para inúmeros estranhos: soube de uma mulher com dores de cabeça crônicas, de um homem lutando com as consequências de ser circuncidado aos dezoito, de uma mulher lidando com a morte de sua galinha de estimação, de uma aluna da última série do ensino médio tentando processar o distúrbio alimentar de sua melhor amiga, de uma professora substituta sem teto em Minneapolis, de um neurologista tentando persistir no plano de carreira depois de múltiplas licenças médicas. Ouvi falar de médicos que deram o livro a seus estudantes de medicina, de estudantes de medicina que o deram a seus professores. Fiquei sabendo de um pregador que o usou em seu sermão da sexta-feira santa.

Gostei muito de ver como minhas palavras viajaram para além das páginas e transformaram-se em muito mais do que eu tinha vivido ou do que eu tinha sentido. A minha escrita era como uma criança crescida estabelecendo-se de repente em todos os tipos de lugares estranhos e enviando fotos para casa.

Há muitas maneiras de confessar e muitas maneiras de a confissão ir além de si própria. Se a definição de solipsismo é "uma teoria sustentando que o eu não pode conhecer senão suas próprias modificações e que o eu é a única coisa existente", quase nada rechaça o solipsismo com mais força do que a confissão que vem a público. Esse tipo de confissão cria inevitavelmente o diálogo.

Senti isso também como leitora, encontrando por acaso narrativas confessionais cujas revelações me pareceram mais semelhantes a caminhos que se bifurcam do que a claustros particulares: *Notes from No Man's Land* de Eula Biss partilha momentos privados de experiência corporal — colisões, esgotamento, assombro sensorial — de um modo que parece profundamente empenhado em explorar o que significa ser parte de um corpo público coletivo, carregado de questões de raça, classe e culpa; e *The Faraway Nearby* de Rebecca Solnit insere uma narrativa profundamente pessoal — ajustando contas com a demência da mãe, com o arco mais longo dessa tumultuada relação mútua — dentro de uma constelação mais ampla de histórias, mitos dos inuítes, pesquisas científicas, narrativas de heróis, monstros e gelo.

Quando li cada um desses livros profundamente pessoais, não senti como se fosse o produto de um eu que não conhecia senão a si mesmo — senti como se fosse o produto de um eu que de algum modo, milagrosamente, também me conhecia, ou pelo menos sabia de coisas que me incluíam.

Li pela primeira vez *Autobiography of a Face* de Lucy Grealy — memórias de sua doença na infância e subsequente desfiguramento — quando estava me recuperando de uma grande cirurgia na mandíbula, e sentia o impulso de gritar "Amém!" em quase toda página. Sua disposição a demorar-se dentro do trauma — a escavar mais significado em vez de render-se à sensação de que se deixara estar ali por tempo demasiado — parecia menos um envolvimento pessoal, e mais um doar-se. Eu não me sentia excluída, sentia minha vida inteira sendo convocada para dentro da narrativa. E como autora, por minha vez, fui convocada para dentro das vidas daqueles que me leram.

A confissão não dá apenas permissão — ela incita. Alguém tuitou sobre meus ensaios: "Depois de ler este livro, quero escrever sobre a minha dor oculta até meus dedos sangrarem, e então quero escrever sobre meus dedos ensanguentados". Uma mulher me escreveu para dizer que, enquanto escrevia, sua mãe estava tirando seus pertences da casa de seu ex-namorado: "Não sei como manter essa ferida aqui dentro", disse ela. "Mas me mortifica a ideia de falar ou escrever sobre ela, de retratá-la — de algum modo isso parece muito mais embaraçoso que ligar bêbada para ele, ou cair de um banco de bar e quebrar o pulso, ou qualquer uma das outras alternativas de praxe."

Outra mulher escreveu para dizer que um de meus ensaios fez com que recusasse sexo com um rapaz que não a amava. "Tão deprimente quanto parece", dizia ela, como se não importasse muito. Mas importava para mim. Não me parecia nem um pouco deprimente. Parecia algo que eu talvez precisasse ter escutado — em vários pontos da minha vida. Ela me disse que estava escrevendo bêbada. Teve de se embebedar para encontrar a coragem de escrever.

Enquanto recebia mais comentários de estranhos, comecei a me perguntar que desejos os motivavam. O que os leitores querem dos escritores que leem? Que tipos de respostas imaginam? Ora um leitor oferece sua vida, ora oferece apenas elogios. Todo oferecimento se insinua como uma mistura de dádiva e pedido — um desejo de mostrar ao autor o que suas palavras significaram e um desejo de ser visto: "Me diga que sou visível para você, assim como você foi visível para mim".

Quando publiquei ficção, recebia também comentários de estranhos — um corretor de imóveis no Havaí dizendo que meu conto o levou a compreender melhor por que sua irmã mais moça dormia com tantos homens, um universitário arruaceiro afirmando que minha escrita o inspirou a tratar as mulheres com mais delicadeza. Alguns anos depois da publicação de meu primeiro romance, recebi um email de uma mulher que o tinha lido e odiado, dizendo lamentar a moeda de dez centavos gasta com ele num sebo. (Ela jurava que era verdade; o livro tinha custado apenas 10 centavos.) Dizia que ele a fizera perder toda e qualquer esperança de manter-se sóbria. Dizia que eu deveria me envergonhar de infundir tanta desesperança no mundo. Dizia que ela tinha introduzido muitas drogas em seu corpo naquela manhã. Dizia que esperava não passar daquele dia. O seu ressentimento e sua decepção continham notas muito claras de desejo — a fome de libertação, a esperança que um romance, um ensaio ou uma única frase poderia lhe oferecer. Eu compreendia esse impulso para entrar em contato: se o leitor sentia que o autor já tinha entrado na sua vida, já tinha visto algum aspecto da sua experiência, então era natural que quisesse prolongar essa intimidade numa conversa.

O impulso para entrar em contato com um escritor confessional — cuja escrita já revelou algo privado — é outra história. Talvez ainda seja um desejo de converter uma espécie de intimidade em outra, mas os termos são diferentes. Com a escrita confessional, a revelação já aconteceu — agora o leitor quer também confessar alguma coisa, estabelecer uma troca recíproca. Por isso, sempre que as pessoas falam sobre a escrita confessional como centrada em seu próprio umbigo e absorta em si mesma, penso nessas vozes e em seus oferecimentos.

Quando confessaram seus casos para mim, esses estranhos estavam oferecendo algo, mas também pediam alguma coisa. Estavam pedindo o tema do próprio livro: empatia. Queriam uma realização de seu princípio central, seu apelo primário: atenção. Mesmo quando não diziam que era isso que queriam, eu sentia que lhes devia atenção. A professora lutando com as dores de cabeça crônicas não pedia nada, estava apenas oferecendo uma resposta: "Acho que a coisa que mais desgasta uma pessoa é a dor. Acordar e, ao ganhar consciência, sentir de novo a dor, e querer que não seja assim, só que é assim, e ter de enfrentar essa realidade centenas, no meu caso, milhares de dias um após o outro. Isso transforma você, afasta você de todos os demais, mesmo daqueles que querem compreender".

Os comentários de estranhos eram ao mesmo tempo dádivas e cargas. Eles me levavam a pensar no que eu tinha escrito perto do final da minha coletânea: "Não acredito numa economia finita de empatia". Alguém no Instagram até transformara a frase num hashtag: #nãoacreditonumaeconomiafinitadeempatia. Mas comecei a me perguntar, seria verdade?

Um artista de Los Angeles me enviou um comentário sobre como lhe parecia estranho mandar um comentário para mim: "Muitos de seus leitores vão se sentir exatamente do mesmo modo e vão pensar: 'Uau, eu também sinto as mesmas coisas! Nós deveríamos ser amigos, de verdade!'... vamos imaginar que consigam suspender o mundo adulto e apenas estender, ombro contra a tela, um braço para dentro do computador e fazer com que de algum modo ele saia na sua tela, entre na sua vida, de um jeito que não seja querendo atingir ou agarrar, mas antes estendendo-se e doando, que não seja extravagante e bizarro, mas surpreendente e maravilhoso. Na melhor das hipóteses, esse braço até acolhedor, não flagelador, saindo da sua tela, abanando alô, oferecendo um pistache, um livro, vai parecer, quando muito, inatural."

Ele tinha razão: havia braços saindo da minha tela, pedindo alguma coisa mesmo quando nada pediam. Havia braços demais. Eu não conseguia responder a todos. Num certo ponto parei de responder a qualquer um deles. Não respondi àquele que me escreveu bêbado, àquela que me escreveu depois do fim de seu relacionamento, ao homem no abrigo ou ao homem no asilo de velhos. Uma sensação permanente de culpa e hipocrisia começou a infeccionar: eu estava mascateando empatia por toda parte, e recebendo muito com isso — absorvendo a afirmação de toda resposta emocionalmente carregada ao que eu tinha escrito. Eu tinha feito todo mundo sentir, e agora estava ignorando esses sentimentos. Eu sentia empatia em termos abstratos, e estava sendo sovina em todos os outros sentidos.

Cada parada na turnê do livro me empurrava contra os limites de mim mesma, forçava-me a confrontar a finitude da economia que eu tinha considerado infinita. Cada cidade oferecia questões que pareciam cheias de bagagem emocional invisível: Washington DC foi uma mulher irritada com a ideia de que fingir empatia poderia fazer algum bem a alguém. SoHo, em Nova York, foi uma garota com o sismógrafo de um eletrocardiograma tatuado em seu peito. San Francisco foi um amigo subindo a escada de muletas aos pulinhos, uma médica dizendo que queria mais espaço para seu coração na medicina que exercia. Kalamazoo foram pretzels caseiros com cobertura de chocolate e uma mulher com lúpus crônico. A cidade de Ann Arbor foi uma garota com delineador preto nos olhos e tênis de cano alto falando que nunca tinha acreditado que valeria a pena contar as suas histórias, todas aquelas noites e pesares bêbados, mas que agora ela achava que afinal de contas valia a pena contar a sua vida.

Durante tudo isso, eu colhia assinaturas e mensagens num exemplar do livro reservado para a turnê. Era minha tentativa de reciprocidade: sempre que alguém me pedia para assinar seu livro, eu pedia que ela assinasse o meu. Era um modo de criar, por um momento, a espécie de simetria que parecia impossível nas cartas que eu recebia. Alguém escreveu: "Suas palavras me abriram, me flagelaram, me tornaram melhor". Outro: "É muito bom conhecer outra habitante da ferida". Mais um: "Lamento que ri durante a parte alma-pregada-na-cruz da leitura". Perto de uma seção intitulada "OB GIN" (obstetrícia e ginecologia), uma mulher escreveu: "Estive lá ainda ontem! Escalando a montanha da menopausa". E perto de uma seção sobre minha experiência com taquicardia supraventricular, outra escreveu: "TSV é o pior de tudo". Ou: "Somos espíritos afins". Ou: "Isso me consolou". Ou: "Carrego comigo seu coração".

Lembro-me de fitar os olhos de uma mulher em Kalamazoo — que passara anos doente com fadiga crônica — e ela me contar sobre a sua enfermidade, mas durante todo o tempo em que ela falava, eu estava imaginando a banheira na antiga pousada de madeira em que estava hospedada. Eu estava imaginando essa banheira, ou me perguntando se não a estava confundindo com o banheiro na casa de hóspedes da universidade à margem do rio em Iowa City, ou com o altar de paredes de vidro no meu moderno hotel luzidio em Minneapolis. Essa mulher me dizia que parecia não haver fim para a dor que sentia — e eu sabia a verdade, que para mim havia esse fim: ele assumira a forma de uma banheira na minha mente.

As leituras continham também momentos de dúvida e resistência. Certa noite em Boise, Idaho, ao terminar a leitura de um ensaio sobre James Agee — como eu tinha lido seu relato das famílias de rendeiros num outono, depois de levar um soco na cara na Nicarágua, e como a culpa dele tinha ressoado com a culpa que eu sentia por visitar um país cuja pobreza eu própria nunca enfrentara na vida. Eu tinha escrito sobre um menino pequeno chamado Luis, que certa noite dormira fora da casa onde eu estava hospedada, e como eu não o tinha convidado para dormir dentro de casa, e como tinha me sentido culpada — e como essa culpa me levara a me sentir mais perto de Agee, mais perto de sua versão descomedida de angústia e dúvida de si mesmo. Eu tinha bastante certeza de ter criado algo belo ao tecer minha própria culpa. Lia frequentemente o ensaio em voz alta porque me orgulhava das cadências no seu parágrafo final. Quando terminei, um menino levantou-se e perguntou: "Por que você não deixou o menino entrar na casa?" Senti vontade de dizer que era disso que o ensaio inteiro tratava. Mas a sua pergunta parecia sugerir que minha consciência não tinha respondido a pergunta: não dissolvera os problemas, apenas os iluminara de forma mais plena.

O que está por trás desse sentimento de que os autores que lemos nos devem alguma coisa? Era a sensação de ser chamada a dar instruções — fornecer esperança, um plano — que começava a parecer intimidadora; sua futilidade já incentivando (minhas palavras podem mudar alguma coisa) bem menos do que desencorajando (mas elas não podem mudar muito). Cada vez mais eu me via solicitada a oferecer alguma espécie de planta baixa de como seria a própria empatia. Fiz um programa de rádio com um psicólogo famoso que falou sobre suas décadas de pesquisa, enquanto eu falava sobre meus sentimentos ou sobre os pensamentos que tinham me ocorrido no chuveiro. Parecia falso ser rotulada como uma conhecedora de empatia. Eu me sentia mais como uma vendedora. Eu me sentia indubita-velmente inepta.

Havia uma hipocrisia particular ligada ao fato de que era sempre sobre empatia que eu falava. Empatia tem tudo a ver com a alteridade, mas minha relação com a empatia era em grande parte sobre mim mesma — meu livro, minha carreira. Eu costumava passar pelo homem sem-teto que vivia perto da minha estação do metrô sem lhe dar nada, porque estava sempre apressada: dirigindo-me ao aeroporto, ou a uma sessão de fotos, ou a um estúdio de rádio no centro da cidade; precisava chegar a algum lugar e falar com alguém sobre o que eu sentia por todo mundo. No aeroporto de Newark, em New Jersey, tirando uma foto de meu livro que eu tinha encontrado na livraria do aero-porto, comecei a recuar para conseguir um melhor enquadramento e quase derrubei uma mulher com uma bengala. O que eu teria dito? Desculpe-me se a machuquei, estava apenas tentando conseguir um ângulo melhor na foto de meu livro sobre empatia.

Os comentários não respondidos na minha caixa de entrada deixaram de parecer afirmações e começaram a parecer uma certa hipocrisia permanente:

todas as pessoas com quem eu não estava me envolvendo, enquanto andava por aí cantando os louvores do envolvimento.

"O kitsch faz com que duas lágrimas fluam em rápida sucessão", escreve Milan Kundera. "A primeira lágrima diz: que bom ver crianças correndo sobre a grama! A segunda lágrima diz: que bom ficar comovido, junto com toda a humanidade, por causa de crianças correndo sobre a grama!" Gostamos de nos sentir amando estranhos — ou, no mínimo, considerando os modos como poderíamos amá-los mais. Mas, no final, não se trata das estrelas na minha caixa de entrada lembrando-me que devo responder, nem mesmo da minha culpa a respeito dessas estrelas, ou da minha culpa a respeito do dinheiro que não doei, ou do conselho que não pude oferecer. Trata-se das pessoas que me fitaram nos olhos — em Ann Arbor, San Francisco, Kalamazoo — e disseram: este livro me deu permissão para falar sobre o que doeu. A elas, digo: obrigada por tornarem minha confissão maior do que ela é.*

---

* Texto originalmente publicado no *The Guardian*, em 5 de julho de 2014, sob o título: "Leslie Jamison: confessional writing is not self-indulgent". (N. E.)

ESTE LIVRO, COMPOSTO NA FONTE FAIRFIELD E MYRIAD PRO
FOI IMPRESSO EM PAPEL PÓLEN SOFT 80 G/M², NA GRÁFICA IMPRENSA DA FÉ.
SÃO PAULO, MARÇO DE 2016.